Nikolaus B. Enkelmann, Königstein (bei Frankfurt), ist »Deutschlands wohl erfolgreichster Erfolgstrainer« (FAZ). Seine Seminare in den Bereichen Erfolg, Rhetorik und Motivation sowie seine zahlreichen Bücher und Audioprogramme sind weit über die Grenzen Deutschlands hinaus bekannt. Über 800 000 Manager, Spitzensportler, Ärzte und andere Führungskräfte haben seine Veranstaltungen besucht. Die Praxis des mentalen Trainings trainiert er bereits seit über 35 Jahren mit großem Erfolg.

Nikolaus B. Enkelmann
Mentaltraining – Der Weg zur Freiheit

Nikolaus B. Enkelmann

Mentaltraining – Der Weg zur Freiheit

3. Auflage

GABAL
management

Die Deutsche Bibliothek - CIP-Einheitsaufnahme

Ein Titelsatz für diese Publikation ist bei der Deutschen Bibliothek erhältlich.

ISBN 3-89749-136-2

Redaktion: Birgit Rupprecht-Stroell, München
Lektorat: Tanja Reindel, Frankfurt/Main
Umschlaggestaltung: + malsy Kommunikation und Gestaltung, Bremen
Umschlagmotiv: Stone Getty Images, München
Satz und Layout: Das Herstellungsbüro, Hamburg
Druck und Bindung: Salzland Druck, Staßfurt

3. Auflage 2004

www.gabal-verlag.de

Inhalt

Der Weg zur persönlichen Freiheit

Vorwort von Brian Tracy

Wir leben in einem wunderbaren Zeitalter. Nie gab es mehr Chancen und Möglichkeiten als heute für Sie, Ihr eigenes Potenzial auszuschöpfen. Und Nikolaus Enkelmann zeigt Ihnen den Weg dazu.

Dieses Buch kann Ihr Leben verändern. Seit Jahren verbreite und lehre ich die Prinzipien des Erfolges. Dabei habe ich von Nikolaus B. Enkelmann, einem der größten Erfolgstrainer der Welt, viel gelernt.

In diesem Buch wird er Sie zum ersten Mal mit einem einfachen Schritt-für-Schritt-Programm auf ein höheres Niveau von Leistung und Zufriedenheit führen, als Sie es jemals zuvor erlebt haben.

In meiner Arbeit mit mehr als einer Million Seminarteilnehmern in 38 Ländern habe ich die wundervollen Veränderungen gesehen, die mit Menschen stattfinden, die ihr Ziel vor Augen sehen, die Eigenverantwortung übernehmen und jeden Tag aktiv auf ihr selbst gestecktes Ziel hinarbeiten.

Nikolaus B. Enkelmann ist immer eine Inspiration für mich – mit seinem profunden Wissen über die Erfolgsprinzipien des Lebens. Ich wurde stark von seiner hervorragenden Arbeit und seinen Lehren unter anderem über Rhetorik, Charisma und Mentaltraining beeinflusst.

In diesem Grundlagenbuch geht Nikolaus B. Enkelmann über all seine vorhergehenden Werke hinaus und weist auf die stärksten Erfolgsprinzipien und Möglichkeiten des Unterbewusstseins hin. Er nimmt Sie bei der Hand und zeigt Ihnen, wie Sie Ihr volles Potenzial nutzen können, um in Ihrem Leben etwas Wunderbares zu vollbringen. Er lehrt Sie, die Macht des Unterbewusstseins, den inneren Riesen, vor Ihren Lebenswagen zu spannen.

Nikolaus B. Enkelmann ist ein großartiger Mensch, ein hervorragender Lehrer, und ich schätze mich glücklich, ihn zu meinen Freunden zählen zu können. Dieses Buch ist eine ungeheure Leistung und ein Tribut an seinen Glauben an den Wert und das unbegrenzte Potenzial eines jeden Menschen.

Brian Tracy
San Diego, CA
www.briantracy.com

Danksagung

Dankbar, aufrichtig dankbar, bin ich all meinen großen Lehrern, die mir geholfen haben, aus meinem Leben etwas zu machen. Dankbar bin ich auch all jenen Menschen, die mich gefördert, inspiriert und unterstützt haben, meinen Weg nach oben zu gehen.

Ein ganz besonderer Dank gebührt Frau Birgit Rupprecht-Stroell, die mich seit vielen Jahren redaktionell begleitet. Es gibt kaum einen Menschen, der unser Erfolgssystem genauer studiert hat als sie. So profitiert dieses Buch sehr von ihrem Wissen und ihrer Lebenserfahrung. Ich bin dankbar für ihre Anregungen, die mir halfen, meine Gedanken noch zu verdeutlichen.

Besonders bedanken möchte ich mich auch bei Professor Victor Frankl, Oskar Schellbach, Robert Schuller, Claudia Enkelmann und Brian Tracy, der das motivierende Vorwort schrieb.

Dankbar bin ich aber auch allen, die mich unterstützt haben, die Philosophie des Erfolgreichen Weges Millionen von Menschen näher zu bringen. Es war immer meine Lebensaufgabe, Menschen zu zeigen, dass es einen Weg nach oben gibt.

Schon die alten Römer wussten: Wiederholung ist die Mutter der Weisheit. Aus diesem Grunde ist es notwendig, dass man das Wahre und Richtige immer wiederholt, damit daraus eine positive Wirklichkeit entsteht.

Dieses Buch wird Sie motivieren, der Mensch zu werden, der Sie sein könnten, der Mensch, der Sie in Wirklichkeit sind.

Ihr
Nikolaus B. Enkelmann
Enkelmann Institut
Altkönigstraße 38 c
61462 Königstein / Taunus
Tel. 06174 - 3980
Fax 06174 - 24379
www.enkelmann.de

Grundgesetze der Lebensentfaltung

1. Nur der Mensch hat die Kraft, bewusst zu denken, zu planen und zu gestalten. Nur er kann sich selbst und damit sein Schicksal und seine Zukunft gezielt beeinflussen.

2. Am Anfang jeder Tat steht die Idee. Nur was gedacht wurde, existiert.

3. Gedanken entwickeln sich im Unterbewusstsein, aus den Menschen selbst oder durch äußere Einflüsse.

4. Das Unterbewusstsein – die Baustelle des Lebens und der Arbeitsraum der Seele – hat die Tendenz, jeden Gedanken zu realisieren.

5. Aus dem kleinsten Gedankenfunken kann ein leuchtendes Feuer werden.

6. Was wachsen soll, braucht Nahrung. Die Nahrung der Gedanken ist die Konzentration.

7. Bewusste oder unbewusste Konzentration ist die Verdichtung von Lebensenergie.

8. Im Streit zwischen Gefühl und Intellekt siegt immer das Gefühl.

9. Gefühle lenken und verstärken die Konzentration unbewusst, aber nachdrücklich.
10. Durch die gezielte Entscheidung kann die Aufmerksamkeit auf jeden gewählten Punkt gelenkt werden.
11. Beachtung bringt Verstärkung. Nichtbeachtung bringt Befreiung.
12. Zustimmung aktiviert Kräfte. Ablehnung vernichtet Lebenskraft.
13. Die ständige Wiederholung einer Idee wird erst zum Glauben, dann zur Überzeugung – auch in negativer Hinsicht.
14. Glaube führt zur Tat. Konzentration führt zum Erfolg. Wiederholung führt zur Meisterschaft.

Teil 1:

Grundlagen des Mentaltrainings

1. Was ist Mentaltraining?

Darf ich Ihnen gratulieren? Mit dem Kauf dieses Buches haben Sie den ersten Schritt in Richtung einer erfolgreichen Zukunft getan! Heute ist der erste Tag Ihres neuen Lebens!

Mentaltraining – der Schlüssel zum Erfolg

Wahrscheinlich haben Sie schon einiges in Ihrem Leben erreicht, Sie sind Abteilungsleiterin, Manager oder selbstständig. Doch Sie wollen mehr. Sie wollen nicht nur Ihre derzeitige Position halten – Sie wollen Ihren Erfolg weiter ausbauen. Beruflich wie privat. Manchmal beschleicht Sie jedoch das ungute Gefühl, dass nicht alles so läuft, wie Sie sich das vorstellen, dass Sie sich selbst blockieren, sich selbst im Wege stehen, dass Sie reagieren, wo Sie agieren sollten. Deshalb suchen Sie nach einer erfolgreichen und effektiven Methode, um Ihre Ziele zu verwirklichen, Ihren Erfolg planbar zu machen. Mentaltraining ist hierzu der Schlüssel. Mit seiner Hilfe lernen Sie, sich von Ihren Hemmungen, Zweifeln und Ängsten zu befreien, sich Ihrer Stärken bewusst zu werden, sich bewusst Ziele zu setzen und diese auch zu erreichen.

Das haben Ihnen schon viele versprochen? Mag sein, doch in den 35 Jahren meiner Trainertätigkeit habe ich in ungezählten Kursen an weit über einer Million Menschen gesehen, dass die hier vorgestellten Methoden wirken. Erfolg ist planbar! Haben Sie erst die Grenzen in Ihrem Kopf überwunden, ist alles möglich!

Zuerst im Kopf

Bedenken Sie: Alles, was in dieser Welt von Menschen erschaffen wurde, ist zuerst im Geist entstanden. Und es gab zu allen Zeiten Menschen, die ihre geistigen Fähigkeiten ganz bewusst pflegten und trainierten, um zu innerer Freiheit zu gelangen, um erfolgreich und glücklich zu leben. Mentaltraining ist deshalb auch keine Erfindung des modernen, gestressten Menschen. Mentaltraining ist so alt wie die Menschheit selbst. Das Wort »mental« kommt aus dem Lateinischen und heißt so viel wie »geistig«. Es bezieht sich also auf etwas, das in unserer Vorstellung existent ist, unser Denkvermögen betrifft. Mentaltraining bezeichnet daher ein Training des Geistes mittels positiver Selbstbeeinflussung – und das wurde zu allen Zeiten und in allen Kulturen unter den unterschiedlichsten Bezeichnungen praktiziert.

Nur der Mensch hat die Kraft, bewusst zu denken, zu planen und zu gestalten. Nur er kann sich selbst und damit sein Schicksal und seine Zukunft gezielt beeinflussen.

Mentaltraining – einst und heute

Der Tempel- oder Mysterienschlaf, wie er im alten Ägypten praktiziert wurde, ist ein Zustand der Tiefenentspannung, in der der Geist hellwach und aufnahmebereit ist, während der Körper so entspannt ist wie im Schlaf. Mit dem Wort Mysterium wurde in der Antike ein religiöses Geheimnis bzw. ein Geheimkult bezeichnet. Es handelt sich dabei um ein Ritual, das jeder, der es wollte, im Tempel unter Anweisung eines Hohepriesters vollziehen konnte. In diesem Zustand der Tiefenentspannung kann sich der Mensch von seiner Ichbezogenheit lösen, wird durchlässig und findet Zugang zum Unterbewusstsein sowie zum kollektiven Unterbewusstsein. Das heißt, für die Dauer des Mysterienschlafes löst er seine Grenzen auf, in denen er sich normalerweise im Wachzustand befindet. Dieser Tempelschlaf, ebenso wie das Mentaltraining, tritt nicht von selbst ein, sondern wird bewusst herbeigeführt. Heute nennen wir das Hypnose oder Selbsthypnose.

Sie können davon ausgehen, dass Menschen, die große Taten vollbracht haben, sich immer mental darauf vorbereitet haben. Sie haben sich befreit von Beschränkungen, haben Zweifel losgelassen, Ängste abgebaut und sich selbst beeinflusst – sie haben ihren Weg in die Freiheit gesucht und gefunden. Und dann wird alles möglich, denn nur in Freiheit kann sich der Mensch ganz entfalten, kann Ideen entwickeln und Pläne realisieren.

Innere Freiheit ist die Voraussetzung für äußere Freiheit.

Freiheit – das bedeutet, unbegrenzte Möglichkeiten zu erkennen und zu nutzen. Das Wissen um eine solche geistige Kraft und was mit ihr erreichbar ist, war zu allen Zeiten und in allen Kulturen vorhanden. Es hatte nur unterschiedliche Bezeichnungen. Gehen wir einmal nach Indien. Bis zum heutigen Tag wird der Trancezustand von den Jogis praktiziert. Unglaubliches wird möglich: Das Stehen auf einem Bein über einen Zeitraum von mehreren Wochen, ohne Blutstauung, das Durchbohren von Zunge und Wangen, ohne dass Schmerz empfunden wird oder auch nur ein Tropfen Blut fließt. Oder die buddhistischen Zeremonien. Haben Sie einmal eine solche erlebt? Der monotone Ton der Instrumente, die ständige Wiederholung der Mantras (Wortsilben) machen den Geist schnell frei, lassen den Körper in tiefe Entspannung fallen. Das Bewusstsein erweitert sich, Grenzen werden aufgelöst, Hemmungen fallen ab. Der Mensch wächst über sich selbst hinaus, spürt ungeahnte Kräfte in sich, kann aus sich selbst schöpfen. Er kann hohe Ziele erreichen, denn:

Er ist (geistig) schon da, bevor er (tatsächlich) ankommt.

Wie funktioniert Mentaltraining?

Öffnen Sie das Tor zu Ihrem Unterbewusstsein

Egal, ob Sie Abteilungsleiter oder Managerin sind oder Olympiasieger im Ski-Abfahrtslauf werden wollen – wenn Körper und Geist in Einklang miteinander sind, fühlen wir uns super, sind in der Lage Spitzenleistungen zu bringen. Umgekehrt machen uns Ängste, innere Unruhe und Depressionen so zu schaffen, dass wir uns nicht mehr richtig konzentrieren können, dass wir nicht viel leisten können und keine Energie in uns fühlen. Leider fühlen wir uns nur allzu oft so, in dieser hektischen, termingeplagten und stressigen Zeit. Wir leiden an der Diskrepanz zwischen Bewusstsein und Unterbewusstsein. Dabei kann jeder Mensch auf vielen Gebieten Spitzenleistungen erbringen. Das ist jedoch nur möglich, wenn Begabung, Talent und Umwelt sich optimal ergänzen. Bei Sportlern und Trainern ist dies die harmonische Vereinigung von Konditions- und Mentaltraining. Für unser Berufs- und Privatleben ist dies das Mentaltraining.

Sicher kennen Sie Stresssituationen, in denen Sie wie eine Maschine agiert haben. Sie haben sich lange vor dem eigentlichen Termin in eine wichtige Prüfung, in die entscheidende Gerichtsverhandlung oder ein enorm wichtiges Gespräch hineinversetzt, haben alle möglichen Fragen und Antworten immer wieder durchgespielt. Jedes Detail haben Sie vor sich gesehen, haben die Stimmen Ihrer Gesprächspartner sowie Ihre eigene gehört, haben Ihr Herz schneller schlagen gespürt. Und dann war es so weit. Sie fühlten sich zwar wie gelähmt und glaubten, nicht adäquat reagieren zu können, aber Sie funktionierten. Sie antworteten wie aus der Pistole geschossen, weil Sie ja alles tausendmal vorher im Geist gesehen hatten. Sie waren Ihr eigener Regisseur, haben die Szene x-mal durchdacht, alles in Gedanken durchgespielt. Nichts konnte Sie überraschen. Nichts war Ihnen neu, nichts konnte Sie aus der Fassung bringen. Sie haben alles voraus-geplant, voraus-gedacht, voraus-gesehen. Und hatten Erfolg – auf der ganzen Linie! Das macht frei. Natürlich sollten Sie nicht nur Schwierigkeiten antizipieren. Auch die Erfolge, die Zustimmung, den Beifall können und sollten Sie voraussehen, denn daraus schöpfen Sie enorm viel Kraft, damit setzen Sie die Ursache für den Erfolg.

Verhalten Sie sich wie ein Spitzensportler

Im Prinzip haben Sie sich in solchen Situationen verhalten wie Spitzensportler. Ähnlich wie diese haben Sie sich optimal auf Ihren »Wettkampf« vorbereitet. Sie waren nicht nur top vorbereitet in Ihrer Disziplin – Sie haben auch alle psychischen Belastungen, die während des tatsächlichen Ereignisses auf Sie zukommen könnten, geistig vorweggenommen. Und in der Stunde der Wahrheit konnten Sie entsprechend der erlernten Muster agieren bzw. reagieren. Sie brauchten sich nur noch auf einen Gedanken konzentrieren: »Ich kann, was ich will. Ich will siegen!«

Wäre es nicht schön, wenn Sie eine effektive Methode kennen würden, die Ihnen erlauben würde, solche Erfolge häufiger zu haben? Die Ihnen helfen würde, Ihre Ziele, egal, ob diese beruflicher oder privater Natur sind, nicht nur zu definieren, sondern diese auch mit an Sicherheit grenzender Wahrscheinlichkeit zu erreichen – und das nicht nur in Ausnahmesituationen, sondern immer? Die Ihnen die Ruhe und grenzenloses Vertrauen in Ihre eigenen Fähigkeiten geben würde?

Mentaltraining ist der Schlüssel zu Ihrem Erfolg.

Was bewirkt Mentaltraining?

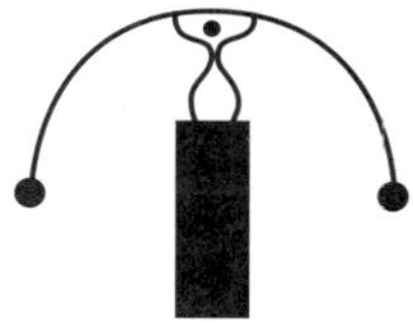

Als Symbol für mein Institut und dessen Philosophie habe ich einen in sich ruhenden Menschen gewählt. Einen Menschen, der in sich, in seiner Mitte ruht und sicher und standfest ist, der innere und äußere Harmonie ausdrückt.

Innere Ruhe als Ideal aller Menschen

Dieses Ideal streben im Grunde alle Menschen an. Die Anlagen dazu sind in jedem von uns vorhanden. Aber anstatt sich dessen bewusst zu werden, erst einmal in sich selbst »Ordnung zu schaffen«, suchen wir meist das große Glück überall, nur nicht in uns selbst. Wir nehmen Anstrengungen und Entbehrungen auf uns, werden von Ängsten geplagt, setzen uns unter Druck – und werden dabei immer hektischer und immer erschöpfter. Wir sind fleißig wie die Bienen, und dennoch kommen wir nur langsam voran. Wir glauben an die Sprüche der Werbemacher, treten Sekten bei, versuchen dieses und jenes, ohne jedoch den erhofften Durchbruch zu erzielen.

Dem Leben einen Sinn geben

Was viele Menschen vermissen, ist der Sinn ihres Lebens, der dem Leben erst Wert gibt. Selbst wenn Sie zu den reichsten Menschen dieser Erde gehören, garantiere ich Ihnen, dass Sie so lange nicht glücklich sind, wie Sie Ihrem Leben keinen Sinn gegeben haben. Denn ohne Sinn ist alles sinn-los. Vielen ergeht es dabei wie dem Schmetterling. Sie verlassen nie ihren »Kokon«. Auf kleinstem Raum, eingesperrt und in Dunkelheit leben sie dahin, ohne je die Sonne gesehen zu haben, je das Gefühl der Freiheit empfunden zu haben. Andere haben zwar ihren »Kokon« verlassen, wagen aber nicht, weit zu fliegen, andere mussten notlanden oder sind gar ganz abgestürzt. Deshalb sollten Sie sich mit der Frage nach dem Sinn Ihres Lebens intensiv auseinander setzen.

»Frage nicht mehr nach dem Wert des Lebens, sondern nach dem Wert, den du deinem Leben geben kannst.« (Ra Bo Yin)

Werden Sie der Mensch, der Sie sind

Den Sinn des Lebens erkennen, Klarheit im Denken und Handeln schaffen und ein Ziel entsprechend dem eigenen Naturell festsetzen – das macht den Wert des Lebens aus. Das mentale Training hilft Ihnen, Ihre Persönlichkeit zu entfalten, damit Sie ein Ihnen gemäßes Leben mit hohen Zielen anstreben können, damit Sie mit Ihren Fähigkeiten und Stärken dazu beitragen können, die Welt schöner und besser zu machen. Wertvolle Wünsche und große Ziele bleiben nicht in weiter Ferne, sondern rücken mit jedem Tag ein kleines Stück näher. Mentaltraining ist der Weg, der Sie hinausführt aus der Begrenzung in die Freiheit. Denn nur wenn wir frei sind, können wir uns voll entfalten.

Neues Lebensgefühl

Sie haben die Freiheit der Wahl: Sie können über sich selbst hinauswachsen oder da bleiben, wo Sie sind. Sie können Ihre Kräfte spüren, die Sie tragen und auf die Sie sich verlassen können, oder mit halber Kraft ums Überleben kämpfen. Sie können aber auch Ihren Geist trainieren, mental fit werden, Ihre Wünsche realisieren und lernen, mit Belastungen und Problemen umzugehen. Aber nicht nur das. Sie können große Ziele erreichen, die Ihnen heute noch unerreichbar erscheinen. Sie spüren in sich Kräfte, die Sie bisher niemals verspürt haben, Sie entdecken Fähigkeiten an sich, die Sie sich nicht zugetraut haben. Ihr Horizont erweitert sich, Sie entwickeln Eigenschaften, die Sie automatisch zum Erfolg führen. Sie werden ein ganz neues Lebensgefühl verspüren. Sie werden immer wertvoller für Ihre Mitmenschen, weil Sie auch den Egoismus hinter sich lassen, weil Sie anderen Menschen Nutzen bringen. Sie werden zu einem Vorbild und setzen eine Glücksspirale in Gang.

»Der Wert eines Menschen bestimmt sich nach seiner Freiheit – nach der, die er hat, und nach der, die er bewilligt.« (Otto Flake)

Erfolg in allen Lebensbereichen haben

Eng mit der Freiheit verknüpft ist die Frage nach dem Erfolg. Erstaunlicherweise sprechen wir oft von Erfolg, ohne ihn jedoch genau zu definieren. Erfolg ist das, was aufgrund der von Ihnen gesetzten Ursachen er-folgt. Wenn Sie Karriere machen, Spitzenpositionen besetzen, dann ist dies natürlich Erfolg. Doch auch, wenn Ihre Kinder zu selbstbewussten Menschen heranreifen, ist dies ein großer Erfolg. Wer sein Leben so gestaltet, dass er zufrieden ist, lebt erfolgreich. Erfolg ist auch, richtig mit Menschen umgehen zu können, d.h. sie mit dem Herzen anzusprechen, sie zu motivieren und zu begeistern.

Werden Sie zu einer Persönlichkeit

Ihr Leben wird sich durch Mentaltraining in allen Bereichen verändern. Allein schon Ihre Ausstrahlung bewirkt mehr, als Sie sich im Augenblick vorstellen können. Vergleichen wir die Persönlichkeit mit einem Edelstein, der unbearbeitet kaum auffällt. Ein geschliffener Stein aber zieht die Aufmerksamkeit auf sich. Mit Mentaltraining können Sie zu einer strahlenden Persönlichkeit werden, die im Mittelpunkt steht, die ihren Teil dazu beiträgt, die Welt zu verändern und zu verbessern.

Wie kann man Mentaltraining lernen?

Die Methoden des Mentaltrainings

Nun haben wir so viel über Mentaltraining gesprochen, dass Sie sicher neugierig geworden sind, gern wissen möchten, was Sie tun müssen, um den Weg in die Freiheit zu gehen. Zunächst einmal müssen Sie sich selbst kennen lernen, müssen herausfinden, was Sie können, was Sie wollen, was Sie bisher daran hinderte, eben jenes auch zu tun. Mit diesen Fragen müssen Sie sich ausführlich beschäftigen, denn nur so können Sie Ihr individuelles Ziel erkennen. Ihre Wünsche und Träume werden Ihnen helfen, die richtige Wahl zu treffen. Wenn Sie diese Phase erfolgreich abgeschlossen haben, können Sie sich daran machen, Ihre Hemmungen und Blockaden aufzulösen, sich selbst richtig zu beeinflussen, damit Sie den ersten Hauch der Freiheit spüren können. Lernen Sie zu sich und Ihren Wünschen zu stehen, sich weiterzuentwickeln, andere mitzuziehen auf dem Weg in die Freiheit und zu Erfüllung und Erfolg – das ist der nächste Schritt, den Sie machen.

Entspannung: das A und O

Antizipieren in Gedanken, Bildern und Gefühlen, den Geist zu trainieren, die Energien in die richtigen Bahnen zu lenken und dann auf das Ziel zu fokussieren – dabei helfen Ihnen verschiedene Methoden. Das A und O ist die Entspannung. Aus der Entspannung heraus können Sie dann mit bildhaften Gedanken, Autosuggestionen bzw. Selbstbeeinflussung Ihre Zukunft gestalten. Mit Mentaltraining verlieren unerquickliche Situationen ihren Schrecken, Probleme erscheinen nicht mehr unlösbar und als Belastung, sondern eher als Herausforderung, Ziele rücken näher. Fast so wichtig wie die Entspannung ist die Wiederholung, denn nur so verankern sich neue Denk- und folglich auch neue Verhaltensweisen.

Mentale Stärke hat nichts Geheimnisvolles an sich. Mit den hier vorgestellten Methoden finden Sie zu

- innerer Ruhe,
- einer verbesserten Konzentrationsfähigkeit,
- größerer Belastbarkeit im Alltag,
- einem gestärkten Vertrauen in Ihre Fähigkeiten,
- einem gestärkten Erfolgswillen,
- einem ungehemmten, unverkrampften und angstfreien Ausdruck Ihrer Persönlichkeit.

Geduld und Ausdauer

Ich möchte Ihnen nichts vormachen: Der Weg in die Freiheit ist lang. Sie benötigen also Geduld und Ausdauer. Der Weg in die Freiheit ist steinig. Doch mit dem richtigen Rüstzeug, also Energie, Konzentration und Begeisterung für Ihre Ziele, werden Sie bereits auf dem Weg dahin wahre Wunder vollbringen.

Ein Arbeitsbuch

Dieses Buch, das werden Sie schnell merken, ist kein Lese-, sondern ein Arbeits- und Motivationsbuch. Sie sollten es daher nicht Seite für Seite lesen wie einen Roman, sondern Sie sollten sich jeden Tag ein Stichwort, ein Thema heraussuchen, das gerade aktuell ist oder das Sie vielleicht heute ganz besonders interessiert. Oder Sie machen etwas ganz anderes: Lassen Sie einfach Ihr Unterbewusstsein entscheiden, indem Sie das Buch öffnen und das Kapitel bearbeiten, das Sie aufgeschlagen haben. Vielleicht haben Sie gerade ein Problem, stehen vor einer wichtigen Entscheidung, müssen eine Tagung vorbereiten, vielleicht sind Sie sehr hektisch, haben Ihr Ziel verloren … Ihr Unterbewusstsein weiß genau, was Sie gerade benötigen.

Am besten haben Sie auch immer einen Stift zur Hand, denn ich werde Sie oft auffordern, Fragen schriftlich zu beantworten. Das hat einen bestimmten Grund: Alles, was wir aufschreiben, prägt sich viel tiefer in unser Gedächtnis ein, bekommt so einen anderen Stellenwert. Nicht das Nach-denken hilft uns weiter, sondern das Aufschreiben. Sie erwerben sich mit der Zeit auch für sich selbst einen das Wesentliche erfassenden Blick. Damit beispielsweise die Suggestionen ihre »Tiefenwirkung« entfalten können, sollten Sie diese selbst schreiben und nicht nur aus diesem Buch ablesen.

> **Aufschreiben ist das Verstärken einer Verstärkung: Beachtung bringt Verstärkung.**

Bevor wir tiefer in das Mentaltraining einsteigen, müssen wir uns mit unserem Geist, unserer Denkweise und dem Unterbewusstsein befassen. Schauen wir uns zuerst das menschliche Gehirn und seine Funktionsweise an, damit wir besser verstehen können, warum Mentaltraining tatsächlich wirkt.

2. Unser Gehirn – Wunderwerk der Natur

Schaltzentrale Gehirn

Wenn Körper, Geist und Seele in Einklang miteinander sind, dann ist ein Mensch gesund. Ob das funktioniert und in welchem Maße, hängt entscheidend vom Gehirn ab. Von dort werden nämlich nicht nur alle Körperfunktionen gesteuert, sondern auch unser seelisches Wohlbefinden. Mit nur 1500 Gramm Gewicht und etwa 0,1 Volt elektrischer Spannung, hundert Milliarden Neuronen und zwei Dutzend Neurotransmittern hält es den Menschen am Leben. Im Gehirn fällt die Entscheidung über Leben und Tod. Der Mensch ist erst dann tot, wenn keine Gehirnströme mehr messbar sind.

Um das Wunderwerk Gehirn noch komplizierter zu machen, besitzt der Mensch drei Gehirne: Eine spätere Säugetierentwicklung ist das jüngste Gehirn, die Großhirnrinde oder das so genannte Menschengehirn, das den Menschen erst eigentlich zum Menschen macht. Darüber hinaus verfügen wir über ein niedriges Säugetiergehirn sowie das älteste Gehirn, das dem eines Reptils ähnelt. Die beiden letztgenannten werden als die »alten« Gehirne bezeichnet. In der Großhirnrinde haben sich Sprache und abstraktes Denken sowie alle intellektuellen Funktionen entwickelt. Das Gefühl hingegen wird mehr von den älteren, primitiveren Systemen beeinflusst, insbesondere vom limbischen System.

Ich vergleiche das Gehirn gerne mit einer Schaltzentrale, in der alle Fäden zusammenlaufen. Hier werden alle Informationen gesammelt, die wir, in welcher Form auch immer, erhalten. Sie werden geordnet und nach einem bestimmten System gespeichert. In diesem Informationspool werden Ideen entwickelt, entstehen Gedanken und Emotionen. Damit das richtig ablaufen kann, gibt es eine aberwitzige Zahl von Verbindungen, so genannten Synapsen, zwischen 20 Milliarden von Nervenzellen. Damit Sie, liebe Leserin, lieber Leser, das Ausmaß einschätzen können, hier ein paar Zahlen: Etwa drei Trillionen Informationen sind hier vorhanden – das wäre mit einem Konversationslexikon mit zehn Milliarden Seiten vergleichbar. Große Ähnlichkeit hat das Gehirn auch mit einem Computer, wobei das Gehirn jedoch eine 10 000fach größere Kapazität hat.

Das Nervensystem

Durch die Macht der Gedanken kann der Mensch seinen ganzen Körper, alle Organe und Zellen beeinflussen.

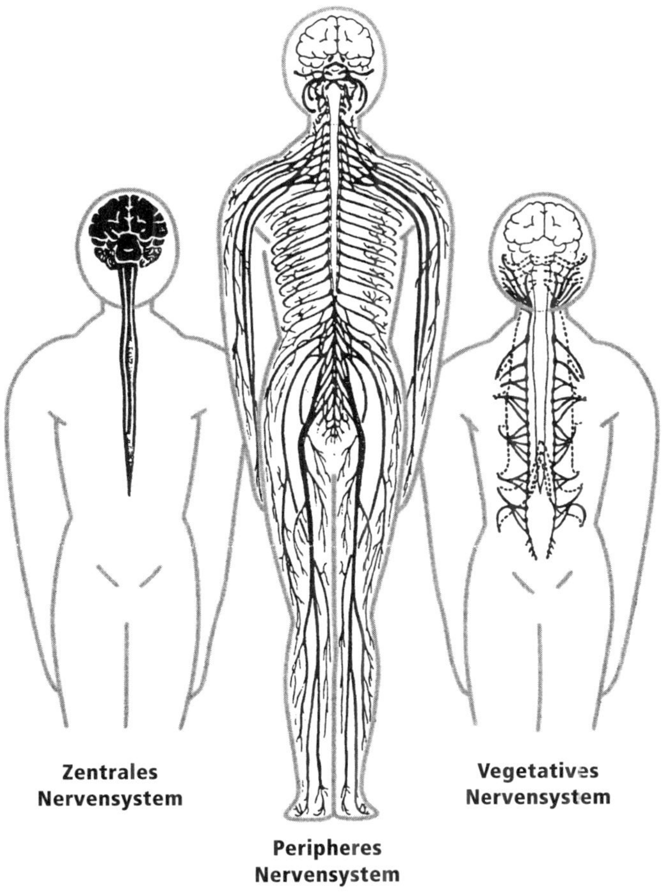

Gehirnaktivität und Wohlbefinden

Starke Spannungsunterschiede zwischen zwei Punkten im Gehirn bewirken eine bessere Durchblutung bzw. stärkere Aktivität. Das wiederum hat Auswirkungen auf das Gewebe und damit auf die Struktur des Gehirns. Solche »Zustände« können durch Tiefenentspannung, Meditation, Autogenes Training, aber auch durch außergewöhnlich starke Gefühlszustände wie zum Beispiel Panik, Glück, Angst verursacht werden. Gehirnaktivität und körperliches Wohlbefinden stehen also in engem Zusammenhang miteinander. Emotionen wirken sich auf den Körper aus. So können wir durch geistige Entspannung auch körperliche Entspannung bewirken. Das Gleiche gilt auch umgekehrt: Körperliche Aktivität wirkt sich auf unseren Geist aus.

Gehirnaktivität und körperliches Wohlbefinden stehen in engem Zusammenhang.

Die energetische Struktur, also das Verhältnis zwischen den einzelnen Gehirnarealen, entscheidet somit auch über die Lebenseinstellung, das Verhalten und die emotionale Verfassung des Menschen. Gefühlsbetonte Menschen, die sich leicht aufregen, haben ein sehr bewegliches Gehirnfeld; bei ruhigen Menschen ist das Gehirnfeld nicht so flexibel. Auch lässt die Beweglichkeit mit den Jahren nach. Bestimmte Gedankenmuster haben sich tief eingegraben, wir sind geistig weniger flexibel.

Auf das harmonische Zusammenspiel kommt es an

Intellekt und Intuition

Eine große Rolle in unserem Leben spielen die beiden Gehirnhälften. Erst seit etwa 40 Jahren ist bekannt, dass jede Seite über andere Fähigkeiten verfügt. Links sitzen das Sprachzentrum, das Gedächtnis, die analytischen und logischen Fähigkeiten, rechts Intuition, Kreativität, Mehrdimensionalität, Angst. Links sagt unser Gehirn Nein, rechts sagt es JA. Menschen, die ihre rechte Gehirnhälfte mehr nutzen, sind emotionaler, linksaktive Typen eher rationaler. Ideal ist es, wenn beide Gehirnhälften gleichermaßen in unser Denken und Handeln einbezogen werden, denn dann können wir die besten Ideen finden, die richtigen Lösungen erarbeiten – kurz: das Optimale erreichen.

Doch leider sind wir gewohnt, fast alles nur mit dem Verstand zu betrachten, mit der Folge, dass unsere linke Gehirnhälfte aktiviert und die rechte Seite vernachlässigt wird. Überraschend ist das nicht, denn von klein auf werden wir schließlich dazu angehalten, »vernünftig« zu sein, müssen in der Schule und der Uni Lehrstoff einpauken, statt ihn zu erfassen, zu verstehen. So sind wir zu einer, was die Gehirnhälften angeht, linkslastigen Nation geworden. Kreative Fähigkeiten, emotionale Intelligenz, Intuition verkümmern – unsere Persönlichkeit kann sich nicht voll entwickeln. Auch unser Selbstbewusstsein und unsere Fähigkeit zur Selbsterkenntnis sind dadurch eingeschränkt, denn neuen Untersuchungen des Psychologen Gordon Gallup von der New Yorker State University zufolge ist unsere rechte Gehirnhälfte für beides ganz wesentlich. Und so haben wir den ganzheitlichen Blick weitgehend verloren, wir sehen nur noch einen Teilbereich und erkennen deshalb auch nur einen Teilaspekt, bleiben gefangen in Routine und Kleinkram. Wenn es uns jedoch gelingt, beide Gehirnhälften zu einem harmonischen Zusammenspiel zu bewegen, dann öffnen wir uns alle Türen, eröffnen wir uns neue Perspektiven und Chancen.

Neue Perspektiven

Wie das Gehirn sich anpasst, erkennen wir an der jungen Generation ganz deutlich. Aufgewachsen mit Gameboy, Computerspielen und dergleichen, sind die jungen Leute in diesem Bereich unschlagbar fit. Das heißt aber noch lange nicht, dass sie auch intelligenter sind. Sie haben nur von klein auf gelernt, anders zu denken – ihre Vernetzungen im Gehirn sind anders als bei Menschen, die im Zeitalter der mechanischen Schreibmaschine aufgewachsen sind. Welche Gehirnvernetzungen entstehen, ist abhängig von der Art der Anforderung, die an das Lebewesen gestellt werden. So ist zum Beispiel bekannt, dass domestizierte Tiere, die nicht selbst für ihre Nahrung sorgen müssen, ein bis zu einem Drittel kleineres Gehirn haben als ihre in Freiheit lebenden Artgenossen, beispielsweise Haustauben im Vergleich zu Wildtauben, Hauskaninchen im Vergleich zu Wildkaninchen. Nicht nur bei Tieren, auch beim Menschen wächst das Gehirn mit den Anforderungen. Wir sollten uns also nicht zu sehr schonen.

Gehirn wächst mit Anforderungen

Schonung ist der schnellste Weg zum Friedhof!

3. Kraftzentrale Unterbewusstsein

Drei Bewusstseinsebenen

Wir sprechen zwar viel vom Unterbewusstsein, können jedoch oft nur wenig mit diesem Wort anfangen. Denn wir können es nicht sehen, nicht riechen, nicht anfassen und deshalb können wir es so schwer be-greifen. Aber wir können lernen, es zu spüren und – vor allem – es zu nutzen. Dabei ist es wichtig zu wissen, dass der Mensch insgesamt drei verschiedene Bewusstseinsebenen sein Eigen nennt:

1. das Bewusstsein (ICH)
2. das Unterbewusstsein
3. das kollektive Unterbewusstsein.

Wir können nur unser Ich sehen, was nicht einmal ein Drittel unseres Seins ausmacht. Der Rest bleibt verborgen – ähnlich einem Eisberg, bei dem wir auch nur die über dem Wasserspiegel liegende Spitze sehen können.

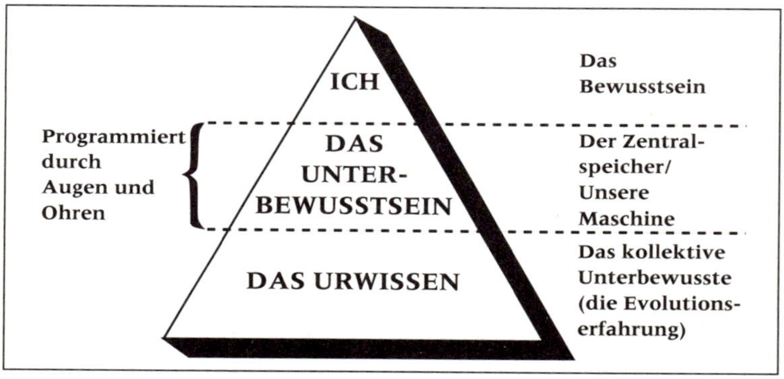

In Ihrem Unterbewusstsein sind alle Erfahrungen gespeichert, die Sie ab dem Augenblick Ihrer Zeugung gemacht haben. Das Unterbewusstsein beginnt nicht etwa mit der Geburt. Das Unterbewusstsein ist vergleichbar mit einer unberührten Festplatte oder einer unbespielten Kassette. Doch dann werden alle Gefühle und Erfahrungen aufgezeichnet. So spürt das Ungeborene zum Beispiel, ob es geliebt wird oder nicht, es kennt die Stimme der Mutter und kann sie von allen anderen Stimmen nach der Geburt unterscheiden.

Speicher aller Erfahrungen

Sogar Informationen, die Sie bewusst gar nicht beachten, fließen in Ihr Unterbewusstsein. Sie können daher auch alles abrufen, was Sie unbewusst »aufgenommen« haben, wie beispielsweise Schlagzeilen, Fernsehberichte etc. Oft achten wir gar nicht auf das Fernsehprogramm. Eine Berichterstattung zur aktuellen Politik läuft »nebenher«, wir beschäftigen uns mit anderen Dingen. Trotzdem können wir später bei aktuellen Themen gut mitreden, denn wir haben die Sendung unbewusst aufgenommen und die Informationen abgespeichert.

Gute und schlechte Erfahrungen, Freude und Kummer – alles ist im Unterbewusstsein bzw. im Gedächtnis gespeichert.

Vor- und Nachteil

Das ist jedoch etwas, was uns gleichermaßen zum Vor- wie auch zum Nachteil gereicht. Wir nehmen wahllos alles auf, was um uns herum vor sich geht. Ohne Kontrolle nistet sich wirklich alles in unserem Unterbewusstsein ein, egal ob es Schreckensmeldungen aus der Presse, Mobbing im Job oder Streitereien in der Familie sind. Natürlich nehmen wir auch die positiven Einflüsse auf, aber wenn Sie einmal alle Informationen eines Tages notieren würden, wäre die Seite mit den negativen Impulsen weitaus voller.

Zu viele negative Informationen

Das Problem ist, dass wir es einfach geschehen lassen. Selbst beim Essen sind wir wählerischer als bei der Aufnahme von Informationen. Wohl überlegt entscheiden wir, ob wir dieses oder jenes Gericht essen, wägen ab, ob es uns bekommt oder vielleicht der Figur schadet. Nie würden wir einfach alles verspeisen, was uns in die Quere kommt. Aber unser Unterbewusstsein lassen wir von früh bis spät von Radio und Fernseher, von Nörglern und Besserwissern berieseln. Fernsehen und Radio haben wenigstens einen Knopf zum Abstellen, aber einem destruktiven Menschen in unserer Umgebung können wir schlecht ständig über den Mund fahren. Was also tun?

Wir können zwar nicht verhindern, dass wir Negatives aufnehmen, wir können solche Programme auch nicht löschen. Aber wir können sie überspielen – so wie wir Kassetten mit einem neuen Film, einer neuen Musik überspielen. Wir sind also keineswegs Opfer oder gar hilflos.

Unterbewusstsein wertet nicht

Wie wichtig das richtige Programm ist, erkennen Sie, wenn Sie wissen, dass das Unterbewusstsein ein rein ausführendes Organ ist. Es ist ihm egal, wer den Befehl gibt – es führt jeden Befehl ordnungsgemäß aus. Für das Unterbewusstsein spielt es also keine Rolle, ob Sie es programmieren oder Ihr Assistent, ob es einen Befehl erhält, der Ihnen schadet oder Ihnen nutzt. Es wertet nicht, es urteilt nicht – es agiert nur.

Das Unterbewusstsein ist ein ausführendes Organ.

Bewusst umprogrammieren

Deshalb ist es so entscheidend für Ihr Leben, welche geistige und seelische Nahrung Sie zu sich nehmen und von wem diese Nahrung stammt. Sollten Sie einmal die falsche Kost erwischt haben, dann starten Sie sofort mit dem »Überspielen«, um weiteren Schaden zu vermeiden. Aber nicht nur die richtigen Befehle sind wichtig, sondern auch, dass Ihr Unterbewusstsein *Ihre* Befehle erhält und nicht die anderer Menschen. Deshalb sollten Sie Ihr Unterbewusstsein ganz bewusst immer wieder programmieren, d. h. gute Programme vertiefen und fremde, schädliche Programme überspielen. Beachten Sie dies nicht, leben Sie möglicherweise Ihr Leben nach den Vorgaben anderer. Prüfen Sie einmal, wie es bei Ihnen aussieht. Leben Sie nach Ihren eigenen Vorstellungen, oder sind Sie von anderen Menschen programmiert worden? Das wäre eine Erklärung für Frust, Demotivation und Misserfolg.

Machen Sie Ihr Unterbewusstsein zu Ihrem größten Helfer! Sagen Sie ihm, was es für Sie tun soll!

Das kollektive Unterbewusstsein

Wissensspeicher der Menschheit

Neben unserem Unterbewusstsein steht uns ein weiterer riesiger Speicher an Wissen und Erfahrung jederzeit zur Verfügung: das kollektive Unterbewusstsein oder das Urwissen. In ihm sind alle Erfahrungen, alles Wissen der gesamten Menschheit aus allen Zeiten gespeichert. Für unseren begrenzten Verstand ist dies in der Regel unvorstellbar.

Instinkt

Dennoch kennen auch wir hierfür ein Wort: Beim Tier nennen wir es Instinkt. Es ist ein Wunder der Natur, wenn man bedenkt, dass die Aale im Bermuda-Dreieck geboren werden und den langen Weg nach Europa antreten. Woher kennen sie den richtigen Weg? Woher wissen sie, dass sie wieder zurückmüssen, und finden auch diesmal wieder den richtigen Weg? Oder der Laubweidenvogel, der wenige Zentimeter über dem Wasserspiegel sein Nest baut. Forscher haben sieben Generationen dieser Vogelart ausschließlich im Käfig gezüchtet. Die 7. Generation haben Sie freigelassen. Und was passierte? Die Vögel bauten ihre Nester wie eh und je, obwohl sie das nie gesehen oder gelernt hatten. Sie folgten nur ihrem Instinkt.

Intuition

Auch Ihnen ist dieses Phänomen vertraut. Sicherlich haben auch Sie schon Ihrer Intuition vertraut, haben etwas »aus dem Bauch heraus« entschieden. Und stellten nachher fest, dass Ihre Entscheidung goldrichtig war. Aber Sie konnten sie nicht begründen – Ihr Verstand versagte Ihnen eine logische Erklärung, selbst wenn Sie zu einem späteren Zeitpunkt Erklärungen nachschoben. Diese quasiplausiblen Erklärungen sind jedoch lediglich der verzweifelte Versuch Ihres Verstandes, sich Ihr Verhalten nachträglich zu erklären.

Wir schöpfen unser Wissenpotenzial nicht aus

Wir sind so sehr von unserer intellektuellen Überlegenheit überzeugt und haben dabei den Glauben an das Urwissen zerstört. Wir können einfach nicht akzeptieren, dass es in uns ein gewaltiges Wissen gibt, das wir nutzen können. Wir sind Egoisten, die alles selbst tun möchten – vielleicht sogar das Rad neu erfinden oder Beethovens 9. Sinfonie neu komponieren. »Cogito ergo sum«, ich denke, also bin ich. Seit Descartes diesen verhängnisvollen Satz schrieb, haben wir ihn verinnerlicht. Und was haben wir davon?

Wir pauken, packen uns voll mit Wissen und sind dann, wenn wir es abrufen sollen, sprachlos. Bei einem wichtigen Gespräch, bei einer Prüfung sind wir so blockiert, dass wir gar nichts mehr wissen. Erst später fällt uns dann ein: »Das hätte ich noch sagen sollen, ... Das hätte ich auch gewusst ... .« Sokrates hat das Lernen als ein Wiedererinnern der Seele bezeichnet. Leider machen wir jedoch in unserem täglichen Leben viel zu wenig Gebrauch davon. Wir schöpfen das Potenzial an Wissen, über das wir verfügen könnten, nicht aus, mobilisieren unser Urwissen viel zu selten.

Alles ist in uns oder nirgends.

Die kreative Quelle erschließen

Zapfen wir allerdings unser kollektives Unterbewusstsein an, dann setzen wir unsere Kreativität frei, unsere Intuition entwickelt sich, wir haben tolle »Ein-fälle«. Wenn wir aber »zu« sind, der Zugang zum Urwissen verschlossen ist, dann können wir uns noch so sehr anstrengen, die zündende Idee bleibt uns versagt. Wenn Sie die kreative Quelle in sich erschließen, dann sprudelt es oft nur so aus Ihnen heraus. Gute Ideen sind keine Mangelware mehr. Sie finden dann überzeugende und allen Beteiligten gerecht werdende Lösungen.

Bewusstseinsgrenzen überwinden

Die große Frage ist nun: Wie können wir all das, was in uns bereits vorhanden ist, nutzen? Wie finden wir Zugang zu diesem Potenzial in uns? Wenn Sie die Skizze auf Seite 28 betrachten, fällt Ihnen auf, dass die Linie zwischen den einzelnen Bereichen lediglich gestrichelt ist. Die Grenzen zwischen den einzelnen Bewusstseinsbereichen sind also durchlässig. In einem Zustand der Entspannung können wir diese Grenzen überwinden. Es gilt:

Je entspannter wir sind, desto leichter können wir mit all unseren Bewusstseinsebenen arbeiten.

Das Tor zum Unterbewusstsein wird geöffnet. Damit aber steht uns alles offen, denn wir lassen die verstandesmäßigen Begrenzungen hinter uns. Wir nehmen uns die Freiheit, unser Leben nach unseren Vorstellungen zu gestalten. Diesen Grad der Entspannung nennt die Forschung den Alpha-Zustand.

4. Der Alpha-Zustand

Mithilfe eines Elektroenzephalogramms (EEG) kann man den Rhythmus der Hirnströme lesen. Forscher und Ärzte können so erkennen, in welchem Zustand der Mensch sich befindet. Sie unterscheiden insgesamt vier verschiedene Hirnfrequenzen.

Delta und Theta

Im traumlosen, tiefen Schlaf sind wir am entspanntesten, in dieser Phase regeneriert und erholt sich der Körper völlig. Wissenschaftler nennen ihn den Delta-Zustand und in ihm werden bis zu 4 Hertz gemessen. Bei 4 bis 7 Hertz ist der Mensch nicht mehr ganz so tief entspannt, er schläft oder meditiert. Intuition und Kreativität können sich in diesem Stadium der Hirnaktivität sehr gut entfalten. Diesen Zustand nennt man Theta.

Alpha

Bei einer Wellenlänge von 7 bis 14 Hertz befindet sich der Mensch in Alpha. Das bedeutet, wir sind zwar geistig wach, aber völlig entspannt. Unsere Gedanken sind ruhig, wir atmen tief und gleichmäßig, fühlen uns wohl. So können wir gut Probleme lösen, Lösungen »fallen uns geradezu von selbst ein«. Wir sehen nicht eindimensional, sondern können Situationen aus allen Perspektiven betrachten, können ganzheitliche und umfassende Vorschläge entwickeln. Auch in dieser Phase ist unsere Intuition aktiv, unsere schöpferischen Talente können sich entfalten. In Alpha arbeitet das Gehirn ohne großen Reibungsverlust. Das Tor zum Unterbewusstsein und zum kollektiven Unterbewusstsein öffnet sich weiter und weiter.

Beta Alles, was dann über 14 Hertz hinausgeht, fällt unter den Begriff Beta. Die Skala kann bis zu 35 Hertz gehen. Wenn Sie sich so umsehen, werden Sie überwiegend Menschen im Beta-Rhythmus beobachten können. Beta ist gleichbedeutend mit Hektik, Stress, Aggression bis hin zum Kampf. Das heißt, wir sind angespannt – innerlich wie äußerlich. Unsere Gedanken können nicht frei fließen, sondern sind blockiert oder total festgefahren. Wir sind innerlich verkrampft und verbittert, versuchen nur, uns durchzusetzen. Einseitige Sichtweise ist ein Merkmal von Beta. In Beta werden keine guten Verträge ausgehandelt, können keine optimalen Lösungen erreicht werden. Beta steht für Kampf, für Abwehr, für Krieg, für Nein. Muskelverspannungen, Kopfschmerzen, Migräne, Magenkrämpfe – alles deutliche Zeichen für Beta. In Beta ist die linke Gehirnhälfte hochaktiv, die rechte hingegen so gut wie ausgeschaltet.

Je häufiger Sie sich in Beta befinden, desto nervöser und folglich verspannter sind Sie. Das zeigt sich deutlich in Ihrem Verhalten und Ihren Aktionen und Reaktionen. Ihre Stimme wird hoch, Ihre Atmung schnell. Ihr Gehirn wird nicht mit genügend Sauerstoff versorgt, kann nicht mehr optimal arbeiten. Das Tor zum Unterbewusstsein schließt sich immer mehr, Lösungen zu erarbeiten wird fast unmöglich.

Hektik vs. Ruhe In der Ruhe hingegen kann alles sich entfalten. In der Ruhe gelingt alles viel besser, weil man sich konzentrieren kann. Konzentration auf die Sache, die man gerade macht. Wenn Sie Ihre Brille putzen, dann tun Sie nichts anderes als nur die Brille putzen; wenn Sie telefonieren, dann sind Sie ganz Ohr; lesen Sie nicht währenddessen noch einen Brief; wenn Sie essen, dann genießen Sie jeden Bissen, schmecken Sie einmal wieder bewusst die einzelnen Gewürze heraus, lassen Sie sich die Praline auf der Zunge zergehen ... Sie erweitern damit nicht nur Ihr Genussspektrum, Sie werden auch viel bessere Ergebnisse erzielen. Denn – seien wir ehrlich – die Hektik schadet nur. Dennoch machen wir hemmungslos weiter. Wir versuchen viele Dinge gleichzeitig zu erledigen und brauchen dafür im Endeffekt mehr Zeit, weil wir Unterlagen suchen, Daten vergessen haben. Und all das nur, weil wir unkonzentriert sind. Der hektische, nervöse Mensch kann nicht zu sich finden. Er ist ständig in Bewegung. Fast könnte man mei-

Die Stufen unseres Bewusstseins

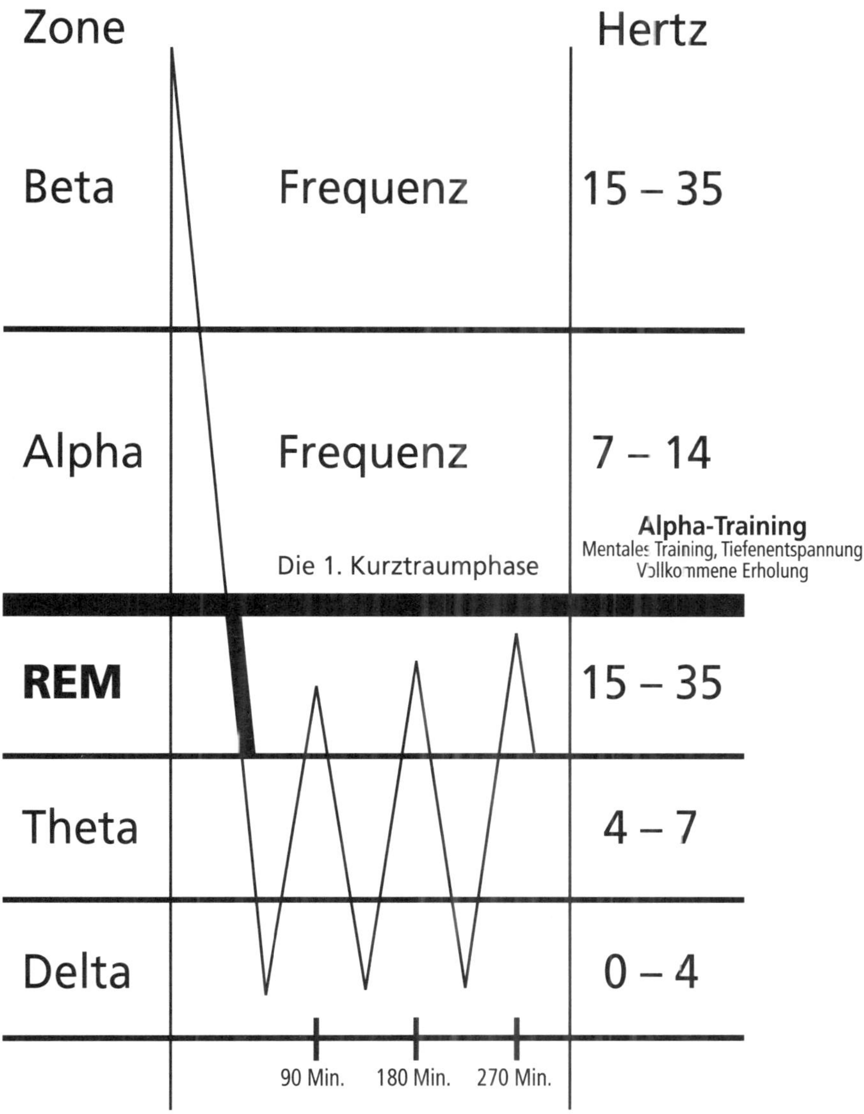

nen, er sei immer auf der Flucht – vor sich selbst und vor den Chancen, die er hat, aber nicht wahrnimmt.

Lernen Sie von Sportlern! Ein Sportler, der nervös an den Start geht, kann gleich wieder einpacken, denn er wird nicht siegen. Ein Holzschnitzer, der nervös ist, hat schnell sein Geschäft ruiniert. Ein falscher Schnitt im teuren Holz – das kann er sich nicht oft leisten. In der Ruhe liegt die Kraft – sowohl für den Geist wie für Körper und Seele.

Erst in der Ruhe kommt der Mensch zu sich selbst, wird sich seiner selbst bewusst – wird selbstbewusst!

5. Gedanken bestimmen unser Leben

Ruhe in den Gedanken + Konzentration auf das Wesentliche = Sicherheit im Handeln.

Gedanken – ein Sack Flöhe

So einfach klingt das, und ist doch so schwierig. Unsere Gedanken geraten oft außer Kontrolle, machen sich selbstständig und springen von einem Thema zum anderen. Am Ende sind wir so schlau wie zuvor. Aber wir haben Zeit verloren, haben nichts erledigt, nichts geschafft, sind nicht weitergekommen. Und schon sind wir wieder in dem alten gewohnten Trott. Wollen Sie das wirklich? Oder wollen Sie raus aus Ihrem Gedankengefängnis, raus aus der inneren Begrenzung und dem zu kleinen Blickfeld? Schon in der Bibel heißt es: »Der Gebeugte hat lauter böse Tage, der Wohlgemute hat allezeit Fest.«

Bio-elektrischer Prozess

Denken ist ein bio-elektrischer Prozess, bei dem die Informationen über Transmitter (Überträgerstoffe) von Gehirnzelle zu Gehirnzelle weitergeleitet werden, und zwar in das entsprechende Gehirnareal. Gedanken, die Sie oft denken, graben sich ein und schaffen so genannte »Denk-Wege«, d. h., sie werden immer schneller an ihren Bestimmungsort transportiert. Eines Tages sind dann solche Gedankenmuster fest im Gehirn installiert. Sie beeinflussen ohne unser Dazutun unser ganzes Verhalten, unsere Denkweise. Andere »Denk-Wege« haben wir nicht ausprobiert, wir haben einfach den gewohnten Pfad genommen. Unsere Sichtweise, unser Verhalten, unsere Einstellung ist zu einer Gewohnheit geworden – ohne dass uns dies überhaupt bewusst ist.

Macht der Gedanken oft unterschätzt

Haben wir eine positive Gedankenstruktur, ist dies vollkommen in Ordnung. Haben wir dies aber nicht, gibt es Probleme. Jemand, der ständig über seine Fehler nachdenkt, in Gedanken an Krankheiten schwelgt oder gerne Zeitschriften liest, die die ganze Welt in düsteren Farben schildern, der kann kaum Freude am Leben haben. Er wird nicht sonderlich gesund und erst recht nicht erfolgreich sein können, denn Gedanken besitzen Kraft. Die Macht der Gedanken wird von vielen Menschen unterschätzt. Aber:

Jeder Gedanke versucht sich gemäß dem Gesetz von Ursache und Wirkung zu verwirklichen.

Ich war kürzlich mit Freunden beim Essen in einem teuren Restaurant. Das Essen war vorzüglich, bis zu dem Augenblick, als wir vom Nebentisch folgenden Satz hörten: »Ich habe gerade den Koch gesehen; ihm hingen schmierige Haare ins Gesicht, und er hatte schmutzige Fingernägel, ein total ungepflegter Typ.« Mit dem Genuss war es vorbei! Jeder wartete nur darauf, ein Haar in der Suppe zu finden.

Ein Seminarteilnehmer berichtete, dass er zwei Tage nach einer Einladung erfahren hatte, dass es sich bei dem zarten Fleisch, das er dort mit großem Genuss gegessen hatte, um Pferdefleisch handelte. Er würgte sofort und musste sich übergeben – zwei Tage danach, nur weil er eine Aversion gegen dieses Fleisch hat. Nicht das Fleisch selbst hat die Übelkeit verursacht; hier haben seine Gedanken zugeschlagen.

Negatives schwächt – Positives stärkt

Negative Gedanken ziehen runter, machen schwach und krank. Positive Gedanken machen stark und sicher, bauen auf und heilen. Die Gedanken fließen praktisch ständig. Deshalb ist es so wichtig, welchen Inhalt sie haben. Vergleichen Sie einmal Ihr Gedankengut mit einem schönen Garten. Als guter Gärtner werden Sie das Unkraut immer wieder auszupfen und an dessen Stelle lieber Blumen oder Sträucher pflanzen. Sorgfältig überprüft ein Gärtner ständig seinen Garten, denn er weiß, wenn er nachlässig ist, dann breitet sich das Unkraut rasch aus und kann sogar den schönen Pflanzen den Boden förmlich entziehen.

Ähnlich ist es mit negativen Gedanken: Kontrollieren Sie diese nicht, breiten sie sich immer mehr aus. Gedanken haben eine gravierende Auswirkung auf unser Leben. Deshalb sollten Sie sich wirklich Zeit für Ihre Gedanken nehmen, sich Gedanken über Ihre Gedanken machen, denn Ihr Leben wird von Ihren Gedanken gesteuert.

Ihr Leben: von Gedanken gesteuert

Gedanken sind die Bausteine unseres Lebens.

Verschiedene Denk-Wege

Jetzt geht Ihnen vielleicht ein Licht auf. Jetzt haben Sie vielleicht auch eine Erklärung dafür, warum der eine überall einen Grund zur Kritik, zum Meckern und Nörgeln findet. Er lebt aus einer destruktiven Gedankenstruktur heraus. Umgekehrt ist Ihnen klar, warum der andere überall einen positiven Aspekt erkennt. Er hat einen anderen Blickwinkel, hat andere »Denk-Wege« installiert. Es ist keine Zeitverschwendung, sich ausführlich und intensiv mit seinen Gedanken zu beschäftigen. Gedanken kann man gut mit Bausteinen des Lebens vergleichen, denn mit ihnen bauen wir unser Lebensgebäude. Je nachdem, welche Gedanken wir »verwenden« – entsprechend wird unser Leben.

Gedanken bewusst machen

Sie entscheiden darüber, was Sie denken. Aber häufig scheint es uns, als würden wir von Gedanken überschwemmt und wären dafür nicht verantwortlich. Alles, was Ihnen so durch den Kopf geht, sind unkontrollierte Gedanken, die sich breit und Ihnen das Leben schwer machen. Um das in den Griff zu bekommen, sollten Sie sich ab sofort Ihre Gedanken wirklich bewusst und transparent machen. Sind Ihre Gedanken eher aufbauend oder haben sie eine zerstörerische Tendenz? Welchen Standpunkt, welche Grundeinstellung haben Sie? Wollen Sie Ihre Persönlichkeit entfalten, Ihre/n Partner/in aufbauen, Ihre Abteilung erfolgreich führen? Oder wollen Sie Ihre Firma herunterwirtschaften, Ihre Beziehung zerstören, sich selbst klein machen?

Übung: Gedanken transparent machen

Schreiben Sie auf, was Ihnen so alles im Lauf des Tages in den Sinn kommt. Streichen Sie unerwünschte Gedanken – also Gedanken, die Sie nicht weiterbringen, die Ihnen schaden, die Sie stören – mit einem schwarzen Strich durch. Aufbauende Gedanken unterstreichen Sie dick mit einem roten Stift. So gewinnen Sie Kontrolle über Ihre Gedanken. Automatisch sorgen Sie so dafür, dass sich bei Ihnen die richtigen Denkbahnen entwickeln.

Werden Sie zum Meister Ihrer Gedanken!

Der innere Monolog

Unbewusste Selbstbeeinflussung

Untersuchungen haben ergeben, dass der Mensch viel Zeit damit verbringt, (meist) lautlose Selbstgespräche zu führen, à la »Das sieht doch jeder: Diese Aktion ist total für die Katz, aber auf mich hört ja keiner!« oder »Die anderen sind wirklich mit Dummheit geschlagen«, »Er gönnt mir meinen Erfolg nicht ...« Diese inneren Monologe sind in großem Maße mit dafür verantwortlich, welche Einstellung sich in Ihnen manifestiert. Destruktive innere Monologe führen logischerweise zu destruktiven Handlungen. Wer ständig Missgunst und Neid sieht, der verursacht das entsprechende Verhalten in seinem Umfeld. Und umgekehrt: Wer von seinen Mitmenschen das Beste denkt, der erhält es auch.

Innere Monologe haben eine starke Wirkung. Wie viele Menschen nennen sich selbst einen Trottel, Dummkopf oder Idioten? Und was passiert? Sie verhalten sich letztendlich so und werden schließlich auch so behandelt. Der innere Monolog ist nämlich nichts anderes als eine Art der Selbstbeeinflussung. Sie fragen sich, wie das geht?

Diese lautlosen Äußerungen verankern sich im primitiven Teil unseres Gehirns, das auf Reaktion ausgerichtet ist, aber nicht darauf, Situationen zu analysieren. Wie wir gesehen haben, ist die linke Hemisphäre der Großhirnrinde dafür zuständig, und diese kann den primitiveren Teil unseres Gehirns beeinflussen. Wird diese Kontrolle nicht ausgeführt, können unbewusste Verhaltensweisen entstehen. Schalten wir in solchen Fällen nicht unseren Verstand (für solche Zwecke ist er hervorragend geeignet!) ein, dann agieren wir möglicherweise unser Leben lang aufgrund unbewusster, selbst erstellter negativer Programmierungen.

Das Fatale am inneren Monolog ist, dass wir ihn meist gar nicht wahrnehmen und so zu falschen Überzeugungen gelangen, die sich festsetzen. Wir bilden dann aufgrund dieser falschen Überzeugungen negative Gewohnheiten und Verhaltensmuster: Irgendwann ist derjenige, der sich selbst oft Trottel nennt, wirklich ein Trottel.

Die Art und Weise, wie Sie mit sich selbst sprechen, beeinflusst Ihr Leben.

Prüfen Sie Ihren inneren Monolog

Lassen Sie mich die Wirkung des inneren Monologs anhand eines Beispiels veranschaulichen: Ein U-Boot wird vom Kommandeur befehligt. Die Mannschaft erhält die Befehle, die sie auszuführen hat, ohne zu wissen, welche Aufgabe das Boot hat. Sie tut nur das, was ihr gesagt wird – ohne Wenn und Aber, ohne nachzufragen oder nachzuprüfen. Ähnliches vollzieht sich bei inneren Monologen. Wenn Sie sich ständig selbst einen Dummkopf nennen, dann verhalten Sie sich wie ein Dummkopf – führen also in blindem Gehorsam diesen Befehl aus, genauso wie die Mannschaft des U-Bootes. Diese Art der negativen Selbsthypnose müssen wir erkennen und abbauen. Prüfen Sie daher Ihre inneren Monologe. Es könnte sein, dass Ihnen noch gar nicht aufgefallen ist, wie Sie mit sich selbst sprechen.

Übung: Wie denken Sie?

Befassen Sie sich einmal mit Ihrer beruflichen Situation, analysieren Sie Ihre Grundeinstellung, aber auch Ihr fachliches Wissen und Können. Beantworten Sie folgende Fragen mit immer, oft, manchmal oder nie bzw. mit ja/nein:

Ich habe fundiertes Fachwissen. ____________________

Ich habe Angst davor, mich lächerlich zu machen. ____________________

Ich verstehe oft nicht richtig, was die anderen wollen. ______________________

Ich kann bei den meisten Themen mitreden. ______________________

Ich habe eine gute Allgemeinbildung. ______________________

Ich bin beliebt. ______________________

Die Leute kommen mit ihren Problemen zu mir. ______________________

Ich fühle mich unsicher, wenn ich vor einer Gruppe sprechen soll. ______________________

Meine Argumente kommen an. ______________________

Ich kann überzeugen. ______________________

Ich stehe gern im Mittelpunkt. ______________________

Ich fühle mich unsicher. ______________________

Ich erhalte Anerkennung für meine Leistung. ______________________

Kritik macht mich fertig. ______________________

Und nun gehen wir die Punkte einzeln durch, für den Fall, dass Sie diese negativ beantwortet haben. Manche kritischen Gedanken sind ja durchaus berechtigt. Wenn Sie erkannt haben, welche dies sind, können Sie konkret an diesem Problem arbeiten und sich so verbessern.

- *Kein fundiertes Fachwissen*
  Hier können Sie aufholen. Machen Sie Seminare, lesen Sie die richtigen Bücher, sprechen Sie mit Experten. Spezialisieren Sie sich! Suchen Sie die richtigen Kontakte.

- *Angst davor, sich lächerlich zu machen*
  Vor was haben Sie konkret Angst? Haben Sie berechtigten Anlass zu dieser Angst, oder bilden Sie sich das nur ein? Wie können Sie diese Angst abbauen?

- *Nicht richtig verstehen, was die anderen wollen*
  Hören Sie richtig zu, konzentrieren Sie Ihre Aufmerksamkeit auf den anderen und seine Argumente? Fehlt Ihnen das Basis- bzw. Fachwissen?

- *Bei den meisten Themen nicht mitreden können*
  Es kommt nicht darauf an, dass Sie überall mitreden können. Es kommt darauf an, dass Sie auf einem, nämlich auf Ihrem Spezialgebiet super sind, dass Sie sich hier bestens auskennen. Das ist das Wichtigste überhaupt. Seien Sie in einem Gebiet ein Profi, anstatt in vielen Gebieten oberflächliche Kenntnisse zu besitzen. Wenn Sie die Nummer eins in einem Bereich sind, dann dürfen Sie Mut zur Lücke haben!

- *Keine gute Allgemeinbildung*
  Auch hier können Sie leicht nachholen (siehe oben).

- *Nicht besonders beliebt sein*
  Warum mögen die Kollegen Sie nicht besonders? Nehmen Sie Anteil an anderen Menschen, gehen Sie auf sie zu, tun Sie etwas für sie? Oder meiden Sie die anderen, ziehen sich zurück? Was strahlen Sie aus?

- *Die Leute kommen nie mit ihren Problemen zu mir.*
  Wirken Sie kühl, desinteressiert? Nehmen Sie sich keine Zeit für andere? Wie signalisieren Sie Interesse?

- *Unsicherheit, wenn Sie vor einer Gruppe sprechen sollen*
  Warum? Sind Sie nicht sicher, weil Ihre Stimme nicht gut klingt, verlieren Sie leicht den Faden, fühlen Sie sich nicht beachtet oder fühlen Sie sich unwohl, wenn andere sie ansehen? Was ist der wirkliche Grund für die Unsicherheit? Besuchen Sie Rhetorikkurse.

- *Argumente kommen nicht an*
  Hört man Ihnen zu, sind Ihre Argumente vielleicht rein sachlich, sprechen Sie nur die linke Gehirnhälfte an? Wie klingt Ihre Stimme?

- *Wenig Überzeugungskraft*
  Argumentieren Sie richtig? Denken Sie dabei auch an den Nutzen, den Ihr Gesprächspartner hat, oder denken Sie nur an Ihren eigenen Vorteil? Sprechen Sie das Herz an oder den Verstand?

- *Nicht gern im Mittelpunkt stehen, sich unsicher fühlen*
  Warum sind Sie nicht stolz auf sich? Mögen Sie sich etwa selbst nicht so richtig? Was ist los mit Ihrem Selbstbewusstsein?

- *Keine Anerkennung für die Leistung*
  Machen Sie Ihre Leistung auch sichtbar, sprechen Sie davon? Weiß Ihr Vorgesetzter überhaupt, was Sie tun?

- *Umgang mit Kritik*
  Fühlen Sie sich sofort persönlich angegriffen, obwohl Kritik sachlich vorgetragen wird? Können Sie erkennen, wo Kritik berechtigt ist und wo nicht? Warum sehen Sie Kritik nicht als Chance?

Wandeln Sie obige Übung ab, indem Sie Ihr Privatleben entsprechend unter die Lupe nehmen. Mit solchen und ähnlichen Fragen ließe sich ein ganzes Buch füllen. Deshalb überlasse ich Ihnen diese Fragestellung selbst.

Gedankenmuster verändern

Vielleicht haben Sie jetzt festgestellt, dass Sie Ihre Gedankenmuster verändern sollten, dass Sie (gedanklich) ganz neue Wege beschreiten sollten, dass Sie vielleicht Hindernisse aus dem Weg räumen und Hemmungen abbauen müssen. Möglicherweise müssen Sie sogar eine neue Software installieren, mit der Sie alte Programmierungen überspielen können. Mit Konzentration und Konsequenz prägt sich ein neues, aufbauendes inneres Programm ein, das Ihr Denken, Ihr Handeln und damit Ihre Zukunft bestimmt. Ihre Gedanken spielen eine entscheidende Rolle bei der Gestaltung Ihres Lebens.

Erkennen Sie Ihre Programmierungen

Um mental fit zu werden, müssen Sie sich Ihrer Gedanken bewusst werden. Welche Software haben Sie installiert? Haben Sie Erfolgsgedanken in sich verankert, oder sind Ihre Gedanken voll von Misserfolgserlebnissen, von Neidgefühlen?

Es kommt nicht auf die Hardware an, sondern auf die Software!

In den folgenden Kapiteln wollen wir uns daher zunächst einzelnen Lebensbereichen zuwenden, damit Sie erkennen, wo Sie stehen und was Sie ändern können.

CHECKLISTE

1. Zu welchen neuen Erkenntnissen hat mich das Studium dieses Teils gebracht?

___

___

___

2. Welche dieser Erkenntnisse möchte ich auch praktisch anwenden?

___

___

___

3. Wie führe ich das durch?

___

___

___

4. Wer kann mir dabei helfen?

___

___

___

5. Welchen Zeitrahmen setze ich mir dafür?

___

___

___

Teil 2:

Was können Sie mit Mentaltraining erreichen?

6. Neue Perspektiven gewinnen

Veränderung ermöglichen

Die in den nachfolgenden Kapiteln gestellten Fragen werden manchmal sicherlich schmerzhaft für Sie sein. Aber sie sind nötig, um einen Heilungsprozess einzuleiten. Nur die Ein-sicht eröffnet eine andere Aus-sicht, ermöglicht eine Veränderung. Wenn Sie wissen, warum Sie so sind, wie Sie heute sind, warum das, was in Ihnen steckt, (noch) nicht herausgekommen ist, dann haben Sie einen entscheidenden Schritt vollzogen. Wenn Sie erkennen, dass ein falsches Programm in Ihnen wirkt, können Sie es überspielen. Mentaltraining ist dazu eine wirksame Methode – Sie erkennen alte Beschränkungen und Kränkungen und können diese mithilfe der hier vorgestellten Methoden überwinden und so Ihr Potenzial voll entfalten.

Beschränkungen abschütteln

Die Macht der Beschränkungen ist groß und allgegenwärtig, und wie wir sehen werden, wird ihre Saat meist ganz früh gelegt. Die Angst, Fehler zu machen, sich zu blamieren – diese Angst macht dumm, macht den größten Menschen zum Zwerg. Von Natur aus gibt es aber keine dummen Menschen, sie werden erst dazu gemacht – durch Nörgeleien, Herabsetzungen, Beschränkungen, durch Angst. Dummheit ist das Ergebnis negativer Beeinflussung durch andere oder auch durch sich selbst. Doch dagegen gibt es ein Mittel: positive Suggestionen, um sich von Beschränkungen und Hemmungen zu befreien, und konstruktive Gedanken, um den Alltag positiv zu gestalten, um den Weg zu persönlichem Erfolg und zu innerer Freiheit zu gehen. Denken Sie an mein 3. Grundgesetz der Lebensentfaltung:

Gedanken entwickeln sich im Unterbewusstsein, aus den Menschen selbst oder durch äußere Einflüsse.

Positives beachten

Alles beginnt beim Denken. Denken Sie aufbauend oder zerstörerisch, denken Sie an Gesundheit oder an Krankheit? Das Negative können Sie nicht negieren. Ob Sie wollen oder nicht, es gibt Krankheit, Kummer und Schmerz. Aber es liegt an Ihnen, wie viel Beachtung Sie negativen Aspekten schenken. Gerade weil es das Negative gibt, ist es so wichtig, das Positive zu beachten und damit den Raum für die Entfaltung negativer Energien zu reduzieren. Denken Sie an Erfolg, dann wenden Sie Ihre Aufmerksamkeit Erfolgsfaktoren zu. Alles in Ihnen ist auf Erfolg fixiert. Folglich bleibt kein Raum, keine Zeit, keine Energie übrig, sich mit Misserfolgen zu befassen. Damit haben Misserfolge, Pech und Unglück kaum eine Chance, sich auszubreiten – einfach schon aus Mangel an Beachtung.

Beachtung bringt Verstärkung.
Nichtbeachtung bringt Befreiung.

Fallbeispiel: Glücksblick schärfen

Die schlimmste Entschuldigung, die sich ein Mensch für Pech und Unglück einfallen lassen kann, ist: »Ich hatte eine schwere Jugend.« Bei einem meiner Seminare hatte ich es mit einem solchen Fall zu tun. Der junge Mann sah nur Negatives, fühlte sich vom Schicksal geschlagen und war durch und durch unzufrieden und unglücklich. Er hatte es tatsächlich nicht leicht. Als er klein war, explodierte im Nachbarhaus ein Bombe. Er und seine Mutter wurden schwer verletzt, seitdem war er gehbehindert. Ich gab ihm eine Aufgabe. Er sollte zum nächsten Tag einen Aufsatz über die Glücksfälle in seinem Leben schreiben. »Ohne diesen Aufsatz brauchen Sie gar nicht mehr zum Seminar zu kommen«, so verabschiedete ich mich von ihm. Am nächsten Morgen war ein Wunder geschehen: Ich sah einen Mann mit fröhlichem Gesicht und leuchtenden Augen, der sogleich auf mich zukam und sagte: »Herr Enkelmann, ich bin Ihnen ja so dankbar. Es hätte alles ganz anders und viel schlimmer sein können. Meine Mutter hätte getötet werden können; ich hätte viel schwerer verletzt werden können, hätte vielleicht sogar ein Bein verloren. So hinke ich nur …« Sie sehen, was der Blickwinkel bewirken kann. Wer nur das Negative sehen will, sieht es. Wer aber das Positive sehen möchte, sieht das Positive. Deshalb ist es für jeden von uns so wichtig, sich immer einmal wieder nach den Glücksfällen im Leben zu fragen.

Schärfen Sie Ihren Glücksblick!

Jeder von uns hat einmal Pech gehabt. Aber so ist das Leben. Das ist noch lange kein Grund, sich der Verantwortung für sich zu entziehen. Es ist auch sehr billig, alle Schuld den Eltern zu geben. Jeder macht Fehler, das muss man auch den eigenen Eltern zugestehen. Entscheidend ist jedoch, was Sie aus dem machen, das Ihnen zur Verfügung steht. Und das hängt wiederum davon ab, worauf Sie Ihren Blick richten: auf das Negative oder auf das Positive. Schauen Sie sich einmal Sportler an. Erfolgreiche Sportler denken an Erfolge, Versager denken an Misserfolge.

Konzentrieren Sie sich auf das Positive

Natürlich gibt es Ärger, Kummer und Sorgen. Das können wir weder ausrotten noch verhindern. Aber wir können uns auf das Aufbauende, auf das Schöne und Erstrebenswerte konzentrieren und damit automatisch das Negative klein halten. Es geht nicht darum zu sagen: Alles ist immer nur schön, denn das ist es nicht und kann es auch nicht sein. Das Leben ist nicht das Paradies, und Sie haben vielleicht schon einmal alles verloren, haben vor dem Ruin gestanden. Das Leben ist Kampf, ist hart und verlangt viel von uns. Aber gerade deshalb ist es entscheidend zu wissen (und das auch zu trainieren), wie man am besten mit den weniger erfreulichen Situationen, mit den Niederlagen und dem Ärger umgeht. Niemand kann immer gewinnen.

Umgang mit Niederlagen

Nehmen wir also an, Sie haben einen Misserfolg erlitten, haben einen wichtigen Kunden verloren, haben Ihre Meinung nicht überzeugend vorgetragen. Was tun Sie? Wie agieren oder reagieren Sie? Ziehen Sie sich zurück, lecken Ihre Wunden und nehmen sich vor, das nächste Mal vorsichtiger vorzugehen? Oder machen Sie es wie der Mann im Spielkasino, der bei einer Pechsträhne seinen Einsatz verdoppelt? Nehmen Sie sich den Sportler zum Vorbild, der nach einem schlechten Lauf sagt: Jetzt erst recht!

Selbstwertgefühl

Wenn Sie Ihrer Partnerin / Ihrem Partner jeden Tag ein wenig Arsen in den Kaffee geben, werden Sie bald wegen Mordes angeklagt. Wenn Sie jedoch zu Ihrem Partner / Ihrer Partnerin jeden Tag sagen: »Du bist ein Versager, du wirst nie Abteilungsleiter, bekommst keine Gehaltserhöhung ...«, dann wird Ihre Partnerin / Ihr Partner zwar weiterleben, aber ihr / sein Selbstwertgefühl wird vernichtet, ihr / sein Leben wird vergiftet. Welche Strafe steht auf seelischen Mord? Ich frage Sie: Ist ein chemischer Mord brutaler als ein seelischer? Wenn Sie aber Ihrem Partner / Ihrer Partnerin jeden Tag sagen: »Du hast alle Voraussetzungen, um das Problem zu lösen, du machst das hervorragend, die Gehaltsverhandlung führst du erfolgreich ...«, dann kann diese/r gar nicht anders, als Erfolg zu haben.

Ich erwähne in diesem Zusammenhang gerne Arnold Schwarzenegger. Als er für einen seiner Filme einen Preis erhielt, begann er mit einem Dank an seine Mutter: »Gestatten Sie mir, zwei Minuten über meine Mutter zu sprechen, der ich meinen Erfolg verdanke. Sie hat mir von klein auf jeden Tag gesagt: Was immer du tust, mein Junge, du schaffst es.« Wer mit solchen Worte groß wird, ist gut dran, hat optimale Voraussetzungen. Aber wenn Sie zu dem Kreis derjenigen gehören, die nicht mit solch aufbauenden Sätzen bedacht wurden, die immer klein gemacht und kritisiert wurden – machen Sie sich nichts daraus. Sie können sich davon lösen, Sie können auch als Erwachsener den Hebel umlegen und innere Freiheit und noch größeren Erfolg erlangen.

Nun haben wir von denen gesprochen, die von außen niedergemacht werden. Aber wie viele gibt es, die sich selbst umbringen. Indem sie nicht an sich glauben, nur ihre Fehler betrachten und in deren Sprachschatz Sätze wie: »Das kann ich sowieso nicht, XY wird die Stelle bekommen, da habe ich keine Chance, ich kann froh sein, dass ich überhaupt einen Job, eine Frau, einen Mann bekommen habe ...« (s. innerer Monolog, S. 40f.) Das ist Selbstmord auf Raten! Haben Sie auch ein solches Programm installiert? Checken Sie einmal diesbezüglich Ihre Aussprüche, Ihre Einstellung und Ihre Gedanken!

Selbsterkenntnis

Lernen Sie sich kennen

Ändern bzw. verbessern kann man nur, was man auch kennt. Kein Autodesigner kann ein besseres Modell kreieren ohne die alten Modelle genauestens zu studieren, keine Schneiderin kann ein Kleid ändern, wenn sie nicht weiß, an welcher Stelle es Falten wirft. So können auch wir weder unsere Einstellung noch unser Verhalten ändern, wenn wir nicht genau wissen, wer wir sind, was wir sind, wo unsere Stärken, unsere Schwächen liegen.

Die drei entscheidenden Fragen, mit denen wir uns daher intensiv befassen wollen, lauten:

- Wer bin ich?
- Was bin ich?
- Was will ich?

Diese Fragen sind nicht schnell zu beantworten. Deshalb sollten Sie sich wieder mit Papier und Stift bewaffnen. Legen Sie für jede Frage ein Blatt an, auf dem Sie alle Punkte notieren, die Ihnen einfallen. Befassen Sie sich mindestens eine Woche intensiv mit diesen Fragen. Je besser Sie über sich selbst Bescheid wissen, je mehr Sie über Ihre Stärken, Wünsche und Bedürfnisse wissen, desto leichter fällt es Ihnen, den richtigen Weg zu erkennen und ein Ihnen gemäßes Ziel festzulegen. Sie können dann ziel-strebig vorgehen, können sich auf das Wesentliche konzentrieren. Sie können Ihre Kraft wie bei einem Laserstrahl gebündelt einsetzen und vergeuden keine Energien, gehen nicht nach dem unproduktiven Gießkannenprinzip vor.

Übung: Wer sind Sie?

Antworten Sie jetzt bitte nicht mit Ihrem Namen – so einfach können wir es uns leider nicht machen. Wer sind Sie wirklich? Was macht Sie persönlich aus? Was sind Ihre Eigenschaften, Ihre Stärken und Schwächen. Was mögen Sie besonders gern, was können Sie überhaupt nicht leiden? Teilen Sie Ihre Notizen in positive, neutrale und negative Aspekte auf.

Ich bin

- ein Optimist, Pessimist
- Nacht- / Tagmensch?
- Kopf- / Gefühlsmensch
- Sportler
- Künstler

____

Und nun denken Sie über Ihre Stärken und Schwächen nach. Was fällt Ihnen dazu ein?
Meine Stärken sind:

____

____

Meine Schwächen sind:

____

____

Wie sehen Ihr/e Partner/in, Ihre Familie, Freunde und Kollegen Sie?
Welche Eigenschaften schätzen sie an Ihnen:

____

____

Was macht Sie beliebt?

____

____

Warum sind Sie bei manchen Menschen nicht so beliebt?

____

____

Übung: Was sind Sie?

Auch hier geht es nicht um die Position, die Sie innehaben, sondern um Ihr Selbstverständnis. Sind Sie ein Mensch, der anderen ein Vorbild ist? Sind Sie gesund – körperlich, geistig und seelisch? Leben Sie gern? Welche Hemmungen haben Sie und warum?

Ich bin
- ehrgeizig
- fleißig
- neugierig
- begeisterungsfähig

Sie stellen vielleicht jetzt fest, dass Sie mit einigen Schwächen ausgestattet sind, dass Sie möglicherweise nicht ganz so strahlend dastehen, wie Sie sich gerne gesehen hätten. Zu dieser Erkenntnis kommen viele Menschen, die sich einmal einen Spiegel vorhalten. Ein solcher Blick ist heilsam, ja ich möchte sagen, lebensnotwendig, denn damit schaffen Sie sich selbst eine echte Basis, von der aus Sie etwas aus sich und Ihrem Leben machen können.

Leben selbst gestalten

Nie hatte der Mensch so viele Möglichkeiten, sein Leben selbst zu gestalten, nie hatte er so viel Freiheit wie heute. Er hat das Recht zur Mitbestimmung, ist kein Leibeigener eines Fürsten, kein Vasall oder Diener. Wenn Sie mit Ihrem Leben nicht glücklich sind, wenn Sie bisher nicht so erfolgreich waren, wie Sie sich das wünschten, dann müssen Sie sich schweren Herzens eingestehen, dass niemand anders als Sie selbst dafür verantwortlich ist. Möglicherweise haben Sie anhand Ihrer ersten Selbstanalyse festgestellt, dass Sie sich gar nicht so richtig kannten. Wie sollten Sie dann das Beste für sich herausfinden? Vielleicht wussten Sie gar nicht, wie viele Fähigkeiten Sie besitzen, und konnten deshalb natürlich auch nichts daraus machen. Vielleicht haben Sie bisher die Karten über Ihre Zukunft befragt, oder Sie haben Ihre Entscheidungen von Ihrem Horoskop abhängig gemacht. Nun sehen Sie, wie weit Sie damit gekommen sind. Häufig versuchen wir aber auch die Verantwortung für unser eigenes Fehlverhalten auf andere abzuwälzen. Da sind die Eltern schuld, der Kunde ist einfach ein Querulant, der Chef gönnte Ihnen Ihren Erfolg nicht, Kollege XY intrigiert gegen Sie ... Wer die Verantwortung für sich und seine Zukunft leichtfertig abgibt, hat zugleich seine Würde als Mensch abgegeben. Ich gebe zu, ein Leben erfolgreich und glücklich zu gestalten, ist nicht einfach. Aber ein Leben als Versager zu führen ist tausendmal schwerer.

Geben Sie die Verantwortung für Ihr Leben nicht leichtfertig aus der Hand!

Sinn-voll leben

In uns selbst

Dem Leben einen Sinn geben, das vernachlässigen viele. Aber nur der Sinn macht den Wert des Lebens aus. Wer sinn-los lebt, der ist nicht wirklich glücklich. Er fühlt, dass ihm etwas fehlt. Diese Leere versucht er gern durch immer mehr Aktivitäten zu kompensieren. Doch mit dieser Methode läuft er nur vor sich selbst davon. Oft sucht dieser Mensch etwas, weiß aber gar nicht genau was. Dabei braucht er nicht weit zu gehen, denn alles, was ihm fehlt, liegt in ihm selbst. Den Sinn des Lebens finden wir nicht in schnellen Autos, einem tollen Job, schönen Menschen und teuren Reisen. Denn Sinn können nur wir selbst unserem Leben geben.

Einklang mit der Natur

Der Lebenssinn kann deshalb nicht im Erfolg um des Erfolgs willen liegen. Ein erfolgreiches Leben macht nur dann glücklich, wenn Sie ihm einen Sinn geben. Nicht der Einzelkämpfer, der sich von den anderen entfernt, kann die Welt verändern, sondern derjenige, der zur Weiterentwicklung beiträgt. Leben hat einen Sinn, wenn es im Einklang mit der Natur, nach den Gesetzen der Natur, in Harmonie mit dem Umfeld und zum Nutzen der Mitmenschen gelebt wird.

Mein großer Lehrer ist Victor Frankl, der selbst in der schlimmsten Zeit seines Lebens, als er im Konzentrationslager war, nicht die Hoffnung und den Mut verloren hat. Anstatt aufzugeben, wie es so viele getan haben, hat er versucht, selbst im größten Leid einen Sinn zu erkennen. Das war die Geburtsstunde der Logotherapie. Das größte Glück, die steilste Karriere, der tollste Partner, überdimensionaler Reichtum – all das ist gar nichts, wenn der scheinbar Glückliche nicht einen Sinn in seinem Handeln erkennt. Die Grundlage meines Erfolgssystems basiert deshalb auf der Frage nach dem Sinn.

Übung: Welchen Sinn hat Ihr Leben?

Machen Sie sich bewusst, wo Sie stehen, und fragen Sie sich:

Welchen Sinn hat Ihr Leben heute?

____

____

Welchen Sinn haben Ihre Bemühungen?

____

____

Welchen Sinn haben Ihre Beziehungen – privat und geschäftlich?

____

____

Welchen Sinn möchten Sie Ihrem Leben für die Zukunft geben?

____

____

Der in sich ruhende Mensch

Als Symbol für mein Institut habe ich den perfekten Menschen gewählt (s. Abb. S. 19). Wenn Sie diesen Menschen betrachten, werden Sie feststellen, dass es ein Mensch ist, der aus seiner Mitte lebt, der im Lot ist. Er repräsentiert die Welt der Gegensätze oder, wie es bei den Chinesen heißt: Yin und Yang. Schwarz und weiß, weich und hart, süß und sauer … Mein perfekter Mensch steht mit beiden Beinen fest auf dem Boden oder, anders ausgedrückt, im Leben. Er hat noch Rückgrat, steht aufrecht. Er trägt den Kopf erhoben, denn er glaubt an seine Zukunft. Diesen Menschen wirft so leicht nichts aus der Bahn, er ist belastbar und elastisch. Selbst wenn das Schicksal ihn beutelt, wenn er hin- und hergerüttelt wird, zu Boden gedrückt wird – er steht immer wieder auf, findet zu seiner Mitte zurück, weil er um den Sinn seines Lebens weiß. Auch er muss Misserfolge einstecken und mit Niederlagen fertig werden, doch diese machen ihn nicht fertig.

Strategien entwickeln

Ich möchte Sie auf den Weg des Erfolgs führen. Der Weg nach oben ist mit Dornen gespickt – das wissen wir alle. Es wäre unrealistisch zu glauben, man könnte immer nur siegen. Schauen Sie sich um in der Weltgeschichte: Wie oft mussten große Persönlichkeiten eine Reihe von Niederlagen hinnehmen, sind geschlagen und verfolgt worden? So ist das Leben, das passiert jedem von uns. Entscheidend sind nicht die Fehlschläge, sondern die Art und Weise, wie wir damit umgehen. Holen Sie sich Anregungen, lassen Sie sich inspirieren von den Biografien großer Menschen, z. B. Christoph Kolumbus. Können Sie einstecken und wegstecken? Oder können Sie zwar gut austeilen, fallen aber beim kleinsten Windhauch, bei der geringsten Konfrontation um? Sind Sie innerlich gerüstet für den Lebenskampf, sind Sie stark genug, um wieder aufzustehen, wieder ins Lot zu kommen? Hinfallen ist keine Schande, aber Liegenbleiben schon! Misserfolge können wir weder negieren noch ausrotten. Misserfolge sind Teil des Lebens. Ohne sie gäbe es auch keine Erfolge, ohne Misserfolg könnten wir den Erfolg gar nicht genießen. Misserfolg ist kein Zeichen von Schwäche und folglich auch kein Grund, sich minderwertig oder unterlegen zu fühlen. Es kommt immer darauf an, was man aus einem Misserfolg macht. Verdrängen hilft Ihnen nicht weiter, Vertuschen oder Ignorieren auch nicht. Also stellen Sie sich lieber der Situation, schauen Sie nach vorn, entwickeln Sie eine Lösungsstrategie. Und dies wird Ihnen viel leichter fallen, wenn Sie Ihrem Leben einen Sinn gegeben haben, der Ihnen auch in schwärzesten Stunden weiter als Richtschnur dient.

Bleiben Sie realistisch!

10 : 4 ist ein realistisches Verhältnis zwischen Erfolg und Misserfolg. Wenn Sie eine Misserfolgsquote von 4 bei 10 Aktivitäten haben, dann können Sie zufrieden sein. Haben Sie den Mut, sich

zu stellen! Es liegt an Ihnen, ob eine Niederlage Sie schwächer macht oder Sie stärkt. Jedes gelöste Problem ist ein Baustein für Ihr Selbstbewusstsein. Ob wir am Misserfolg wachsen oder daran zerbrechen – darüber entscheidet unsere »Software«. Wenn Sie nur 10% von dem verbessern, was Sie heute können, dann haben Sie bereits einen Erfolg erzielt. Wenn Ihr Kind eine 6 in Mathe hat und im nächsten Zeugnis eine 5, dann ist das ein Erfolg. Auch hier kommt es auf die Perspektive an. Setzen Sie sich realistische Ziele, sonst werden Sie enttäuscht. Erfolge sind nicht nur die spektakulären Rekorde, Erfolge sind auch die kleinen Schritte, die erst den großen Erfolg möglich machen.

Bevor wir jedoch weitergehen, wollen wir uns noch besser kennen lernen, uns und unsere Beziehungen.

Der Blick in den Spiegel

Mut zur Selbsterkenntnis

Sich selbst erkennen – das ist nicht immer ganz einfach und auch nicht immer ganz angenehm. Deshalb sprechen viele am liebsten über die Fehler der anderen, möchten lieber die ganze Welt verändern, als sich mit sich selbst zu befassen. Die Kehrseite der Medaille ist, dass nur wenige Menschen mit Überzeugung zu sich selbst JA sagen können. Haben Sie den Mut zur Selbsterkenntnis. Alles beginnt im Denken, und deshalb müssen wir uns intensiv damit befassen. Denn:

> **Nur der Mensch hat die Kraft, bewusst zu denken, zu planen und zu gestalten. Nur er kann sich selbst und damit sein Schicksal und seine Zukunft gezielt beeinflussen.**

Übung: Der Blick in den Spiegel

Gehen Sie zu einem großen Spiegel und betrachten Sie sich. Was sehen Sie? Einen fröhlichen oder einen traurigen Menschen? Betrachten Sie sich genau. Versetzen Sie sich in die Lage eines objektiven Beobachters. Was können Sie in Ihrem Gesicht lesen? Gesichter sind die Lesebücher des Lebens, erzählen unsere ganz persönliche Lebensgeschichte. Das Gefühlsleben ist uns ins Gesicht geschrieben: Nach unten gezogene Mundwinkel verraten keine sehr lebensbejahende Einstellung, steile Stirnfalten erzählen von viel Widerspruchsgeist … Im Gesicht können Sie lesen, ob sich jemand ständig ärgert. Dann ist er bald übersäuert, giftig, nicht mehr genießbar, ist eine Giftbombe. Andere Gesichter strahlen: Lachfältchen um die Augen machen liebenswert, ein lächelnder Mund, leicht geöffnet, um JA zu sagen, zieht an. Achten Sie auch auf Ihre Körperhaltung. Sind Sie an-gespannt, verkrampft oder locker? Was ver-körpern Sie, was drückt Ihr Körper aus? Was repräsentieren Sie? Schauen Sie sich auch Fotos von früher und von heute an. Was strahlen Sie aus? Wie haben Sie sich verändert?

Aus dem Rahmen fallen

Beruf, Freunde, Lebenseinstellung

Jeder Mensch hat sich seinen eigenen Rahmen ausgesucht und bewegt sich in ihm – beispielsweise Beruf, Freunde, Lebensstandard und natürlich die Lebenseinstellung. Einmal einen Rahmen gefunden, wollen sie diesen nicht mehr verlassen, wollen partout nicht aus dem Rahmen fallen. Sie wollen nur dort bleiben, wo sie schon immer waren. Sie wollen nicht wachsen, wollen sich nicht verändern, denn sie haben sich so an ihre Grenzen, an ihre Fehler gewöhnt, lieben ihre Schwächen mehr als ihre Stärken.

Grenzen überschreiten

Auch dies gehört zu den Gewohnheiten, die Ihr Leben bestimmen. Stimmt Sie das nicht nachdenklich? Viele bezeichnen diese starre Haltung gern als »sich selbst treu bleiben«. Manche Menschen möchten lieber sterben als ihren kleinen selbst gewählten Rahmen zu verlassen, bleiben lieber gefangen als den Weg in die Freiheit zu wählen. Doch so wie ein Arzt keinen Patienten heilen kann, der nicht gesund werden will, so kann auch kein Mensch sich entwickeln und frei von inneren Fesseln werden, wenn er es nicht wirklich will. Das Wort Veränderung hat für viele einen bedrohlichen Klang. Ver-ändern bedeutet jedoch nicht, eine ganz andere, ein ganz anderer zu werden. Es heißt auch nicht, seine Persönlichkeit aufzugeben und eine neue anzunehmen. Verändern bedeutet vielmehr, zu alten Strategien neue dazuzulernen.

Werden Sie endlich zu dem Menschen, der Sie sein könnten. Werden Sie zu dem Menschen, der Sie in Wirklichkeit sind.

Je mehr Möglichkeiten wir haben, desto schwerer fällt uns allerdings eine Entscheidung. Die Qual der Wahl macht uns zu schaffen. Damit Ihnen die Entscheidung leichter fällt, möchte ich Ihnen folgende Fragen stellen:

Übung: Glück und Unglück

1. Was muss passieren, damit Sie zu Recht sagen können:
   Ich bin der unglücklichste Mensch der Welt?

   ____

   ____

2. Was muss passieren, damit Sie zu Recht sagen können:
   Ich bin der glücklichste Mensch der Welt?

   ____

   ____

Nehmen Sie Ihre Lebenssituation wahr!

Um zu erkennen, unter welchen Aspekten Sie sich verändern können, müssen Sie Ihr Bewusstsein für Ihre Lebenssituation sensibilisieren. Den meisten Menschen geht es nämlich ausgesprochen gut, doch sie bemerken es gar nicht. Sie wissen gar nicht, wie glücklich sie sind, weil sie nicht bewusst leben, weil das Gute nichts Besonderes, nichts Außergewöhnliches für sie ist. Fragen wie die soeben gestellten helfen uns jedoch, klarer zu sehen, wo wir stehen und wo wir uns verändern müssen. Nur eine klare Bestandsaufnahme bringt Licht ins Dunkel und gibt Ihnen die Möglichkeit, den Weg zur Freiheit und zu Ihrem ganz persönlichen Erfolg zu beschreiten.

Glück oder Unglück: Sich selbst erfüllende Prophezeiungen

60 % der Menschen glauben, an einer unheilbaren Krankheit zu sterben. Solche Leute sind schon 20 Jahre vor ihrem Tod krank – krank im Kopf! Sie brüten die Krankheit geradezu aus, schleppen sie jahrelang in Gedanken mit sich herum, bevor sie dann wirklich zum Ausbruch kommt. Eine alte arabische Legende veranschaulicht die Folgen negativer Denkweise sehr deutlich:

Beispiel: Folgen negativer Denkweise

Jedes Jahr besuchte die Cholera die heilige Stadt Mekka und forderte ihre Opfer. Der ständige Begleiter der Cholera, der Tod, war natürlich auch dabei. Vom Torwächter unbemerkt, schlich sich als Erstes die Furcht in die Stadt. Als dann etwas später die Cholera Einlass begehrte, öffnete der Wächter und fragte: »Ach, du kommst auch dieses Jahr wieder und willst die Menschen hier befallen?«

»Ja, so wie jedes Jahr«, antwortete die Cholera, »aber ich nehme nicht mehr mit als sonst auch.«

»Wie viele Menschen forderst du?«

»500, wie immer – ich verspreche es dir.«

Dann wandte sich der Torwärter an den Tod: »Und wie viele wirst du holen?«

»Nicht mehr als meine Freundin, die Cholera, mir gibt. Das kannst du mir glauben!«

Der Wächter war überzeugt und ließ die beiden in die Stadt, wo sie ihr grausiges Werk verrichteten.

Nach einiger Zeit kamen sie wieder zum Tor und verlangten, aus der Stadt gelassen zu werden. »Nun«, fragte der Torwächter die Cholera, »wie viele Opfer sind dir in die Hände gefallen?«

»Ich habe mein Versprechen gehalten und die Zahl nicht überschritten. Ich nahm sogar weniger mit, nämlich nur 490 Menschen.«

Der Wächter war zufrieden und wollte nun von ihrem Begleiter, dem Tod, wissen:

»Wie viel nahmst du dir?«

»Mehr als 1000 Tote nahm ich mit«, antwortete der Tod.

Das erschreckte den Torwächter sehr. »Sag, wie ist es möglich? Die Cholera gab dir doch nur 490.«

Der Tod lächelte spöttisch: »Da hast du Recht. Der Cholera fielen nur 490 zum Opfer. Aber du hast nicht bemerkt, dass die Furcht sich in eure Stadt einschlich. Sie hat mehr Unheil angerichtet als die Cholera.«

Lebenseinstellung klären

Fragen Sie sich daher auch: Was tragen Sie in sich? Was befürchten Sie bzw. auf was freuen Sie sich? Was bestimmt Ihr Leben? Der Glaube an Glück, an Erfolg und Erfüllung oder …? Ich kann es nicht oft genug wiederholen: Was Sie über sich und Ihr Leben denken, bestimmt in hohem Maße, wie Ihr Leben verläuft. Deshalb ist es wichtig, dass Sie sich auch darüber klar werden, welche innere Einstellung zum Leben Sie haben.

Lernen Sie Ihr wahres Wesen kennen – finden Sie Ihre Wahrheit.

Eine objektive Wirklichkeit gibt es nicht. Warum also nicht an das Positive glauben? Wir glauben meist nur, was wir sehen. Doch was ist dann mit den hohen Tönen, die zwar ein Hund hören kann, aber nicht der Mensch? Oder der Atomstrahl: Gibt es ihn nicht, nur weil ich ihn noch nicht gesehen habe? Alles, was wir sehen, ist nur der Schein, ist nur schein-bar Realität. Blicken Sie hinter diesen Schein, erkennen Sie sich selbst, entdecken Sie Ihre Wahrheit, Ihre Realität. Darauf kommt es an. Und dazu zählt, dass Sie nicht nur eloquent darlegen können, was Sie unzufrieden oder unglücklich macht. Sie sollten auch wissen, was Sie glücklich macht und was wirklich gut für Sie ist.

Übung: Persönliche Glücksmomente

Deshalb möchte ich Sie jetzt bitten, aufzuschreiben, was Sie glücklich macht.
Mich macht glücklich,

____

____

____

Neue Gewohnheiten entwickeln

Wenn Sie Ihre Glückspunkte aufgeschrieben haben, versetzen Sie sich gedanklich in die entsprechende Situation. Genießen Sie Ihre Glücksmomente – das macht Sie nämlich glücklich. Außerdem können Sie auf diese Weise Gewohnheiten entwickeln, die Ihnen entsprechen.

Glückstagebuch führen

Halten Sie von nun an die glücklichen Augenblicke in Ihrem Leben fest. Legen Sie sich ein Glückstagebuch an. Was glauben Sie, wie Sie dadurch mental in Hochform kommen. Notieren Sie jeden Tag alles, was Sie glücklich gemacht hat. Das kann das außergewöhnlich freundliche Lächeln Ihres Chefs sein, der liebevolle Händedruck Ihrer/es Partnerin/s, das Zwitschern der Vögel oder der Einzug in das neue Haus. Wenn Sie sich mal nicht so gut fühlen, sich Schatten auf Ihre Seele legen, dann nehmen Sie Ihr Glückstagebuch zur Hand. Sie können für das Tagebuch einen einfachen Kalender nehmen. Sie können aber auch den schönsten Kalender wählen, den es gibt, können dem Glück in Ihrem Leben somit schon sichtbaren Ausdruck verleihen. Ich denke, für das Glück ist das Schönste gerade gut genug, finden Sie nicht? Ein weiterer großer Vorteil des Glückstagebuchs liegt darin, dass Sie auf diese Weise auch neue, Ihnen und Ihren Zielen besser entsprechende Gewohnheiten entwickeln können.

Gewohnheiten

Schlechte Gewohnheiten ablegen

Der Mensch ist das einzige Lebewesen, das sich selbst und seine Welt verändern kann. Ein Tier hat so manche Fähigkeit, über die der Mensch nicht verfügt. Aber eines hat der Mensch dem Tier voraus: Er kann sich schneller verändern, sich schneller seiner Umgebung anpassen; ein Tier kann das nicht in dem Maße. Seit Jahrhunderten fliegen die Störche im Herbst von Europa nach Afrika – und sie werden das auch weiterhin tun. Ein Fuchs gräbt seinen Bau genauso wie seine Vorfahren es taten, und seine Nachkommen werden daran nichts ändern. Aber der Mensch kann sich aus gewohnten Verhaltensweisen lösen, er hat die Möglichkeit zur Veränderung, er hat die Freiheit der Wahl, ob er so bleiben will oder nicht. Wir sind nämlich kein Endprodukt – auch wenn viele Menschen sich dafür halten und sich entsprechend ver-halten. Sie kleben an einer einmal übernommenen Rolle fest, als hätte man sie ihnen mit Pattex aufgeklebt, wollen das Gewohnte um keinen Preis der Welt loslassen. Manchmal werden Menschen durch Umstände geradezu zu einer positiven Veränderung gezwungen – und was tun sie? Sie wehren sich vehement dagegen. Viele erwarten vom Leben wenig, finden sich mit dem

Wenigen ab, gewöhnen sich daran und verpassen so die Chance, ihre Grenzen zu überschreiten und ihre Fähigkeiten zu entfalten.

Übung: Woran haben Sie sich gewöhnt?

Schauen Sie sich um. An was haben sich die Menschen in Ihrem Umfeld gewöhnt? An eine schlechte Wohnung, geringes Gehalt, unfreundliche Nachbarn, mobbende Kollegen? Wie ist das mit Ihnen? An was haben Sie sich gewöhnt? An Erfolg, Glück, Reichtum oder an Fehlschläge, Sorgen und Probleme?

____

____

____

Sich von schlechten Gewohnheiten zu lösen, fällt vielen Menschen schwer. Voraussetzung dafür ist nämlich, überhaupt erst einmal zu erkennen, welche Gewohnheiten sich in unser Leben eingeschlichen habe. Gewohntes ist normal für uns. Man kann sich an alles gewöhnen, sogar an eine Tracht Prügel. Bekommen wir dann die täglichen Prügel nicht, fehlt uns etwas. Erkenntnis ist der erste Schritt – auch um unerwünschte Gewohnheiten abzulegen.

Übung: Gewohnheiten sichtbar machen

Machen Sie Ihre schlechten Gewohnheiten sichtbar, indem Sie aufschreiben, was Sie in Ihrem Leben nicht mehr wirken lassen wollen. Von diesen Gewohnheiten will ich mich lösen:

1. ____________________________________

2. ____________________________________

3. ____________________________________

Befassen Sie sich jedoch nicht nur mit Ihren schlechten Gewohnheiten. Notieren Sie hier, welche guten Gewohnheiten Sie haben:

1. ____

2. ____

3. ____

Verhaltensmuster prägen das Leben

Unsere Verhaltensmuster, verdichtete Gewohnheiten, prägen unser Leben. Alles ist nur eine Frage der Gewohnheiten, ob Sie Ihre Zähne nach jedem Essen putzen, ob Sie jede kleine Leistung Ihrer Mitarbeiter loben oder ob Sie bei jedem Vorschlag sofort ein Gegenargument parat haben. Ihr Verhalten in kleinen, unwesentlichen Dingen bis hin zu lebenswichtigen Entscheidungen wird geprägt von den inneren Mustern, die Sie bewusst oder unbewusst installiert haben. Je älter Sie sind, desto ausgeprägter sind diese naturgemäß, desto starrer sind Sie. Aber es ist nie zu spät für eine Veränderung, wenn Sie das wirklich wollen. Selbstbewusstsein ist die Grundvoraussetzung, sich von Gewohnheiten zu lösen. Je stärker Ihr Selbstbewusstsein ist, desto stabiler sind Sie. Sind Sie sich Ihrer selbst bewusst, wissen Sie, was Sie wirklich wollen, was gut und richtig für Sie ist, was Sie weiterbringt in Ihrem Leben, dann können Sie auch all das ablegen, was Sie daran hindert. »Gewohnheiten sind die Fingerabdrücke des Charakters«, sagt Alfred Polgar, und Grillparzer erkannte ganz richtig:

»Ein Schritt aus dem Gewohnten, merk' ich wohl, er zieht unhaltsam hin auf neue Bahnen.«

Stellen Sie sich den entscheidenden Lebensfragen

Bevor Sie also Ihr Ziel anpeilen, sollten Sie sich intensiv mit sich selbst beschäftigen. Wann haben Sie sich zuletzt Gedanken über sich gemacht? Nehmen Sie sich jetzt Zeit, über Ihre Persönlichkeit, Ihren Beruf, Ihre Lebensaufgabe nachzudenken. Dies sind entscheidende Lebensfragen. Sie sind der wichtigste Mensch in Ihrem Leben. Vielleicht zucken Sie, liebe Leserin, lieber Leser, bei dem letzten Satz etwas zusammen. Ich erlebe das häufig in meinen Seminaren. Die Teilnehmer wenden ein, eine solche Einstellung sei reiner Egoismus. Auf den ersten Blick mag das tatsächlich so erscheinen, aber überlegen Sie einmal: Wenn Sie sich weiterentwickeln – und um das zu tun, müssen Sie sich schon wichtig nehmen –, dann profitieren doch alle Menschen davon, die mit Ihnen zu tun haben, oder? Wenn Sie Erfolg haben, dann haben auch andere Erfolg: Sie können Arbeitsplätze schaffen, sind Vorbild, können Mitarbeiter motivieren und unterstützen, können Ihr Geld nutzbringend anlegen ... Erfolg – den können Sie nur selbst schaffen, denn so wenig wie jemand für Sie krank sein kann, kann ein anderer für Sie erfolgreich sein.

Seien Sie sich selbst Ihr bester Freund – zu Ihrem eigenen und zum Nutzen Ihres Umfeldes!

Aus den Wurzeln kommt die Kraft

Nehmen Sie ein Blatt Papier und zeichnen Sie einen Baum. Lesen Sie bitte erst weiter, wenn Sie mit Ihrer Zeichnung zufrieden sind. Dann notieren Sie auf ihr das Datum, und heben Sie sie gut auf. Später, wenn Sie dieses Buch durchgearbeitet haben, zeichnen Sie noch einmal einen Baum und vergleichen Ihr erstes Exemplar mit der neuen Zeichnung.

Bäume als Symbol der Persönlichkeit

Sie fragen sich sicherlich, warum Sie ausgerechnet einen Baum zeichnen sollen. Warum nicht ein Haus oder eine Wiese? Ganz einfach: Ein Baum ist die beste Art, sich selbst darzustellen. Bäume sind faszinierend. Es gibt in Australien Eukalyptusbäume, die über 120 m in die Höhe wachsen, und es gibt die kleinsten Zwergbäume, die japanischen Bonsai-Bäumchen. Haben Sie einmal darüber nachgedacht, welche Wurzeln ein Baum wohl haben muss, der die Höhe eines Kirchturms erreicht, um aufrecht stehen zu können? Wir sehen ja nur einen Teil des Baumes, den Stamm, die Äste, Zweige und Blätter, eventuell noch Blüten und Früchte. Das Entscheidende, die Wurzeln – ohne die ein Baum nicht existieren könnte –, sehen wir jedoch nicht. Doch von den Wurzeln hängt es ab, ob ein Baum gesund ist und sich richtig entwickeln kann. Die Wurzeln nämlich geben ihm Nahrung – und damit Kraft zum Leben. Etwa 80 Liter Wasser ziehen Wurzeln eines durchschnittlichen Baumes jeden Tag aus der Erde. Ist der Baum größer, benötigt er mehr Nahrung, müssen die Wurzeln mehr leisten, also tiefer in die Erde wachsen.

Betrachten Sie nun Ihren Baum: Hat er kräftige Wurzeln, die den Baum auch in den Stürmen des Lebens aufrecht halten, orientiert sich Ihr Baum nach oben, zum Licht hin? Ist er schmal oder kräftig, wächst er auch in die Breite?

Vergleichen Sie nun den Baum mit der Persönlichkeit. Auf den ersten Blick sehen wir nur einen Teil der Persönlichkeit: das Äußere. Das Wesentliche, also die Wurzeln oder das Unterbewusstsein, liegt tief im Inneren verborgen, ist nicht sichtbar. Doch von hier schöpft der Mensch bzw. der Baum seine Kraft und seinen Lebenswillen. Je stärker die Wurzeln, desto mehr Kraft kann ein Mensch aus der Tiefe holen, desto gefestigter und stärker ist er.

Ein gesunder Baum strebt nach oben, orientiert sich am Licht, wird im Lauf der Zeit nicht nur größer, sondern auch kräftiger. Der Stamm und die Äste werden stärker, behalten aber eine gewisse Geschmeidigkeit, damit sie Unwetter und Stürme unbeschadet überstehen können. Wären sie steif und starr, würde bereits ein leichter Sturm den Baum brechen, gar nicht zu reden von einem Orkan. Ein starrer Baum entspricht einem total gespannten, verspannten Menschen. Auch ihn kann man leicht brechen! Wie ein gesunder Baum strebt ein gesunder Mensch nach oben, strebt nach Erfolg. Wie steht es mit Ihnen? Stehen Sie fest im Leben, haben Sie starke Wurzeln, die fest im Boden verankert sind? Haben Sie sich weiterentwickelt, sind Sie gewachsen? In welche Richtung sind Sie gewachsen? Gerade oder eher ein wenig schief, oder sind Sie gar klein geblieben?

Liebe und nichts als Liebe

Liebe ist die stärkste Kraft

Alles, was wir mit Liebe tun, gelingt uns, denn keine Kraft ist stärker als die Liebe. Nichts motiviert einen Menschen mehr als Liebe – egal, ob das die Liebe zu einem Menschen oder einer Aufgabe ist. Wer seinen Partner nicht liebt, dem helfen weder Therapien noch Ratschläge oder Psychologiebücher. Wenn einmal die Liebe aus der Beziehung entschwunden ist, gibt es keine stabile Basis mehr. Niemals können Sie erfolgreich sein, wenn Sie Ihre Aufgabe nicht lieben.

Alles ist nichts ohne Liebe.

Ich verfalle jetzt nicht etwa in Gefühlsduselei. Liebe ist die stärkste Kraft. Aus der Liebe zu sich selbst entwickelt sich die Liebe zum Leben, zu den Mitmenschen, zu den Aufgaben.

»Es ist mit der Liebe wie mit den Pflanzen: Wer Liebe ernten will, muss Liebe säen.« (Jeremias Gotthelf).

Liebe und Erfolg hängen zusammen

Gehen Sie verschwenderisch um mit der Liebe. Denn schon Ricarda Huch wusste: »Liebe ist das Einzige, was nicht weniger wird, wenn wir es verschwenden.« Lieben Sie das, was Sie tun, und Sie werden viel bessere Ergebnisse erzielen. Wenn Sie Ihren Beruf lieben, mit Freude zur Arbeit gehen, dann sind Sie schon demjenigen meilenweit voraus, der sich lustlos zur Arbeit schleppt, der missmutig seine Aufgaben erledigt. Liebe und Freude sind eng verbunden. Betrachen Sie einmal Ihr Umfeld. Welche/r Ihrer Kollegen/innen arbeitet mit Freude? Sie brauchen gar nicht die Menschen zu betrachten, sondern nur einen Blick auf das Arbeitsergebnis zu werfen. Männer und Frauen, die das Leben lieben, sind liebenswert und liebenswürdig. Sie strahlen von innen, entwickeln Charisma, das gewisse Etwas, das unwiderstehlich macht – und können so das Innere ihrer Mitmenschen direkt ansprechen.

Bestimme dich aus dir selbst!

Liebe und Vorbilder

Nun komme ich zu Ihren Mitarbeitern. Haben Sie sich schon einmal die Frage gestellt, ob Ihre Mitarbeiter Sie lieben? Man lernt nämlich nur von Menschen, die man liebt. Erinnern Sie sich an Ihre Schulzeit. Am meisten und am leichtesten haben Sie von den Lehrern gelernt, die Sie von Herzen gern hatten. Ganz unbewusst haben Sie sie nachgeahmt. Wenn Ihre Mitarbeiter Sie lieben, dann wollen sie so sein wie Sie, dann erfüllen Sie eine Vorbildfunktion. Ihre Mitarbeiter lernen bewusst und unbewusst von Ihnen, sie kopieren Sie. Deutlich kann man das bei weiblichen Vorgesetzten sehen: Komme ich in eine Abteilung und sehe, dass die Damen farbenfrohe Kleidung und denselben flotten Kurzhaarschnitt haben wie die Chefin, dann weiß ich, hier stimmt die Chemie, hier möchten alle so sein wie ihr Vorbild. Der Nachahmungstrieb ist einer der stärksten Triebe, deshalb ist die Macht des Vorbilds so groß.

Menschen, die Sie nicht mögen, respektieren Sie auch nicht, Sie wollen dann bewusst und unbewusst nicht von ihnen lernen. Prüfen Sie daher Ihre emotionale Beziehung zu Ihren Mitmenschen. Wenn Ihre Kinder Sie lieben, haben Sie es viel leichter mit der Erziehung. Wenn Ihre Mitarbeiter Sie lieben, dann können Sie sie viel leichter motivieren und für Ihr Ziel begeistern. Ihre Ausstrahlung wirkt auf Ihre Mitarbeiter, Sie gewinnen ihr Vertrauen und werden verehrt und respektiert. Auf jeden Fall werden Sie immer mehr »kopiert«, damit ziehen Sie andere mit nach oben.

Liebe und Respekt

Gleiches zieht Gleiches an. Der Erfolgreiche den Erfolgreichen, der Loser den Loser. Bei einem meiner Seminare stellte ich fest, dass fast alle die Gegenwart eines äußerst erfolgreichen sympathischen Mannes, der mehrfacher Millionär war, mieden. Anstatt von einem erfolgreichen Menschen zu lernen, zogen sich alle zurück, hatten Angst, auf ihn zuzugehen. Ausdruck fehlerhafter Programme: Anstatt sich von dem Positiven anziehen zu lassen, bleibt man lieber bei seinesgleichen, denn dort kann man gemeinsam gut klagen und jammern. Warum fühlen sich Kranke bei Kranken so wohl? Weil sie gemeinsam in Krankengeschichten schwelgen können, anstatt sich mit Gesunden zu umgeben, von Gesundheit zu sprechen, programmieren sie sich auf Krankheit.

Gleich und Gleich gesellt sich gern

Ich stelle bei meinen Seminaren immer gern ganz spontan die Frage, die ich auch Ihnen jetzt stellen möchte: Welche drei wertvollen Menschen möchten Sie in diesem Jahr zum Essen einladen? Zur Antwort bekomme ich dann oft: »Warum soll ich andere einladen, die können ja mich einladen ...« Wollen Sie denn nicht von anderen Menschen lernen, wollen Sie nicht von den Erfahrungen profitieren, die andere schon gemacht haben? Glauben Sie, Sie müssen alles immer allein machen, müssen auch Ihre Fehler selbst machen? So wie Sie lernen können, krank oder schlaflos zu werden, können Sie auch lernen, Millionär zu werden. Auf Ihr Umfeld kommt es an, auf die Vorbilder, die Sie wählen. Lernen kann so einfach sein:

Von anderen lernen

Der Kluge lernt auf Kosten der anderen.

Übung: Wer ist Ihr Vorbild?

Von wem lernen Sie? Wer ist Ihr Vorbild?

Schreiben Sie die Namen von drei Menschen, die für Sie Vorbild sind, auf. Vorbilder sind Menschen, die vor Ihnen große Leistungen vollbracht haben und damit beweisen, was möglich ist. So wie ein Seemann den Fixstern zur Orientierung braucht, brauchen erfolgreiche Menschen erfolgreiche Vorbilder. Niemand kann behaupten, dass er große Vorbilder hat und dabei nur Misserfolge verzeichnet. Ich sage immer: Selbst ein Zwerg sieht weiter als ein Riese, wenn er auf den Schultern eines Riesen sitzt. Halten Sie sich selbst für den Größten und Besten/die Größte und Beste, oder sitzen Sie auf den Schultern eines großen, eines erfolgreichen Menschen?

Freund und Feind

»Kein Mensch ist eine Insel«, wusste schon Hemingway. Deshalb ist es wichtig, dass Sie sich auch darüber Gedanken machen, wer Ihr Freund ist und wer Ihr Feind. Denn den Weg zum Erfolg beschreiten Sie zwar zunächst allein, doch ohne Unterstützung werden Sie nicht weit kommen. Wir alle sind jedoch nicht nur von Menschen umgeben, die uns wohl wollen, sondern auch von Menschen, die unser Lebensgefühl, unser Selbstbewusstsein unterminieren, Menschen, die uns klein halten und niedermachen, die unsere Entwicklung verhindern, indem sie uns demotivieren.

Berechtigte und unberechtigte Kritik

Notieren Sie sich deshalb Ihre Freunde und »Feinde«. Schreiben Sie die Namen der Menschen auf, die Sie unterstützen, die Sie in Ihren Vorhaben bestärken, die berechtigte Kritik üben, dabei aber nicht verletzend sind. Schreiben Sie aber auch die Namen derjenigen auf, die Sie ständig verurteilen, die nicht an Sie glauben. Seien Sie ehrlich zu sich, auch wenn es weh tut. Nur eine klare Analyse hilft Ihnen, sich vor feindlichen Attacken zu schützen. Vielleicht haben Sie sich die Frage nach Ihren Feinden noch gar nicht gestellt, weil Sie Angst vor der Realität haben. Wer möchte schon gerne sagen, ich habe Feinde, und sie dann auch noch namentlich nennen? Lieber schieben wir solch unangenehme Gedanken beiseite, machen uns nicht bewusst, wie die Gifte solcher Feinde in uns wirken. Ungerechtfertigte Kritik, negative Prophezeiungen, ständige Ermahnungen nagen an unserem Selbstbewusstsein, machen Pläne zunichte, lassen Ziele unerreichbar erscheinen und schwächen unsere Energie. Feinde arbeiten im Verborgenen, im Untergrund – niemand sieht ihre schändliche Tat, denn nach außen sind sie nett und freundlich, verpacken ihre tödliche Munition in ein freundliches Lächeln.

Nicht nur bei einem kranken Baum oder Zahn kann eine Wurzelbehandlung Wunder wirken – auch beim Menschen muss die Heilung an der Wurzel beginnen. Schalten Sie daher das Licht der Erkenntnis an. Kinder haben oft Angst im dunklen Zimmer, weil sie nichts sehen können und Gespenster, Geister oder Hexen vermuten. Sobald das Licht angeschaltet ist und das Kind sehen kann, dass niemand anwesend ist, ist die Angst weg. Das Aufschreiben Ihrer Gegner hat denselben Effekt. Sie bringen Licht ins Dunkle, haben die Missgünstlinge durchschaut. So manchen Menschen in Ihrer Umgebung mögen Sie bisher als Freund betrachtet haben. Bei näherem Hinsehen mag sich der eine oder andere Freund als verdeckter Feind erweisen. Entlarven Sie Ihre Feinde und Schein-Freunde, und seien Sie sich bewusst, wer ein wirklicher Freund, eine wirkliche Freundin ist.

Übung: Freund und Feind

Meine Freunde sind Menschen, die mich unterstützen, mich fördern, an mich glauben und mich motivieren. Freunde bestärken mich auf meinem Weg. Sie heißen:

____

____

____

Meine Feinde sind Menschen, die mich demotivieren, die nicht an mich glauben, die mich nicht bestärken. Sie heißen:

____

____

____

Sind Sie ein guter Freund, eine gute Freundin?

Mark Twain sagt so schön: »Ehe man anfängt, seine Feinde zu lieben, sollte man seine Freunde besser behandeln.« Und damit bin ich bei der nächsten Frage: Sind Sie selbst ein guter Freund, eine gute Freundin? Stützen und stärken Sie Ihre Freunde, oder knabbern Sie, vielleicht sogar unbewusst, am Selbstbewusstsein Ihrer Mitmenschen? Leicht gehen uns Vorwürfe, Sticheleien und getarnte Besserwisserei in Form von so genannten guten Ratschlägen von den Lippen. Oft merken wir nicht einmal, dass wir leicht und viel austeilen, aber superempfindlich beim Einstecken sind. Geschickt machen wir die Freude anderer kaputt, arbeiten mit Zuckerbrot und Peitsche. So hörte ich kürzlich, wie eine Kollegin zur anderen freundlichst sagte: »Dein neues Kleid ist chic, aber diese Farbe würde ich mir nicht kaufen«, und damit einen Volltreffer landete. Verdeckte Gemeinheiten – sind wir ganz frei davon?

»Der einzige Weg, einen Freund zu besitzen, ist der, selbst einer zu sein.« (R.W. Emerson)

Übung: Ich bin für meine Freunde da

Notieren Sie daher nun auch, wem Sie Freund / Freundin sind:
Sie heißen:

____

____

____

Eine Anregung von Konrad Adenauer möchte ich Ihnen noch mit auf den Weg geben. Vielleicht werden diese Zeilen ja Ihr Motto:

»Kritiker haben wir genug. Was unsere Zeit braucht, sind Menschen, die ermutigen.«

Und wie ist das mit Ihren Mitarbeitern und Kollegen? Haben Sie ein offenes Ohr für deren Probleme? Nehmen Sie sich wirklich für sie Zeit, und sind Sie an ihnen interessiert? Oder gehören Sie vielleicht zu den Chefs, die jedes Gespräch mit dem Einwand »Ich habe leider keine Zeit« abschmettern? Sollten Sie so reagieren, dann frage ich Sie, wie Sie Mitarbeiter führen wollen, wenn nicht durch persönlichen Kontakt? Die wichtigste Aufgabe eines Chefs ist es, seine Mitarbeiter zu motivieren und zu fördern. Da viele Chefs das nicht können, arbeiten sie lieber. Das Resultat sieht man in vielen Unternehmen. Menschen zu führen heißt auch, auf diese durch persönlichen Kontakt, durch Gespräche Einfluss zu nehmen. Und Vorbild zu sein. Das gilt übrigens auch für Ihre Kunden.

7. Selbstachtung gewinnen

Der wichtigste Mensch in Ihrem Leben

Der wichtigste Mensch

Sie sind wichtig, Sie sind sogar sehr wichtig, Sie sind nämlich der wichtigste Mensch in Ihrem Leben. Sind Sie sich dessen bewusst, haben Sie auch den Mut, dies auszusprechen? Oder stellen Sie Ihr Licht unter den Scheffel, verstecken sich hinter anderen, machen sich klein oder gar unsichtbar? In welchem Maße sind Sie für andere Menschen wichtig? Oder haben Sie sich vielleicht schon selbst wegrationalisiert, ist der Computer wichtiger geworden als Sie? Stellen Sie sich jetzt einmal vor, Sie würden heute sterben. Würde das überhaupt auffallen? Wäre es möglich, dass Ihre Abwesenheit wochen- und monatelang unbeachtet bleibt, so wie wir das manchmal in der Zeitung lesen? So mancher Selbstmörder, der sich vor die S-Bahn geworfen hat, wollte – oft unbewusst – mit dieser Todesart auf sich aufmerksam machen. Wenigstens einmal – wenn schon nicht im Leben, dann wenigstens im Tod – die Aufmerksamkeit der Menschen auf sich ziehen, einmal im Mittelpunkt stehen, und sei es nur, um zu sterben.

Übung: Wem sind Sie wichtig?

Wer würde um Sie weinen?
Schreiben Sie die Namen der Menschen auf, für die Sie wichtig sind, und dahinter notieren Sie Ihr Verhältnis zu diesem Menschen und den Nutzen, den Sie ihm bringen.

Name:	*Position/Beziehung:*	*Ich bringe ihm/ihr folgenden Nutzen:*
Hannelore/ Gerd	Partner/in	Zuneigung, Geborgenheit ...
Herbert	Vorgesetzter	ausgezeichnete Arbeit, Loyalität, trage zur Verbesserung des Betriebsklimas erheblich bei
......	......	......

Sich selbst wertschätzen

Viele Menschen haben große Probleme damit, sich selbst den Wert zu geben, der ihnen zusteht. Das hat mit unserer Erziehung zu tun, die bis heute so genannte Tugenden wie beispielsweise Bescheidenheit falsch interpretiert. Da werden Kinder immer noch dazu angehalten, nur ja nicht mehr als ein Stück Kuchen zu essen, selbst wenn ihnen der Magen vor Hunger knurrt. Oder sie dürfen nicht stolz auf ihre Leistung sein, denn diese könnte ja noch etwas besser werden ... Besser: »Eigenlob stimmt«, als »Eigenlob stinkt«! Aus einem bescheidenen Hänschen kann kein erfolgreicher Hans werden – es sei denn, er erkennt die falschen Programme in sich und ändert sie. Jeder von uns ist geprägt von den Erfahrungen aus der Kindheit, vom Verhalten der Eltern, Lehrer und Professoren. Viele wurde klein gehalten, klein gemacht. Ihre Wurzeln wurden, wie beim Bonsai, immer wieder beschnitten. Und nun sind wir kleine Krüppelkiefern oder hübsche Bonsais geworden, anstatt uns zu stattlichen starken Bäumen zu entwickeln, die nach oben wachsen.

Das wichtigste Wort

Ihr Name

Was ist das wichtigste Wort in Ihrem Leben? Ihr Name.

Betrachten Sie einmal Ihre Unterschrift. Wie sieht sie aus? Was drückt sie aus? Schreiben Sie Ihren Namen klein und unleserlich in die Ecke oder steht er groß und stolz unter einem Brief? Ist er leserlich oder besteht Ihre Unterschrift aus ein paar Strichen? Strichen, die einem abstrakten Maler alle Ehre machen würden – aber Ihnen, Ihrer Persönlichkeit, Ihrer Position?

Schrift – Teil der Körpersprache

Die Schrift verrät viel über den Charakter eines Menschen, sie ist Teil der Körpersprache. Welche Schreib-Gewohnheit haben Sie? Ein Buchhalter hat eine andere Schrift als ein Künstler. Manche Firmen fordern vor der Einstellung von neuen Mitarbeitern ein graphologisches Gutachten, um sich ein besseres Bild von ihnen machen zu können. Ich kenne Menschen, die lassen alle zwei Jahre ein graphologisches Gutachten anfertigen – für sich selbst, um festzustellen, ob und in welcher Richtung sie sich verändert haben.

Ihre Schrift ist Ausdruck Ihrer Persönlichkeit.

Schätzen Sie sich selbst?

Welchen Eindruck vermitteln Sie mit Ihrem Schriftbild? Zeigt es vielleicht Lieblosigkeit, Gleichgültigkeit? Dann erlauben Sie mir die Frage, warum mögen Sie sich selbst nicht? Sonst würden Sie doch auf sich achten, würden sich be-achten, würden mit Sorgfalt und Liebe mit sich selbst umgehen. Sie bewundern andere, schauen auf zu erfolgreichen Promis, sind voller Respekt und Ehrfurcht für fremde Menschen. Aber wie sieht Ihre Wertschätzung für sich selbst aus? Bewundern Sie auch sich selbst? Was bewundern Sie an sich? Achten Sie sich selbst, achten Sie auf sich selbst?

Machen Sie sich einen Namen

Damit kommen wir zum wichtigsten Wort in Ihrem Leben. Haben Sie sich schon einen Namen gemacht? In welchem Bereich, in welchem Umfeld, bei wem? Wer keinen Namen hat, ist schlicht gesagt eine Null. Mercedes hat einen Namen bzw. hat sich einen Namen gemacht – weltweit. Ob im afrikanischen Busch, in der Taiga, in Neuseeland, in den Supercitys oder im entlegensten Dorf in Indien: Den Markennamen Mercedes kennt jedes Kind. Wie viel ist Ihnen aber Ihr Name wert? Was wollen Sie in den Aufbau Ihres Namens investieren?

Aus Ihrer täglichen Arbeit werden Sie es wahrscheinlich kennen. Soll ein neues Produkt, eine neue Dienstleistung am Markt durchgesetzt werden, so geben Firmen erst einmal viel Geld dafür aus, die Marktlage zu sondieren und in einem zweiten Schritt dann die Vorteile des eigenen Produkts gegenüber der Konkurrenz herauszuarbeiten. Ist diese Phase abgeschlossen, wird das Ziel gesetzt: so und so viele Neukunden in 12 Monaten, in 24 Monaten etc. Wenden Sie Ihr berufliches Wissen auch auf sich

selbst an. Machen Sie sich zur Marke! Nicht unbedingt indem Sie einen aggressiven Werbefeldzug für sich selbst inszenieren, aber indem Sie sich klarmachen, wo Sie im Moment stehen (Situationsanalyse), über welche Stärken und Schwächen Sie verfügen und wo Sie in beispielsweise einem Jahr stehen wollen (Ziel setzen). Und im Gegensatz zu einem neuen Produkt, dessen Schwächen möglichst nicht erwähnt werden, sollten Sie auch zu Ihren Schwächen stehen können – Sie sind schließlich eine komplexe Persönlichkeit und kein neues Waschmittel!

Machen Sie sich einen Namen!

Doch was versuchen wir? Wir versuchen, intelligent zu werden, versuchen Wissen anzusammeln. Auf unseren Namen achten wir dabei in der Regel nicht. So kann ein Mensch zwar ein Genie sein, aber wenn er sich keinen Namen macht, dann stirbt er im Armenhaus – und da starben schon viele Genies.

Selbstachtung – Grundpfeiler des Lebens

Wer hat uns nur dazu gebracht, so wenig auf uns zu achten? Denken Sie einmal an Ihre Kindheit zurück. Möglicherweise sind Sie mit Bemerkungen und Ermahnungen wie »Nimm dich nicht so ernst« aufgewachsen. Es gibt sogar Leute, die verachten Selbstliebe, bezeichnen dieses elementare Gefühl als Egoismus. Doch denken Sie nur an die Bibel, in der es heißt: »Liebe deinen Nächsten wie dich selbst.« Das ist auch ganz logisch. Denn: Wer sich selbst nicht liebt, der wird wohl auch kaum liebevolle Gefühle für seine Mitmenschen aufbringen können. Wer liebt, hat auch Achtung vor der geliebten Person. Selbstachtung – ein Grundpfeiler für ein erfülltes und glückliches Leben – entsteht aus der Liebe zu sich selbst. Liebe versteht, Liebe verzeiht, Liebe sieht das Gute. Erinnern Sie sich an Ihre große Liebe? Sie haben vor allem die positiven Eigenschaften, die Vorzüge, die Stärken gesehen – über die Schwächen jedoch haben Sie hinweggesehen. Fehler können oder konnten Sie akzeptieren und verzeihen.

Selbstachtung basiert auf der eigenen Person, dem Wissen um die eigenen Fähigkeiten und der Akzeptanz von Fehlern. Loben Sie sich daher auch einmal selbst, seien Sie stolz auf sich und freuen Sie sich von Herzen über Ihre Erfolge.

Persönlichkeit entscheidet über Erfolg

Nun wenden wir uns Ihnen zu: Sehen Sie auch Ihre Stärken, Ihre Erfolge. Haben Sie Nachsicht mit sich und Ihren Fehlern. Sind Sie stolz auf sich? Haben Sie sich selbst akzeptiert? Viele Menschen können sich leider nicht selbst annehmen. Sie haben die entsprechenden Gewohnheiten entwickelt, die ihr Verhalten prägen. Sie achten und lieben sich selbst nicht und werden daher auch von anderen nicht geachtet und geliebt. Deshalb konnten sie sich bisher vielleicht auch keinen Namen machen. Die Folgen sind fatal, denn nicht allein die Qualifikation zählt, sondern der Name, das Image, das Sie sich erworben haben, ist mindestens genauso wichtig – wenn nicht noch wichtiger. Engagiert werden nicht unbedingt die Fleißigsten, die Ehrgeizigsten, sondern Männer und Frauen, die sich einen Namen gemacht haben, die einen guten Ruf haben, die sich richtig präsentieren können. Erfolg ist nicht nur eine Frage des Wissens, der Kompetenz, sondern vor allem auch der Persönlichkeit, der Ausstrahlung. Eine Persönlichkeit ohne Namen gibt es nicht. Was also haben Sie getan, um sich einen Namen zu machen?

Schon in der Schule hatten es diejenigen leichter, die sich einen guten Ruf geschaffen hatten. Das war nicht abhängig vom Notendurchschnitt. Bei ihnen wurden die Fehler elegant übersehen. So nachsichtig ging man mit den anderen – den Namen-losen oder mit einem schlechten Ruf – nicht um. Sie hatten nicht nur mit ihren eigenen Fehlern zu tun. Nein, auch die Fehler der anderen mit guten Namen wurden ihnen noch angelastet. Wer keinen guten Namen hat, mit dem kann man alles machen. Im positiven Sinn wirkt dieses ungeschriebene Gesetz bei demjenigen mit dem guten Namen: Seine Fehler werden häufig übersehen. So funktionierte es in der Schule. Und später im Job und Privatleben funktioniert es ebenso.

Übung: Ihr Name

Nun gehen Sie vor einen Spiegel und sprechen Ihren Namen aus: Laut und deutlich – 20 Mal. Sprechen Sie akzentuiert Ihren ganzen Namen, also Vor- und Nachnamen, mit tiefer Stimme. Dabei schauen Sie sich in die Augen. Merken Sie, wie Sie wachsen – innerlich und äußerlich?

Seien Sie unvergesslich!

Diese Übung können Sie täglich und zu jeder Stunde wiederholen: nämlich immer dann, wenn Sie sich jemandem vorstellen

müssen. Ganz wichtig dabei ist, dass Sie Ihrem Gesprächspartner in die Augen sehen und dass Ihr Gegenüber Ihren Namen richtig verstehen kann. Erinnern Sie sich an die Bond-Filme? Wenn der Held sich vorstellt mit »Bond. James Bond«, dann können Sie sicher sein, dass niemand diesen Namen vergisst.

Stehen Sie zu sich!

Vielleicht sind Sie es aber auch gar nicht gewohnt, Ihren Namen oft zu hören. Vielleicht werden Sie meist ohne Namen angesprochen. Ein namen-loser Mensch ist ein Nichts! In der Lobby großer Hotels kann man gut beobachten, wer einen Namen hat, wer JA zu sich sagt: Wenn der Boy ein Schild mit einem Namen herumträgt oder wenn ein Name ausgerufen wird. Der Selbstsichere geht ruhig und zielstrebig zur Rezeption, der andere wird rot und schleicht sich hinaus. Damit Ihnen das nicht passiert, schreiben Sie jetzt Ihren Namen auf ein DIN-A4-Blatt – mit viel Liebe und Sorgfalt.

Wie sieht Ihr Name aus? Was repräsentieren Sie mit dem Blatt, das Sie jetzt in der Hand halten? Sind Sie mit dem Ergebnis zufrieden? Haben Sie den Raum gut ausgenutzt, ist Ihr Name wirklich gut leserlich – auch aus etwas Abstand? Oder haben Sie viel freien Raum gelassen? Nicht genutzter Raum ist verschenkter Raum. Sie haben nicht nur Raum auf dem Papier verschenkt, schlimmer noch: Sie haben Möglichkeiten, haben Lebenschancen verschenkt, Sie nutzen nicht den (Lebens-)Spielraum, der Ihnen zur Verfügung steht. Für wen tun Sie das? Wer dankt es Ihnen? Warum nehmen Sie sich nicht die Freiheit, die Sie haben?

Auch an Ihrer Visitenkarte können Sie gut erkennen, welchen Stellenwert Sie für Ihr Unternehmen besitzen. Bei Karten, auf denen der Name ganz klein gedruckt ist, weiß ich schon: In dieser Firma hat ein Mitarbeiter nicht viel zu sagen. Firmen, die stolz auf ihre Mitarbeiter sind, schreiben deren Namen groß!

Der Name ist für jeden Menschen das wichtigste Wort. Legen Sie daher Wert darauf, sich die Namen derjenigen, mit denen Sie es zu tun haben, richtig einzuprägen und korrekt zu schreiben. Ein einziger falscher Buchstabe kann Sie nicht nur Sympathien kosten, sondern auch wichtige Beziehungen von vornherein zum Scheitern verurteilen.

8. Zur Persönlichkeit werden

Persönlichkeitsentwicklung in 3 Stufen

Ich behaupte, der Mensch erlebt drei Geburten: Die erste Geburt erfolgt nach neun Monaten, wenn das Kind auf die Welt kommt. Die zweite Geburt ist die Entwicklung der Person. Diese Phase umfasst das Erlernen des zivilisatorischen Verhaltens, wie essen, trinken, sprechen, lesen, schreiben, Auto fahren ..., also alles, was die Zivilisation uns bietet. Diese beiden Geburten vollziehen sich automatisch, ohne persönliches Dazutun. Als dritte Geburt bezeichne ich die Entwicklung der Persönlichkeit, die aus dem freien Willen heraus entsteht. Auf den Punkt gebracht, liegt der Unterschied zwischen einer Person und einer Persönlichkeit darin:

Die Person muss müssen,
die Persönlichkeit ist frei.

Frei von Zwängen und Hemmungen

Lassen Sie mich ein paar Beispiele anführen. Der Stotterer will frei sprechen, je mehr er das möchte, desto mehr stottert er. Die Sekretärin will nicht rot werden, wenn sie den Kaffee serviert. Je mehr sie das nicht will, desto schneller errötet sie. Je stärker Sie gegen einen Zwang, eine Hemmung, eine bestimmte Angst angehen, desto stärker wird sie. Eine Persönlichkeit hingegen hat sich von solchen Zwängen be-freit, sie ist frei – frei von Ängsten.

Hemmungen verhindern Erfolg

Ängste sind die Ursache für Misserfolge, für Unglück, für Zwänge. Der Grieche Demostenes litt sehr darunter, dass er stotterte. Doch er hat dies überwunden, er hat seine Hemmungen abgelegt, hat seine Fähigkeiten entfaltet und wurde zum größten Redner des

Altertums. Hemmungen und Ängste verhindern, dass wir unser Potenzial nutzen. Oft erkennen wir dann nicht einmal, über welche Fähigkeiten wir verfügen.

Sie sind begabter, als Sie glauben!

Hemmungen machen uns klein. Von der Schöpfung her gibt es keine kleinen Menschen, es gibt nur Menschen, die mehr oder weniger bzw. gar keine Hemmungen haben. Denken Sie an Napoleon Bonaparte, der wegen seiner geringen Körpergröße leicht hätte übersehen werden können. Er hätte auch seine Hemmungen pflegen können. Doch was hat er getan? Er hat seine Hemmung überwunden und ist ein großer Feldherr geworden. Er hat seine wirklichen Talente entfaltet, obwohl er äußerlich nicht gerade von der Natur begünstigt war.

Was hemmt Sie, der Mensch zu werden, der Sie wirklich sind?

Warum sind Sie so geworden, wie Sie heute sind? Haben Ihre Eltern Ihnen Angst mit auf Ihren Lebensweg gegeben, anstatt Ihnen Mut zu machen, Sie zu stärken und zu be-stärken? Sind Ihnen Sprüche wie »Man darf den Tag nicht vor dem Abend loben« oder »Vögel, die in der Früh singen, werden am Abend von der Katze gefressen« geläufig? Ist die Angst, das Destruktive, Ihr inneres Programm?

Hemmungen entstehen in der Kindheit

In der Kindererziehung finden wir häufig die Ursachen für das spätere Desaster, für die negative Lebenseinstellung, für Kummer und Sorgen. Sogar in der heutigen Zeit gibt es noch Schriften mit Titeln wie »Wie man Kindern ihre Grenzen zeigt«. Warum bringen wir den Kleinen nicht bei, wie man die Welt erobert, wie man glücklich wird, sich entfaltet und Erfolg hat? Warum wird nicht Mut gemacht, sondern Vorsicht gepredigt, warum werden nicht Freiräume aufgezeigt, sondern Grenzen gesetzt?

Jeder findet, was er sucht. Wer Schwierigkeiten sucht, wird sie finden, aber:

Wer Chancen sucht, wird Chancen finden.

Es geht mir nicht darum, Ihre Eltern zu verurteilen. Es geht vielmehr darum, Ursache und Wirkung zu begreifen. Warum sind so viele Erwachsene so klein? Vergleichen Sie einmal eine Kiefer mit einem Bonsai. Die Kiefer hat nach 30 Jahren eine stattliche Höhe von 40 m erreicht. Ein Bonsai hingegen ist nach 30 Jahren nur wenige Zentimeter gewachsen, weil seine Wurzeln alle zwei Jahre beschnitten werden. Wer hat Ihre Wurzeln beschnitten? Wer hat Sie klein gehalten? Wer hat zu Ihnen gesagt: »Das kannst du sowieso nicht; du wirst das nie lernen; das schaffst du nicht; die anderen sind besser ...; du bist zu faul, zu dumm, nicht begabt genug«?

Hemmungen hemmen

Unsicherheiten erkennen

Das größte Problem liegt in uns selbst. Wir möchten ja so gerne, aber kaum stellen wir uns ein Ziel vor, dann sehen wir im gleichen Augenblick auch schon die Hindernisse, die sich in den Weg stellen. Nicht einmal in unseren Gedanken und Träumen sind wir frei von solch destruktiven Ideen. Oft ist es sogar so, dass wir nur *ein Ziel* sehen, zugleich aber *tausend Probleme* auf dem Weg dorthin. Welch ein Verhältnis! Welche Denkstruktur haben wir nur, dass sich ein solches Ungleichgewicht entwickeln kann? Deshalb die Frage, was macht Ihnen das Leben schwer, was bereitet Ihnen Probleme?

Übung: Unsicherheiten erkennen

Listen Sie hier Ihre Probleme, Unsicherheiten und Hemmungen auf, die Sie bis jetzt noch nicht ablegen konnten:

____

____

____

____

In meinen Seminaren wird an erster Stelle Angst in all ihren Variationen genannt, Angst, zu versagen, Fehler zu machen, ausgelacht zu werden, sich zu blamieren, zu verlieren ... Angst hemmt und blockiert uns. Angst kann sogar krank machen. Angst hat Partnerschaften und Karrieren zerstört, Angst kann jede Freude am Leben vernichten.

Hemmungen sind keine Schande

Bei Licht betrachtet, können wir jedoch feststellen, dass Hemmungen und die eben genannten Ängste an sich keine Schande sind. Fast alle haben wir mehr oder weniger damit zu kämpfen. Wo Licht ist, ist auch Schatten. Eine Schande allerdings ist es, unter seinen Hemmungen ein ganzes Leben lang zu leiden. Angst vor dem Zahnarzt zu haben ist keine Schande. Aber aus Angst nicht zum Zahnarzt zu gehen ist schlimm.

Die inneren Fesseln abwerfen

Hemmungen verhindern jede Entfaltung, lassen keine Entwicklung zu. Hemmungen sind wie Fesseln, die unsere Freiheit einschränken, die wie schwere Felsbrocken an unseren Beinen hängen und verhindern, dass wir uns bewegen, geschweige denn voran kommen können. Stellen Sie sich die alten Filme vor, in denen die Sträflinge mit Eisenketten an den Füßen fast bewegungsunfähig gemacht wurden. Unsere Hemmungen sind zwar nicht so sichtbar wie diese Eisenketten, aber ebenso wirksam.

Freiheit ist jedoch nur möglich, wenn wir Hemmungen ablegen. Nur in Freiheit können wir unsere Fähigkeiten und Talente entfalten. Wie wollen Sie etwas entfalten, das eingeengt wird? Stellen Sie sich ein zusammengefaltetes Tuch vor, auf dem ein schwerer Stein liegt. Sie können es so nicht ent-falten – erst muss der Stein entfernt werden. So ist das auch mit den Ängsten. Blockaden, den Zweifeln und Unsicherheiten, die sich schwer auf unsere Seele gelegt haben und jeden Befreiungsversuch im Keim ersticken.

Hemmungen verhindern Erfolg

In Ihnen steckt viel mehr, als Sie sich überhaupt vorzustellen wagen, aber die Hemmungen halten Sie zurück, stoppen jeden Ausbruchsversuch! Sie könnten wie Alberto Tomba die Piste hinunterrasen, würden Ihre Hemmungen Sie nicht daran hindern. Hemmungen sind die größten Verhinderer überhaupt, denn sie hindern uns daran, uns zu entfalten, sie hindern uns daran, unsere Stärken zu entdecken und uns große Ziele vorzustellen! Hemmungen sitzen im Kopf in Form destruktiver Gedanken. Hemmungen hemmen jede Kreativität, jede Aktivität. Sie sind wie dicke Bremsklötze. Sobald Sie etwas bewegen wollen, greifen diese Bremsen. Aber Sie sind der Lenker, Sie entscheiden, wann gebremst und wann Gas gegeben wird! Manche Menschen geben Vollgas bei angezogenen Bremsen – auch das kann nicht funktionieren.

Frei werden von der Angst

Hemmfaktor Nr. 1

Angst ist der Hemmfaktor Nr. 1 im menschlichen Leben. Da werden zuerst wundervolle Pläne geschmiedet, große Ziele gesetzt, und dann schleicht sich die Angst ein – und mit einem Schlag wird all die Hoffnung vernichtet. Oder die Angst verhindert von vornherein jeden Schritt nach vorn, jedes Bestreben nach Freiheit. Es gibt Menschen, die sich von der Angst so sehr unterdrücken lassen, dass sie nicht einmal den Gedanken an eine angst-freie Zukunft wagen. Andere wagen zwar den Gedanken, starten einen kleinen Versuch und lassen sich dann von der Angst verunsichern, stürzen gleich nach dem Start ab. Angst macht anderen Angst, Angst verbreitet Angst. Eine der Hauptängste ist die Angst, Fehler zu machen. Und was machen wir: einen Fehler nach dem anderen, denn unsere Angst wird für jeden sichtbar in unserem Gang, in den Augen, in der Stimme …

»Kein Unglück ist in Wirklichkeit so groß wie unsere Angst.« (Franz Werfel)

Angst durchdringt alle Lebensbereiche

Die Angst ist ein enger Freund des Verstands, denn wenn er etwas nicht kennt, schickt er die Angst vor. Ist der Mensch erst von der Angst zermürbt, hat der Verstand leichtes Spiel und kann sich durchsetzen, denn seine vernünftigen Argumente fallen auf vorbereiteten Boden. Auf der Strecke bleiben die Pläne, die Wünsche und Träume – auf der Strecke bleiben Sie!

Die Angst hat aber noch weitere gefährliche Eigenschaften: Sie breitet sich schnell aus, wird immer stärker und nimmt immer mehr Lebensbereiche in Besitz. Und bald hat sie den ganzen Menschen unter Kontrolle. Ein ängstlicher Mensch verliert die Hoffnung und dann den Glauben an seine Fähigkeiten. Er wird immer kleiner und schwächer, bald wagt er gar nicht mehr an sich zu glauben und erst recht nicht an irgendwelche Wünsche. In einem kleinen Gefängnis eingesperrt – den Schlüssel zur Zelle hält die Angst in Händen. Er blickt in eine Zukunft ohne Chance, ohne Hoffnung, er befindet sich in einer aussichtslosen Lage. Frustriert und demotiviert gibt er auf, ohne je wirklich angefangen zu haben.

Angst hat jeder von uns. Angst muss auch sein, damit wir Gefahren erkennen und meistern. Aber sie darf nicht unser Leben bestimmen. Ist Ihnen schon einmal aufgefallen, dass ängstlichen Menschen viel mehr Missgeschicke geschehen als anderen? Wer ängstlich ist, ist immer in Anspannung, ist voller Befürchtungen, dass etwas schief gehen könnte.

Self-fulfilling prophecy

Wer um die Kraft der Gedanken weiß, erkennt das Prinzip: Gedanken ziehen entsprechende Situationen geradezu an. Die »self-fulfilling prophecy« (sich selbst erfüllende Prophezeiung) haben wir alle schon erlebt – sie wirkt in positiver wie negativer Hinsicht. Wenn Sie vor dem wichtigen Essen ständig dachten »Ich habe Pech, bestimmt verspreche ich mich wieder bei der Rede, stoße ein Glas bei Tisch um …«, dann passierte das auch. Schließlich haben Sie sich dies eingeredet, haben alles dafür getan, dass diese Situation eintrat. Meist haben Sie sich das bildhaft vorgestellt, den Schrecken, die Panik schon vorher in Gedanken erlebt … Das ist auch Selbstbeeinflussung oder Hypnose – allerdings im destruktiven Sinn!

Wir ziehen an, was wir denken!

Denken Sie hingegen: »Ich habe Glück, ich spreche überzeugend, bin fit …«, dann tragen Sie mit Ihrer Einstellung dazu bei, dass sich alles positiv entwickelt. Wir ziehen immer das an, was wir denken, fühlen, glauben – und das strahlen wir dann aus. Die Weichen werden im Kopf gestellt, alles andere läuft von selbst. Welche sich selbst erfüllenden Prophezeiungen haben Sie in sich installiert?

Übung: Ängste erkennen

Schreiben Sie auf, wovor Sie Angst haben.
Notieren Sie die großen Ängste und die kleinen Ängstlichkeiten.

____

____

____

____

Stellen Sie sich Ihren Ängsten!

Ich habe schon so manchen Seminarteilnehmer erlebt, der vor seinen Ängsten so viel Angst hatte, dass er sich nicht einmal das eingestehen wollte. Doch solange Sie sich selbst etwas vormachen, können Sie nichts ändern. Dann müssen Sie in Ihrem Gefängnis sitzen bleiben. Wenn Sie sich aber der Situation – also der Angst – stellen, können Sie viel für sich und alles gegen die Angst tun. Angst macht klein, Angst macht dumm. Wenn Sie erst einmal begonnen haben, die Angst zu analysieren, sie einzugrenzen, dann können Sie sie auch in ihre Grenzen verweisen und langsam vollständig auflösen. Mit jedem Stückchen Angst, das Sie auflösen, fühlen Sie sich besser, leichter und freier – und Sie wachsen Zentimeter um Zentimeter!

Angst hat viele Gesichter

Bevor Sie sich an Ihre Aufgabe machen, sollten Sie die verschiedenen Gesichter der Angst erkennen. Wer von Panikattacken geplagt wird, an Phobien leidet, wem der Angstschweiß ausbricht, der weiß, was Angst ist. Aber das ist noch lange nicht alles. Ein Gespräch über die Gehaltserhöhung immer wieder aufzuschieben, dem Nachbarn nicht die Leviten zu lesen, wenn er bis spät nachts seinen Fernseher so laut gestellt hat, dass man selbst nicht schlafen kann, nicht zu widersprechen, wenn man anderer Meinung ist …, all das fällt unter Angst. Blicken Sie hinter den Schein, fragen Sie sich, warum Sie sich in bestimmten Situationen, in denen Sie sich nicht wohl fühlen, so und nicht anders verhalten. Oft kommen Sie dann verdeckten Ängsten auf die Schliche. Diese Ängste und Ängstlichkeiten haben dann einen anderen Namen, wie Schüchternheit, Zurückhaltung. Und sogar hinter der Höflichkeit – wenn sie zu weit geht – verbirgt sich die Angst. Nur ja keine Konfrontation, nur jedem noch so kleinen Ärger aus dem Weg gehen. Aber warum tun wir das? Weil wir Angst haben. Angst, dass die Situation eskalieren könnte, dass wir nicht mehr mithalten können, dass wir uns lächerlich machen könnten. Aber was ist das für ein Leben? Immer klein, unscheinbar und farblos bleiben? Möchten Sie das wirklich, Fußabtreter für den Rest der Welt sein?

Übung: Der Blick hinter die Kulissen

Schreiben Sie auf, was Sie hindert, Ihren Mund aufzumachen, warum Sie lieber vieles runterschlucken, oft nachgeben als sich einmal durchzusetzen, als einmal Ihre Meinung zu sagen.
Den Blick hinter die Kulissen können Sie erweitern, wenn Sie nach einer ganz einfachen Frage-Technik vorgehen. Die Frage »Warum« führt Sie zu den wirklichen Ursachen Ihrer Ängste. Zum Beispiel:

- Warum fühle ich mich in der Gegenwart von XY nicht wohl?
  Weil ich das Gefühl habe, er weiß viel mehr als ich, und ich stehe dumm da.
- Warum habe ich dieses Gefühl?
  Weil er alles so überzeugend darstellt, so gut reden kann.
- Warum kann ich das nicht?
  Weil ich nicht so redegewandt bin und Fragen mich verunsichern.
- Warum verunsichern mich Fragen?
  Weil ich …

Sie werden herausfinden, dass nicht die Person XY die Ursache für Ihre Angst ist, sondern die Angst vor der Blamage.

Haben Sie erst einmal die wahren Ursachen für Ihre Ängste entdeckt, dann können Sie vieles relativ leicht ändern. Bei mangelnder Allgemeinbildung lesen Sie die richtigen Zeitungen, sehen Sie entsprechenden Fernsehsendungen – all das kostet fast nichts. Besuchen Sie Kurse, um sich auf Gebieten, die Sie interessieren, fachlich fit zu machen (Spezialisierung!), treten Sie Vereinen oder Klubs bei. Entdecken Sie Ihre kommunikativen Fähigkeiten, entfalten Sie sie! Melden Sie sich bei meinem Rhetorik-Seminar an, oder arbeiten Sie mit meinem Buch *Rhetorik Klassik*. Kommunikationsstärke brauchen Sie nämlich nicht nur, um sich in der

Gegenwart mancher Menschen besser zu fühlen. Ohne Kommunikation vereinsamen Sie. Wer reden kann, wird vorgeschickt, wer reden kann, der führt.

Kommunikation ist die Basis des Zusammenlebens

Zur Kommunikation gehört viel mehr als nur gut sprechen können. Kommunikation ist die Basis des Zusammenlebens überhaupt – ob privat oder beruflich. Viele Ängste hängen damit zusammen, dass wir uns nicht richtig ausdrücken können, dass wir falsche Signale aussenden oder dass wir die Signale anderer nicht richtig verstehen. Wir können uns selbst und unser Verhalten oft nicht richtig einschätzen. Gehen Sie noch einmal zu Ihren Antworten zur Übung »Wer sind Sie?« zurück (S. 53f.). Und überlegen Sie erneut, wie Sie von anderen wahrgenommen werden. Wie nehmen Ihre Mitarbeiter Sie wahr? Lassen Sie Ihre Meinung von denjenigen, mit denen Sie viel zu tun haben, überprüfen. Stimmt Ihr Bild von sich, sind Sie stimmig?

Fangen Sie bei Ihrer Stimme an. Kennen Sie Ihre Stimme, wie finden Sie sie? Können Sie sich mit Ihrer Stimme identifizieren? Sie sehen: Es gibt ein weites Feld für Ängste wie auch für die Entfaltung der Fähigkeiten.

Übung: Ängste abbauen

Wenn Sie nun Ihre Ängste, und zwar die wahren Ängste, notieren, dann können Sie diese gleich Punkt für Punkt durchleuchten. Schreiben Sie neben Ihre Ängste gleich die Strategie, mit der Sie die Angst abbauen wollen. Es bringt uns nämlich nicht weiter, die Ängste nur aufzuschreiben. Wir wollen uns ja von unseren Ängsten befreien. Deshalb müssen wir den Gedanken an die Angst nicht mehr weiter verstärken, sondern müssen uns auf die Auflösung der Angst konzentrieren. Eine Aufstellung könnte so aussehen:

- Angst vor:
  Blamage bei Gesprächen mit fremden Personen
- äußert sich in:
  Schweigsamkeit, Rückzug, Sprechen mit leiser Stimme
- Lösung:
  Abo einer Tageszeitung und zweier Magazine, Besuch eines Rhetorik-Seminars …
  und Suggestionskassetten!

Schreiben Sie auf, was Ihnen wirklich Angst einflößt, machen Sie das ganze Desaster sichtbar. Sie stellen dann nämlich fest, dass vieles kaum wert ist, sich darüber Sorgen zu machen. Außerdem sehen Sie, dass Sie so die eine oder andere Angst schon im Vorfeld reduzieren können! Wirklich tief verankerten Ängsten rücken Sie mit Autosuggestionen (s. Kapitel 17) zu Leibe. Und die Ängste, die noch übrig geblieben sind, behandeln Sie wie folgt: Schreiben Sie links Ihre Ängste auf, rechts das Gegenteil.

Beispiel:
Angst vor

- Hunden → Tierliebe
- Dunkelheit → Sonnenlicht

Angst beginnt im Kopf

Welche starke Wirkung Angst haben kann, das sehen wir an den Menschen, die ständig Angst vor Krankheiten haben. Kaum wird es Herbst, geht die Angst vor Grippe um. Ich glaube, dass 50 % der Grippekranken nicht vom Grippevirus, sondern vom Gedankenvirus gepackt wurden. Angst hat viel mehr Opfer – sogar mit Todesfolgen –, als wir glauben möchten. Denken Sie an den ängstlichen Autofahrer, der vor lauter Angst so verkrampft ist, dass er in einer kritischen Situation falsch reagiert, weil er innerlich schon lang blockiert. Das Gleiche gilt für Jobverlust aus Angst. Wer Angst hat, macht viel mehr Fehler und erreicht genau das Gegenteil von dem, was er eigentlich will. Oder, anders gesagt: Er erreicht genau das, was er ständig denkt. Aus Angst den Partner zu verlieren, gibt der eine ständig nach, setzt der andere den Partner unter Druck – mit der Folge, dass der geliebte Partner nicht mehr anders kann und die Flucht ergreift. Es ist genau das eingetreten, was vermieden werden sollte. Wenn Sie aber Ihre Angst unter Kontrolle bringen, dann können Sie sie auch leichter ablegen. Alles beginnt im Kopf: die Angst wie auch die Befreiung!

Sobald Sie sich vertrauen, so bald wissen Sie zu leben.

9. Erfolg erreichen

Wir sprechen immer von Erfolg – Erfolg im Geschäft, in der Liebe, beim Sport, bei Kollegen ... Ich habe Sie schon gefragt, was Erfolg für Sie persönlich bedeutet. Ich möchte Ihnen aber noch eine Definition für Erfolg vorstellen:

Erfolge sind gelöste Probleme.

Sichtbarmachen von Problemen

Sicher kennen Sie eine Reihe von Menschen, die nur aus Problemen zu bestehen scheinen. Diese Menschen sollten sich die Frage stellen: Habe ich Probleme, oder bin ich selbst das Problem? Es ist nämlich leicht, die Probleme nicht bei sich, sondern bei anderen zu suchen. Der Lieferant macht Schwierigkeiten, der Partner macht Probleme, die Kinder sind schuld ... Wer so seine Probleme angeht, ist in zehn Jahren noch keinen Schritt weiter. Wer seine Probleme nämlich nicht kennt, kann auch keine Lösungen entwickeln. Der erste Lösungsschritt ist das Sichtbarmachen, also das Aufschreiben der Probleme. In dem Augenblick, in dem Sie beginnen, Ihre Probleme als solche anzuerkennen und sie sich bewusst zu machen, beginnt Ihr Unterbewusstsein an einer Lösung zu arbeiten. Einem Menschen, der an Krebs erkrankt ist, diese Diagnose vorzuenthalten, ist schädlich, denn sie gibt dem Betroffenen keine Gelegenheit, sich mit der Krankheit auseinander zu setzen. Er hat nicht die geringste Chance, denn er kennt das Problem nicht. Menschen, die um ihren Zustand wissen, können kämpfen. Wer nichts weiß, kann nichts tun. Es gibt Menschen, die schwerste Krankheiten mit der Kraft ihres Geistes besiegt haben, denn der Geist beherrscht den Körper.

Mein Wunsch ist es, Ihnen zu helfen, ein positiver Realist zu werden. Erkennen Sie die Realität, dann können Sie sie nach Ihren Vorstellungen beeinflussen oder gar verändern. Schweben Sie hingegen über den Dingen, dann haben Sie keinen Einfluss. Sind Sie ohne Bodenhaftung, können nichts bewirken und natürlich auch nicht gewinnen. Ein Arzt, der keine Diagnose stellt, kann auch keine Medikamente verordnen. So ist es auch mit unseren Problemen. Wenn wir sie nicht kennen, können wir sie nicht lösen. Wir sind ihnen ausgeliefert. Auch die beliebte Methode, Probleme zu ignorieren, zu vertuschen oder zu beschönigen, bringt uns nicht weiter. Das ist lediglich eine Flucht, die weitere Probleme zur Folge hat.

Werden Sie ein positiver Realist!

Übung: Problem erkannt – Problem gebannt

Nehmen Sie ein Blatt Papier und notieren Sie auf der linken Seite Ihre Probleme, auf der rechten Seite verwandeln Sie Ihre Probleme in das Gegenteil.

Beispiel:

Krankheit	→	Kraft, Vitalität, Gesundheit
Jobverlust	→	Karriere, Erfolg
Depression	→	Lebensfreude, Energie

Vielleicht erkennen Sie schon den Zweck der Übung. Ich möchte Sie nämlich mit dieser Tätigkeit dazu anregen, ein moderner Alchimist zu werden, also jemand, der versucht, unedle Metalle in Gold zu verwandeln. Werden Sie ein Mensch, der Scherben in Glück verwandeln kann, werden Sie ein Mensch, der alles, was er anfasst, zu Gold macht!

Werden Sie ein Meister in der Kunst der Wandlung!

Sie werden sehen, dass mit der Konzentration auf eine Lösung, also auf das Gegenteil des Problems, Ihnen die Lösung viel leichter einfällt. Stecken Sie also nicht den Kopf in den Sand, sondern werden Sie zum Troubleshooter. Seit es Menschen gibt, gibt es Probleme. Und die haben sich nicht grundlegend verändert: Hunger, Zahnschmerzen, Überschwemmungen, Kriege. Verändert

Werden Sie zum Troubleshooter!

haben sich hingegen die Strategien, die Techniken der Problemlösung. Was wir brauchen, sind Techniken, um die Welt von morgen zu verändern.

Übung: Troubleshooter

Welche Probleme können Sie am besten lösen – und zwar im Einklang mit Ihrem Naturell? Sind Sie Organisator, Planer, Vermittler, Motivator? In welchem Bereich können Sie zu einem Troubleshooter, einem Problemlöser werden? Schreiben Sie auf:

____

____

Was können Sie am besten?

____

____

Tun Sie nur das, was Sie gut können!

Wenn Sie nämlich immer nur das tun, was Sie wirklich gut können, werden Sie erfolgreich. Nehmen Sie mich als Beispiel. Ich kann am besten sprechen – und so tue ich das. Organisation, Buchhaltung, Termine: All das überlasse ich wiederum denjenigen, die auf diesen Gebieten am besten sind. Sie haben, wenn Sie einmal ein Seminar bei mir gemacht haben, gesehen, dass dies hervorragend funktioniert. Ich tue nur das, was ich am besten kann, und deshalb leiste ich auch das Beste. Es würde mir nicht einfallen, mich damit zu befassen, die Nummer eins auf einem anderen Gebiet zu werden, auf einem Gebiet, für das ich nicht die optimalen Voraussetzungen habe. Das wäre Verschwendung von Energie und Zeit.

Konzentration anstatt Vielseitigkeit – das gilt auch für die Problemlösung.

Eigenartigerweise fällt es den meisten Menschen leichter, mit Dingen umzugehen als mit Menschen. Und am schwierigsten scheint es zu sein, mit sich selbst richtig umzugehen. Wenn Sie feststellen, dass das Computerprogramm, das Sie besitzen, erhebliche Nachteile für Ihre Arbeit hat, dann werden Sie sicher nicht viel Geld und Zeit investieren, um ein mangelhaftes Programm umzuschreiben. Sie werden lieber ein neues, auf Ihre individuellen Bedürfnisse abgestimmtes Programm kaufen. Meine Tochter ist Legasthenikerin. Die Problemlösung lag nicht darin, sie mit Aufgaben und Übungen zu malträtieren, sondern zu akzeptieren, dass sie mit Lesen und Schreiben Probleme hat. Wer nicht richtig lesen und schreiben kann, wird vorschnell abqualifiziert. So haben wir beschlossen, nicht unsere Tochter zu quälen, sondern lieber ein entsprechendes PC-Programm zu kaufen. Unsere Tochter kann sich frei entfalten, obwohl sie Rechtschreibung nicht perfekt beherrscht. Ein Hindernis ist dies für sie aber nicht. Es kommt immer darauf an, wie Sie das Problem angehen – es gelten hier dieselben Regeln wie beim Umgang mit Misserfolgen.

Nicht das Problem macht Sie fertig, sondern allein der falsche Umgang damit.

Bekennen Sie sich zu Ihrer Einmaligkeit

Es gibt Menschen, die lieben okulierte Bäume, also beispielsweise Birnbäume, denen man Zweige von Apfelbäumen aufgepfropft hat und so aus einem Birnbaum einen Baum macht, der Äpfel trägt. Das mag zwar ganz interessant sein, aber ich frage Sie: Ist das sinnvoll? Warum sollte ein Birnbaum Äpfel produzieren? Oder anders gesagt, warum sollten Sie sich abquälen, um sich mit großer Mühe, vielleicht sogar unter Entbehrungen, Eigenschaften anzutrainieren, Fähigkeiten zu entwickeln, die Sie nur in äußerst geringem Maß (oder vielleicht sogar gar nicht) besitzen? Ist es nicht besser, das zu stärken, auszubauen und zu vertiefen, was Sie in sich haben? Ist es nicht sinnvoller, Apfelbäume als Apfelbäume und Birnbäume als Birnbäume zu lassen? Ist es nicht sinnvoller und erfolgversprechender, der zu werden, der Sie in Wirklichkeit sind, als eine neue Person kreieren zu wollen?

Sagen Sie JA zu Ihrer Einmaligkeit!

Die Philosophie der Erfolgreichen

Den erfolgreichen Menschen erkennt man auf den ersten Blick. Man sieht, was in ihm steckt und man spürt, dass er eine schöpferische Kraft in sich trägt.
Er hat einen offenen Blick; schon nach den ersten Worten bemerkt man, dass man ihm eine gute Leistung zutrauen kann.
Der erfolgreiche Mensch gehört zu den Menschen, die früher oder später, mit beständiger Sicherheit an die Spitze kommen.
Ein bestimmter Geist zeichnet ihn aus.
Es ist der Geist der Initiative, des Mutes und der Arbeitsfreude.
Der erfolgreiche Mensch hat eine nur ihm zukommende Lebensanschauung.
Er glaubt nicht an Intrigen und Lügen.
Er glaubt nicht an Zufall.
Er wartet nicht auf bessere Zeiten.
Er weiß, das alles sind nur Ausreden.
Dagegen glaubt der Tüchtige an die Wirksamkeit seiner Leistung.
Er glaubt daran, dass er sich selbst anstrengen muss.
Er vertraut seiner Fähigkeit, auch Durststrecken durchstehen zu können.
Er glaubt vor allem an die treibende Kraft, die von großen Zielen ausgeht.

10. Ziele setzen

Wenn Sie sich über Ihre Person, Ihre Persönlichkeit im Klaren sind, dann blicken wir nach vorn, in die Zukunft. Das Wichtigste ist, ein lohnendes Ziel vor Augen zu haben. Doch viele Menschen leben einfach in den Tag hinein, ohne sich viele Gedanken zu machen.

Wer ohne Ziele lebt, führt ein Leben ohne Sinn, denn erst hohe und lohnenswerte Ziele geben dem Leben seinen Wert.

Wer kein Ziel hat, ist nicht motiviert

Die Frage nach den Lebenszielen verwirrt viele Menschen. Wo sie Urlaub machen möchten, welches Auto sie fahren wollen oder in welcher Umgebung sie wohnen möchten – das können die meisten spontan sagen. Aber was sie aus ihrem Leben machen wollen, in welche Richtung sie gehen möchten, darüber haben sich viele keine Gedanken gemacht. So erstaunt es nicht, wenn Frust, Unzufriedenheit und Null-Bock-Denken sich ausbreiten. Wer kein Ziel hat, der dümpelt vor sich hin. Er weiß ja nichts mit seinen Fähigkeiten, seiner Energie anzufangen, hat keine Motivation, keinen Anreiz. So machen wir ein paar Schritte in die eine, dann in die andere Richtung. Damit können wir jedoch nichts erreichen – Erfolgserlebnisse bleiben aus. Schauen Sie einmal in die Gesichter Ihrer Mitmenschen, wenn Sie beim Einkaufen an der Kasse warten, in der U-Bahn sitzen … Schnell können Sie Menschen herausfiltern, die ein Ziel vor Augen haben. Sie haben eine ganz andere Ausstrahlung als jemand, der sein Leben nur von einem Urlaub zum anderen plant.

Voraussetzung für Erfolg

Den Wert eines Lebens können Sie an den Zielen erkennen, die ein Mensch sich gesetzt hat. Wie sieht das bei Ihnen aus? Haben Sie hohe Lebensziele oder sind Sie noch auf der Suche danach? Vielleicht hatten Sie einmal Ziele, haben diese aber nicht konsequent verfolgt und im Lauf der Zeit aus den Augen verloren? Voraussetzung für ein erfolgreiches und damit erfülltes Leben ist ein lohnenswertes Ziel. Wenn Sie meine Grundgesetze der Lebensentfaltung umsetzen, dann können Sie die größten Ziele erreichen und – denn sie gehören auch zum Leben – die größten Krisen meistern. Haben Sie den Mut, sich ein vollkommenes Bild Ihrer Zukunft vorzustellen. Nicht all Ihre Träume werden sich erfüllen, aber Sie kommen Ihrem Ideal immer näher und lösen sich damit aus der Masse, denn: Sie haben Ihren individuellen Schöpfungsplan erstellt. Victor Frankl hat das sehr schön so ausgedrückt:

> **»Große Ziele nicht zu erreichen, ist keine Schande – Schande ist es, keine großen Ziele zu haben.«**

Lesen Sie mein 10. Grundgesetz der Lebensentfaltung mit lauter Stimme:

> **Durch eine gezielte Entscheidung kann die Aufmerksamkeit auf jeden ausgewählten Punkt gelenkt werden.**

Ziele werden häufig vernachlässigt

Wann haben Sie zuletzt etwas bewusst verändert? Haben Sie beispielsweise Ihren Partner, weil Sie ihn wollten, oder weil Sie einen anderen nicht bekommen haben? Haben Sie Ihren Beruf nach Ihren Fähigkeiten und Wünschen gewählt, oder weil Sie schnell einen Ausbildungsplatz erhalten haben? Wenn Sie etwas wirklich wollen, dann können Sie es auch! Deshalb habe ich das Wort »kann« gewählt. Das beinhaltet aber auch, dass Sie wissen, was Sie wollen. Oft wollen wir zwar etwas, setzen es dann aber nicht in die Tat um. Die Liste der Ausflüchte ist lang: keine Zeit, kein Geld, keine Lust, zu müde, vergessen ... Was bringt uns das? Hinzu kommt die Angst vor Veränderung. Hier spüren wir die Macht des Verstandes: Alles was wir kennen, ist uns vertraut. Da fühlen wir uns sicher. Wir fühlen uns also sicher in unserem Zustand der Unzufriedenheit, der Stagnation, der Frustration. Und weil uns die Sicherheit über alles geht, bleiben wir in unserer Misere stecken, machen es uns dort bequem, jammern und beklagen uns. Der Verstand hat gesiegt und ist sehr zufrieden mit seinem Erfolg, er hält uns mit fester Hand in engen Grenzen. Und wir leben nach einem eingefahrenen Verhaltensmuster. Freiheit ade! Die Angst vor Veränderung hat sich niedergelassen und macht sich immer breiter in unserem Leben. Wir bleiben auf der Stelle stehen, nichts verbessert sich, nur unsere Gemütslage verschlechtert sich, weil wir immer unzufriedener mit uns selbst werden. Die einen flüchten in Zerstreuung (= Aktivität), die anderen in Lethargie (= Passivität). Sie brauchen sich nur umzusehen und genau zuzuhören: »Es hat ja keinen Sinn ..., der Aufwand lohnt sich nicht ..., dazu habe ich keine Lust«. Wollen Sie Ihr Leben auf diese Weise vergeuden?

Farbe bekennen

Ich behaupte, die meisten Menschen wollen gar keine Freiheit, denn dieser Zustand macht ihnen Angst. In Freiheit muss man die Verantwortung für sich selbst übernehmen, man kann sie nicht mehr so einfach auf andere schieben, man kann sich auch nicht so leicht mehr hinter dem Rücken der anderen (der Masse) verstecken. Freiheit bedeutet Farbe bekennen! Mehr als 80 % der Menschen wollen gar nicht erfolgreich sein. Sie glauben das nicht? Dann starten Sie einmal eine Umfrage in Ihrem Bekanntenkreis. Die meisten Menschen haben eine Betrachterrolle angenommen, denn in ihrem eigenen Leben passiert nichts.

Werden Sie zum Akteur, werden Sie zum Drehbuchautor für Ihr eigenes Leben, anstatt sich mit einer Statistenrolle zu begnügen!

Planen Sie Ihre Zukunft

Hier stellt sich auch die Frage: Stehen Sie heute an dem Punkt, an dem Sie sich jetzt befinden, weil Sie das vor fünf oder zehn Jahren geplant hatten – oder stehen Sie nur zufällig da? Ist Ihr Leben eine Aneinanderreihung von Zufällen, oder haben Sie Ihr Leben bisher geplant, auf ein Ziel ausgerichtet? Wie wollen Sie erfolgreich werden? Durch Zufälle, durch Lottogewinne, durch den Blick in die Sterne? Oder wollen Sie Ihre Zukunft planen, wollen Sie ein Zukunftsmanager werden? Kennen Sie den Zusammenhang zwischen Ursache und Wirkung? Meine Erfolgsphilosophie basiert auf dem Verursacherprinzip. Er-folg erfolgt, wenn Sie die richtigen Ursachen setzen, sodass die entsprechende Erfolgswirkung eintreten kann. Kennen Sie eine bessere Erfolgsphilosophie?

Ihnen gemäße Ziele finden

Entscheidend ist die Wahl des richtigen Ziels. Es geht jetzt nicht darum, irgendwelche Ziele zu finden, nur damit Sie Ziele haben. Es geht darum, dass Sie Ziele für sich finden, die Ihnen und Ihrer Persönlichkeit gerecht werden. So wie ein Mann sich nicht in jede Frau verlieben kann – und umgekehrt –, kann ein Mensch auch nicht jedes Ziel anstreben. Deshalb tut sich derjenige leicht, der sein Wesen, seine Persönlichkeit kennt. Beantworten Sie die folgenden Fragen schriftlich, damit kommen Sie sich ein Stück näher.

Übung: Ziele setzen, die Ihnen gerecht werden

1. Was macht mich seit langem glücklich?
2. Was bereitet mir Freude?
3. Worüber ärgere ich mich seit langem?
4. Was macht mir keinen Spaß?

Was wollen Sie?

Erkennen Sie Ihren Herzenswunsch

Werden Sie sich darüber klar, was Sie wirklich wollen. Ich spreche hier nicht von Interessen und Hobbys. Ich spreche von Ihrem Herzenswunsch, von dem Sie durchdrungen sind, von Ihrer Vision, von Ihrer Lebensaufgabe. Vielleicht ist es Ihr Ziel ist, Präsident zu werden, der beste Ehemann aller Zeiten, der schnellste Läufer der Welt … – alles ist erlaubt, vorausgesetzt, es ist wirklich ein langfristiges Lebensziel, das Ihnen viel wert ist und das Ihrem Leben Sinn und Wert gibt.

Übung: Lebensziel und Nahziele bestimmen

Welches ist Ihr Lebensziel? Was sind Ihre Nahziele? Notieren Sie:
Mein Ziel ist:

- für diese Woche: ____________________
- diesen Monat: ____________________
- dieses Jahr: ____________________

Test Nehmen Sie sich einmal eine halbe Stunde Zeit, um diese interessanten Fragen zu beantworten:

Denken und lenken

WAS würden Sie zuerst durchsetzen, wenn Sie einen Tag lang Deutschland regieren könnten? ______

WER wird Deutschland in zehn Jahren regieren? ______

WELCHER Politiker flößt Ihnen Vertrauen ein? ______

WER sind für Sie die drei klügsten Köpfe unserer Zeit? ______

WAS ist Ihre Lebensphilosophie? ______

Freud und Leid

WAS ist Ihre größte Hoffnung? ______

WER oder was ist Ihre heimliche Leidenschaft? ______

WAS ist Ihnen peinlich? ______

WELCHE kulinarischen Genüsse schätzen Sie besonders? ______

WAS treibt Sie zur Verzweiflung? ______

Freund und Feind

WEM werden Sie ewig dankbar sein? ______

WAS loben Ihre Freunde an Ihnen? ______

WEM möchten Sie auf keinen Fall in der Sauna begegnen? ______

WAS sagen Ihre Feinde Ihnen nach? ______

WOFÜR oder bei wem müssen Sie sich unbedingt noch entschuldigen? ______

Schein und Sein

WELCHE Ihrer Vorzüge werden verkannt? ______

WAS war, was ist Ihr größter Erfolg? ______

WAS war Ihre dramatische Fehlentscheidung? ______

WAS sind Ihre verborgenen Schwächen? ______

WIE würden Sie einem Blinden Ihr Äußeres beschreiben? ______

Ewigkeit und Vergänglichkeit

WELCHEN Traum wollen Sie sich unbedingt noch erfüllen? ______

WO möchten Sie beerdigt werden? ______

WER soll Ihre Grabrede halten? ______

WELCHEN Satz erhoffen Sie sich darin? ______

Wollen Sie der Erste in der Tennisliga werden oder eine Gehaltserhöhung bekommen? Interessen und Ziele – das sind unterschiedliche Dinge. Wer nur seine Interessen – und die sind in der Regel zahlreich – verfolgt, der wird nie den durchschlagenden Erfolg erleben.

Konzentration führt zum Ziel.

Konzentrieren Sie sich auf ein Ziel

Ruhe: Voraussetzung für Konzentration

Erst in der Ruhe kommt der Mensch zu sich. Aus der Ruhe heraus ist alles möglich. Stellen Sie sich einen Bogenschützen vor, der ins Schwarze treffen soll und dessen Gedanken umherspringen wie Flöhe auf einem Hund. Oder einen Übersetzer, der nicht vollkommen ruhig ist. Er kann sich nicht auf die Worte konzentrieren, kann nicht korrekt übersetzen. Ja, selbst bei so banalen Dingen wie Autofahren oder Lesen unterlaufen uns Fehler, wenn wir nicht ruhig, wenn wir nicht konzentriert bei der Sache sind. Konzentration ist nur aus der Ruhe, aus der Entspannung heraus, möglich.

Je ruhiger ein Mensch ist, desto konzentrierter ist er, desto besser sind seine Leistungen. Konzentration auf das Ziel ist die Voraussetzung, dieses Ziel überhaupt erreichen zu können.

Konzentrieren Sie sich auf für Sie Wichtiges

Voltaire erkannte das Problem: »Die Menschen suchen ihr Glück, ohne zu wissen, auf welche Art sie es finden können: wie Betrunkene ihr Haus suchen, im unklaren Bewusstsein, eins zu haben.« So sollte es Ihnen nicht gehen. Sie sollten Ihr Ziel kennen und sich auf dieses Ziel konzentrieren. Ich plädiere daher für Spezialisierung, die Konzentration auf eine Sache. Nur so können Sie Erfolg haben. Konzentrieren Sie Ihre Gefühle auf einen Partner, dann können Sie mit ihm das große Glück erfahren. Verteilen Sie Ihre Gefühle auf fünf Partner, sieht es mit dem Glück traurig aus. Denken Sie alles Mögliche, haben Ihre Gedanken wenig Kraft. Bündeln Sie Ihre Kraft und konzentrieren Sie sie auf eine Vision, dann erhält diese Vorstellung so viel Kraft, dass sie gar nicht anders kann, als sich zu realisieren.

»Das Denken für sich allein bewegt nichts, sondern nur das auf einen Zweck gerichtete und praktische Denken.« (Aristoteles)

Bündelung Ihrer Kräfte

In Alpha (s. Seite 33 ff.) können Sie sich am leichtesten konzentrieren. Aber nicht nur das. In Alpha ist Ihr Ich-Bewusstsein nicht von Ihrem Unterbewusstsein abgegrenzt. Das bedeutet, dass Sie Ihre Vision dem Unterbewusstsein konzentriert mitteilen können. Ihr Wunsch wird förmlich mit einem Laserstrahl zu Ihren 20 Milliarden Mitarbeitern getragen. Keine Energie wird vergeudet, alles ist nur auf Ihr Ziel konzentriert. Wenn Sie richtig atmen, tief in den Bauch, gleichmäßig und langsam, dann wird Ihr Körper entspannt, Ihr Geist wird frei von Ballast, und Sie können sich voll auf einen Punkt konzentrieren. Sie können übrigens in diesem Entspannungszustand auch am besten lernen. Das Gelernte wird so im Gedächtnis verankert, dass es jederzeit abrufbereit ist.

Ein konzentrierter Computer-Programmierer installiert die Software besser und schneller als ein unkonzentrierter. Letztendlich sind wir nichts anderes als die Programmierer für unser Lebensprogramm. Allein schon wegen der Wichtigkeit dieser Angelegenheit sollten wir uns nur hochkonzentriert daran machen.

Traumdeutung – einmal anders

Wünsche weisen den Weg

Wünsche weisen uns den Weg zu uns selbst und zu unseren Zielen. Stellen Sie sich einmal vor, es erscheint eine wunderschöne Fee in Ihrem Wohnzimmer und fragt Sie: »Was wünschen Sie sich? Sie haben alle Wünsche der Welt frei.« Sprudelt aus Ihnen dann sofort eine unendliche Aufzählung Ihrer Wünsche oder sind Sie sprach-los, weil Ihnen nicht ein einziger Wunsch einfällt? Ja, was wünschen Sie sich, wenn Sie Ihre Vernunft, Ihren Verstand einmal ausschalten und Ihrer Fantasie freien Lauf lassen?

Übung: Welche Träume haben Sie?

Schreiben Sie all Ihre Wünsche, Ihre kleinen und großen Träume auf. Es ist völlig unwichtig, ob diese realistisch sind oder utopisch, es spielt keine Rolle, ob es sich um große oder kleine Wünsche handelt. Schwelgen Sie, träumen Sie, lassen Sie sich treiben in einer von Ihnen geschaffenen Welt, nach Ihren Vorstellungen. Sehen Sie sich als Olympiasieger im Springreiten, obwohl Sie Angst vor Pferden haben? Sehen Sie sich als Miss Universum, obwohl Sie die Zwanzig schon überschritten haben, oder als Mittelpunkt bei jeder Party, obwohl Sie schüchtern sind? Lassen Sie Ihre Gedanken frei. Stellen Sie sich vor, Sie dürften ein Theaterstück oder ein Drehbuch schreiben mit dem Titel: »Die Träume meines Lebens«. Sie sind ganz frei, sind weder an Ort noch an Zeit gebunden, sind weder durch finanzielle noch private Verpflichtungen eingeschränkt. Sie dürfen alles träumen, was Sie sich nur vorstellen können. Genießen Sie die Freiheit der Gedanken, entfalten Sie Ihre Kreativität und malen Sie sich eine Zukunft aus, in der all Ihre Wünsche machbar sind. Jetzt dürfen Sie hemmungslos sein. Nicht oft werden Sie dazu aufgefordert. Machen Sie Gebrauch davon und vor allem: Notieren Sie sich Ihre Träume! Ich bin sicher, Sie werden eine lange Liste Ihrer Wünsche und Träume anfertigen.

Wie viele Wünsche haben Sie notiert? Ihre Wünsche sind Indikatoren für Ihr Innenleben. Viele Wünsche zeigen nicht, dass wir es mit einem Spinner zu tun haben, wie manche Zeitgenossen gern glauben machen möchten. Viele Wünsche zeigen einen großes Potenzial, eine reiche Persönlichkeit.

Wünsche enthalten unsere Zukunft

Menschen ohne Wünsche gibt es nicht, denn in den Wünschen liegt die Zukunft und auch die Hoffnung. Wenn Sie nur auf eine kleine Auflistung blicken können, dann nehmen Sie sich eine ganze Woche Zeit, nur für Ihre Wünsche. Entdecken Sie Ihre Wünsche wieder. Fragen Sie einmal Kinder nach ihren Wünschen. Sie werden förmlich erdrückt von der Vielzahl der Wünsche, die Ihnen Kinder spontan zu jeder Tages- und Nachtzeit nennen können. Auch Sie waren einmal ein solches Kind. Erinnern Sie sich wieder, holen Sie Ihre Wünsche aus den Schubladen, in denen Sie sie versteckt haben.

Keine Frage der Begabung

Diese Übung hat natürlich einen Zweck. Alles, was Sie sich wünschen, wovon Sie träumen, hat seinen Ursprung in Ihrem Herzen, in Ihrem Unterbewusstsein. Und wir haben keine Wünsche, wenn wir nicht auch die Begabung dazu mitbekommen hätten. Vielleicht wünschen Sie sich, ein bekannter Maler zu werden, wagen aber nicht, überhaupt Malutensilien zu kaufen, weil in frühen Kindertagen eine Lehrerin Ihre Zeichnung lächerlich gemacht hat. Oder weil Ihr/e Partner/in kein Gefühl für Kunst hat. Gründe gibt es viele, um Träume zu begraben. Ich möchte, dass Sie Ihre tiefen Wünsche und Träume, Ihre Ideale und Visionen wieder beleben, sie aus den Fängen des Verstandes befreien. Ihre Träume sagen Ihnen viel über Ihre Fähigkeiten und Ihre Talente – mehr als Sie jemals zu träumen gewagt haben. Niemals hätten Sie den Traum, als Einhandsegler die Welt zu umqueren, wenn Sie nicht auch die Fähigkeiten dazu mitbekommen hätten. Sie haben sie nur bisher noch nicht bemerkt oder gleich verdrängt, vergessen oder übersehen.

Selbstbewusstsein und Optimismus

Die Erde ist kein Paradies – das wissen wir alle, und das haben wir am eigenen Leibe schon erfahren. Leben ist Chaos und Katastrophe im Großen wie im Kleinen. Da gibt es Naturkatastrophen und persönliche Schicksalsschläge. Gerade in solchen Krisenzeiten jedoch unterscheiden sich die Menschen grundlegend voneinander. Da gibt es das große Lager derer, die von vornherein resignieren oder nach kurzer Mühe aufgeben, und dann gibt es die diejenigen, die wachsen und reifen. Sie gehen mit Selbstbewusstsein und Elan daran, Ordnung in das schöpferische Chaos zu bringen. Selbstbewusstsein und Optimismus sind Grundvoraussetzungen, um zu bestehen und sich weiterzuentwickeln. Aber auch solche Menschen müssen Zeiten durchstehen, in denen sie keinen Weg sehen, in denen sie beim besten Willen nicht mehr daran glauben können, dass man kann, was man will. Manche standen buchstäblich vor den Scherben ihrer gesamten Existenz, haben alles – inklusive der liebsten Menschen – verloren. Und selbst in diesen schwärzesten Stunden des Lebens verloren sie nicht die Fähigkeit, sich etwas zu wünschen. Der Unternehmer wünscht sich, seinen Betrieb wieder in die schwarzen Zahlen zu führen, obwohl er weiß, dass am nächsten Tag Konkurs angemeldet werden muss. Der Schwerkranke wünscht sich, nicht nur wieder gesund zu werden, sondern auch noch sportliche Höchstleistungen zu erbringen. Das hässliche Mädchen wünscht sich den Traumprinzen, und das Kind, das zum zweiten Mal nicht versetzt wird, wünscht sich, im nächsten Jahr Klassenbester zu werden.

Wünsche erhalten uns am Leben

Niemand kann Ihnen Ihre Wünsche nehmen, egal wie aussichtslos die Lage auch sein mag. Wünsche erhalten uns am Leben.

Wünsche sind zugleich Ausdruck unserer Einstellung zum Leben und zur Zukunft. Wünsche gehen weit über unsere Vorstellungskraft und die Grenzen der scheinbaren Realität hinaus und dringen in die tieferen Schichten unserer Existenz. Die Kraft der Wünsche ist ungleich größer und stärker als die Kraft des menschlichen Willens. Die Kraft des Willens, also die Willenskraft, kann sich gegen das eigene Naturell richten. Die Kraft des Wunsches, die Wunschkraft, steht immer im Einklang mit unserer wahren Persönlichkeit, mit unserem wahren »Ich«.

Bekennen Sie sich zu Ihren Wünschen!

Selbstbewusste Menschen kennen ihre Wünsche und haben keine Scheu, sich dazu zu bekennen. Kinder, die noch in sich selbst ruhen, die noch nicht verbogen sind, erzählen hemmungslos und überall von ihren Wünschen. Sie sind noch eins mit ihrem wahren »Ich«, doch mit zunehmenden Alter wird ihnen das »verstandesmäßig« ausgetrieben. Kinder haben den Mut, ihre Wünsche aufzuschreiben, und können es oft gar nicht erwarten, bis endlich Weihnachten vor der Tür steht, damit sie ihren Wunschzettel vors Fenster hängen können.

»Ich möchte eine Persönlichkeit werden«, sagen viele und wissen gar nicht, dass dies der falsche Weg ist. Die Entfaltung der Persönlichkeit führt über die Wünsche, d.h. über die Realisierung großer Wünsche. Um das zu erreichen, müssen all Ihre Fähigkeiten aktiviert werden, die aus Ihnen als Person eine Persönlichkeit machen.

Große Wünsche sind Meilensteine auf dem Weg zu unserem Ziel.

Wenn Sie nicht so glücklich und erfolgreich sind, wie Sie es gern wären, dann geht Ihnen jetzt vielleicht ein Licht auf. Vielleicht haben Sie bisher mit größter Mühe und allem Eifer versucht, auf dem falschen Gebiet Erfolge zu erzielen. Meine Tochter ist Legasthenikerin. Hätte sie alle Ihre Energie dazu verwandt, die Legasthenie zu überwinden, dann hätte sie niemals so erfolgreich werden können, wie sie es heute ist. So aber hat sie ihren Traum zum Beruf gemacht, ohne sich durch einen so genannten Makel behindern zu lassen. Wenn Sie Ihre »Probleme« auf diese Art und Weise angehen, setzen Sie einen Erfolgs- und Glücksautomatismus in Gang: Sie können gar nicht anders, als weiterzukommen, denn Sie leben Ihrer Berufung entsprechend – privat wie im Job. Sie verstärken Ihre Stärken und reduzieren damit zugleich Ihre Schwächen.

Erfüllen Sie sich Ihre Wünsche!

Betrachten Sie Ihre Aufstellung noch einmal. Welchen Zusammenhang können Sie zwischen Ihren Wünschen und Ihrer Lebenssituation erkennen? Nehmen wir an, Ihr Traum wäre es, den bekanntesten spanischen Autor ins Deutsche zu übersetzen. Spielt dieser Traum in Ihrem momentanen Leben eine Rolle? Arbeiten Sie viel mit Fremdsprachen, lesen Sie spanische Bücher, sehen Sie sich spanische Filme im Original an? Oder haben Sie bisher Ihre Wünsche nicht in Ihren Alltag integriert? Die meisten erfolgreichen Menschen haben sich ihre Wünsche erfüllt, leben ihre Träume im Beruf, im Alltag. Das ist das Geheimnis ihres Erfolgs. André Heller beispielsweise hat so viele Träume, die er realisieren will, dass er glaubt, dafür noch mindestens drei Leben zu benötigen. Und da er weiß, dass dies nicht möglich ist, versucht er so viel wie möglich in seinem jetzigen Leben zu verwirklichen. Die Dynamik und den Elan schöpft er aus seinem Inneren, aus seinen Wünschen und Träumen.

Vielseitigkeit kontra Spezialisierung

Vielseitigkeit

Zuerst gilt es, zwischen Interessen und wirklichen Zielen zu unterscheiden. Vielseitigkeit ist ein Schlagwort des modernen Menschen geworden. Heute da, morgen hier, von allem ein wenig, aber nirgends etwas Ganzes. So stellt sich die Vielseitigkeit dar. Wir wissen von vielem wenig, können zu jedem Thema ein paar Worte sagen. Nirgends bleiben wir im Gedächtnis, denn wir sind wie Millionen anderer Menschen auch. Wir bewegen uns an der Oberfläche, haben keine Tiefe, aber auch keine Höhe. Es gibt keinen Bereich, in dem wir uns einen Namen gemacht haben, kein Gebiet, auf dem wir Spitze sind. Wir sind eben vielseitig – und nicht mehr.

Spezialisierung

An welche Persönlichkeiten – privat wie beruflich – erinnern Sie sich? Warum erinnern Sie sich gerade an diese Menschen? Sicherlich weil diese sich von der Masse abheben, weil sie Profis sind, auf einem Gebiet enorm viel wissen. Das zieht an, das fasziniert, das interessiert. Die Welt braucht Menschen, die nicht nur etwas bewegen, sondern auch andere in ihrem Inneren ansprechen und bewegen können. Diese Menschen haben sich für ein Ziel entschieden, auf das sie sich konzentrieren. Die ganze Energie, das Interesse ist auf dieses Ziel gerichtet, wie ein Laserstrahl. Die anderen dagegen verpuffen ihre Energie, ihre Zeit und ihr Geld für vieles mit der Wirkung einer Schrotflinte. Sie können zwar rundum schießen, aber einen richtig großen Treffer werden sie so nicht erzielen. Deshalb ist es wichtig, dass Sie lernen, zwischen dem Ihnen wirklich Wichtigen und Ihren untergeordneten Interessen zu unterscheiden.

Bewusste oder unbewusste Konzentration ist Verdichtung von Lebensenergie.

Übung: Ihre Interessen

Notieren Sie Ihre Interessen, Ihre Hobbys in aller Ruhe. Wenn Sie Ihre Liste betrachten, dann überlegen Sie, welches Gebiet Ihnen am meisten liegt. Stellen Sie sich einfach vor, Sie wären schon am Endpunkt angelangt, wären also beispielsweise schon Verkaufsleiter eines großen Konzerns, Vater von drei Kindern … Wie fühlen Sie sich bei dieser Vorstellung? Gehen Sie so Punkt für Punkt durch. Versetzten Sie sich gedanklich in die entsprechende Situation, leben Sie darin und hören Sie, was Ihre innere Stimme dazu sagt. Sie werden schnell lernen, echte Interessen von flüchtigen zu unterscheiden, und Sie werden entdecken, auf welchem Gebiet Sie Spitze sein könnten. Nehmen Sie auch Ihre Liste »Was kann ich besonders gut« (Seite 94), zur Hilfe.

Mit 20% zum Profi

Oft sehe ich Erschrecken in den Gesichtern meiner Seminarteilnehmer, wenn ich auf die Spezialisierung zu sprechen kommen. »Dann kann ich ja nicht mehr meine Hobbys pflegen, … ich werde einseitig, vielleicht betriebsblind …« – solche und ähnliche Befürchtungen bekomme ich dann zu hören. Sich auf ein Gebiet zu spezialisieren heißt nicht automatisch, alles andere aufgeben zu müssen. Wenn Sie nur 20 % Ihrer Zeit und Energie auf Ihr Ziel richten, dann bleiben Ihnen noch 80 % für alles andere. Mit einem Einsatz von 20 % können Sie sich zu einem Profi entwickeln. Sie können sich ruhig auch für diverse andere Themen interessieren und engagieren. Und das sollen Sie auch. Nichts ist langweiliger als ein Mensch, der nur ein einziges Interessengebiet hat. Sie dürfen nicht einseitig werden. Gerade unterschiedliche Interessen beleben in jeder Beziehung.

Aus Gutem etwas Besseres machen

Spezialisierung bedeutet aber weitaus mehr, als sich mit einem einzigen Bereich zu befassen. Es heißt, aus etwas Gutem etwas noch Besseres zu machen. Mercedes beispielsweise gibt es seit 100 Jahren. Jedes Jahr wurde etwas an den Modellen verändert. Mal war es ein stärkerer Motor, mal etwas für die Bequemlichkeit, mal wurde die äußere Linie neu gestaltet. Zwar war nicht jede Veränderung ein durchschlagender Erfolg, aber auf der ganzen Linie ist und bleibt Mercedes ein Erfolgsauto. Wir sehen an diesem Beispiel, dass eine Erfolgsmarke ebenso wie der Topmann, die Topfrau sich nicht zur Ruhe setzen kann, sondern immer an sich arbeiten, an den Details feilen muss. Spezialisierung bedeutet, ein Profi in seinem Gebiet zu werden, Vorbild zu sein und sich in wahrlich »bester« Gesellschaft zu bewegen. Wenn Sie heute IT-Spezialist sind und nicht am Ball bleiben, sich nicht ständig über die neueste Entwicklung informieren, dann gehören Sie schon morgen zum alten Eisen.

Spezialisierung, Konzentration ja – Einseitigkeit nein. Auf die Dosierung kommt es an!

Zielgenauigkeit

Zielgenauigkeit ist überall notwendig. Je exakter Sie wissen, was Sie wollen, desto leichter können Sie es erreichen. Reinhold Messmer hat auch nicht vorgehabt, irgendeinen Berg im Himalaja zu besteigen. Er wollte ganz bestimmte Gipfel erklimmen. Wenn Sie eine Reise nach Australien buchen, dann werden Sie nicht einfach Australien buchen, sondern Sie müssen konkrete Ziele angeben bei der Buchung des Fluges. »Einmal Australien«, eine solche Buchung nimmt kein Computer an! Bei der Weinbestellung im Restaurant wollen wir den Jahrgang, die Lage, manchmal das Weingut wissen, bevor wir uns festlegen. Wenn es aber um Lebensziele geht, bewegen wir uns gern im nebulösen Bereich. Beispielsweise wollen viele reich werden. Aber was heißt das schon? Reich werden ist ein dehnbarer Begriff. Bill Gates versteht vermutlich etwas ganz anderes als Sie darunter. Und an was wollen Sie reich werden? An materiellen Gütern, an Wissen, an Erfahrung …? Wollen Sie 10 000,– €, 50 000,– € im Monat verdienen, wollen Sie eine Million in fünf Jahren gespart haben, wollen

Sie Aktien, Häuser, Flugzeuge? Wollen Sie erfolgreich werden? In welchem Bereich, in welchem Gebiet, in welcher Firma? Und was genau wollen Sie werden: Prokurist, Firmenbesitzer, Vorstandsvorsitzender?

Managen Sie Ihre Zukunft!

Es lohnt sich, über seine Wünsche und Ziele nachzudenken! Werden Sie zu einem Zukunftsmanager! Wir haben nur einen Körper und dieser hat eine Aufgabe, nämlich Energie zu produzieren. Gestatten Sie mir die Frage: Was machen Sie mit dieser Energie, wofür verwenden Sie sie? Zum Gasgeben oder zum Bremsen? Die meisten Menschen sitzen ihr ganzes Leben im Bremserhäuschen, bremsen sich und ihre Mitmenschen aus. Anstatt den Fuß endlich mal von der Bremse wegzunehmen, Gas zu geben auf dem Weg in eine wunderbare Zukunft!

Werden Sie sich ganz klar darüber, dass es nur einen Menschen gibt, der über Ihr Schicksal bestimmt: Sie selbst. Ihre Ziele sollten Sie für die verschiedenen Lebensbereiche festsetzen, denn der Beruf hat Auswirkungen auf das Privatleben, und umgekehrt. Es gibt Phasen, da müssen private Interessen zurückgesteckt werden, zu anderen Zeiten hat das Privatleben Vorrang. Beginnen wir mit dem Bereich, der etwa ein Drittel unserer Lebenszeit beansprucht – dem Berufsleben.

Berufliche Ziele setzen

Beruf als Berufung

Arbeit ist nicht gleich Arbeit. Ob Sie gerne arbeiten, Freude an Ihrer Tätigkeit haben oder ob Sie arbeiten, weil Sie Geld verdienen müssen: Zwischen diesen beiden Polen liegen Welten. Jeder Mensch hat seine Fähigkeiten. Soll ein technisch begabter Mann überzeugende Werbetexte schreiben, soll eine kreative Grafikerin Schaltpläne entwerfen, dann ist Frust vorprogrammiert. Wer Tätigkeiten ausführt, die seinen Talenten nicht entsprechen, der kann keine Bestleistung erzielen. Optimal ist es, wenn Sie Ihrem inneren Ruf folgen, der Beruf also Be-rufung ist. Ein Patient merkt schnell, ob der Arzt aus Berufung tätig ist oder diesen Beruf gewählt hat, weil er Vaters Klinik übernehmen soll, sich gute Verdienstchancen ausgerechnet hat usw. Interessieren Sie sich für eine Wohnung, dann spüren Sie sofort, ob der Makler aus Berufung Immobilien vertritt oder aus rein finanziellen Interessen. Ist der Beruf nicht Berufung, tut man sich schwer. Die innere Motivation fehlt, und das spürt der Kunde; erfolgreiche Verhandlungen und Abschlüsse werden Schwerstarbeit. Arbeitet man hingegen mit Freude, ist mit Herz und Kopf bei der Sache, will man den Kunden zufrieden stellen – dann ist man unschlagbar. Sicher wie der Fisch im Wasser bewegt sich der aus Berufung arbeitende Mensch. Da spielt es keine Rolle, ob Sie auf dem Bau oder in der Chefetage arbeiten. André Heller kann Arbeit und Leben nicht trennen:

»Ich tue, was ich bin, und ich bin, was ich tue.«

Wer das von sich behaupten kann, der hat Freude an der Arbeit und Freude am Leben. Und verfügt über unendliche Energien. Damit es Ihnen auch so geht, sollte Freude an der Arbeit, soweit Sie diese (noch) nicht haben, deshalb mit an oberster Stelle Ihrer beruflichen Ziele stehen. Die Freude ist der Dreh- und Angelpunkt, mit ihr steht und fällt das berufliche Gebäude.

Die beruflichen Ziele sind auch abhängig vom Lebensalter. In jungen Jahren müssen die Stärken und Talente entfaltet und eine entsprechende Position gefunden werden. Die Ziele verändern sich mit den Jahren. Steht am Anfang die eigene Karriere im Vordergrund, so heißt es später, andere zu fördern, Vorbild zu sein und mehr zu delegieren und (was viele wegschieben) die Nachfolge vorzubereiten. Als Frau werden Sie wahrscheinlich andere Schwerpunkte setzen. Sie werden sich fragen, ob Sie Kinder haben wollen. Und sollten Sie Erziehungsurlaub genommen haben, werden Sie vielleicht Ihren Wiedereinstieg in den Beruf planen. Andere möchten möglicherweise früher aufhören zu arbeiten. Egal, welches Ihr Lebensmodell ist: Ziele müssen sein. Denken Sie in Ruhe nach, setzen Sie Schwerpunkte und arbeiten Sie dann Ihre beruflichen Ziele heraus.

Private Ziele setzen

Koordination von Beruf und Familie

Wer gut plant, vermeidet von vornherein Reibungspunkte. Beruf und Privatleben sollen sich ergänzen. Oft aber ist genau das Gegenteil der Fall. Der Beruf belastet das Privatleben, und umgekehrt. Zu wenig Zeit, zu viele Geschäftsreisen, zu viel Stress – das geht oft auf Kosten der Familie. Hier gilt es in Gesprächen mit der Familie einen gangbaren Weg zu finden. Ohne Ziele driften Sie immer weiter weg von Ihrem Ideal. Anstatt Kraft beim Partner zu tanken, ihn teilhaben zu lassen, ihn mit einzubeziehen, stehen zu Hause die Zeichen auf Sturm. Und nicht selten kommt es zu einem vernichtenden Rosenkrieg. Berufs- und Privatleben zu koordinieren, den Anforderungen und Wünschen gerecht zu werden, und dabei selbst nicht auf der Strecke zu bleiben – das verlangt eine konsequente Planung, auf der Basis von Zielen. Was also sind Ihre Ziele für Ihre Partnerschaft, für Ihre Familie?

Gesundheitliche Ziele setzen

Frage der Einstellung

Gesundheit ist nicht alles, aber alles ist nichts ohne Gesundheit. Dieser Satz drückt klar aus, was Sache ist. Wenn Sie nicht gesund sind, dann sind Sie nicht leistungsfähig. Sie können weder ihren beruflichen Erfolg noch ihr privates Glück genießen, wenn Sie nicht im Besitz Ihrer körperlichen Kräfte sind. Gesundheit fällt nicht vom Himmel. Zwar sind manche Menschen mit einer äußerst robusten Gesundheit ausgestattet, andere aber sind nicht so gut dran. Doch jeder kann etwas für sich tun. Gesundheit ist in hohem Maße eine Frage der Einstellung. Gesundheit kann verursacht werden. Mithilfe von positiven Gedanken können Sie Ihre Selbstheilungskräfte aktivieren und Ihr Immunsystem stärken.

Freundeskreis gezielt aufbauen

Das richtige Umfeld finden

Ein Freundes- und Bekanntenkreis will gepflegt werden. Welche Wünsche haben Sie in diesem Bereich, was können Sie realisieren? Vielleicht sollten Sie dem Lions-Club beitreten oder Rotarier werden? Sie brauchen das richtige Umfeld, die richtigen Freunde. Verlierer umgeben sich mit Verlierern, Gewinner fühlen sich wohl im Kreis der Erfolgreichen. Ich sehe das immer wieder bei meinen Seminaren. Schon in der zweiten Pause stehen die Erfolgreichen beisammen. Gleich und Gleich gesellt sich gern. Und obwohl sie sich noch nie begegnet sind, erkennen sie sich. Wie kommt das? Auf die Ausstrahlung, auf die Persönlichkeit kommt es an – darauf reagieren wir ganz unbewusst. Es kommt darauf an, wofür Sie sich interessieren. Für die Stärken oder für die Schwächen eines Menschen? Erfolgsorientierte Menschen sehen die Leistung, Versager die Fehler. Mit wem verkehren Sie? Sind Ihre Freunde auf Erfolgskurs oder haben Sie eher Kontakt zu Aus- und Absteigern? Dann brauchen Sie sich nicht zu wundern, wenn Sie nicht weiterkommen.

Gestalten Sie Ihre Freizeit bewusst

Hobbys – keine Nebensache

Freizeit heißt ja freie Zeit. Deshalb sollte es da nicht so zugehen wie im stressigen Berufsleben. Die kostbare freie Zeit sollten Sie deshalb auch keinesfalls dem Zufall überlassen. Ein Hobby, das Sie erfüllt, ist eine Quelle der Freude. Auch wenn Sie heute vermutlich wenig Zeit für die Ausübung haben, sollten Sie sich bereits jetzt damit befassen, welchen Hobbys Sie sich später widmen wollen: sich endlich mit moderner Malerei befassen, Galerien in Europa besuchen, ein Theaterabo buchen oder Ihre Aufschlagtechnik verbessern … Über Ihre Wünsche und Träume werden Sie sich selbst entdecken, werden Sie herausfinden, was Sie erfüllt, was Sie brauchen. Welche Kriterien muss der Urlaub erfüllen? Ausspannen, Kultur, Sport, Abenteuer …

Mein Leben – meine Zukunft

Wenn du eine Stunde lang glücklich sein willst:
Schlafe.
Wenn du einen Tag lang glücklich sein willst:
Geh fischen.
Wenn du eine Woche lang glücklich sein willst:
Schlachte ein Schwein.
Wenn du einen Monat lang glücklich sein willst:
Heirate.
Wenn du ein Jahr lang glücklich sein willst:
Erbe ein Vermögen.
Wenn du ein Leben lang glücklich sein willst:
Liebe deine Arbeit.

Malen Sie sich Ihre Zukunft

Ich habe einmal einen Seminarteilnehmer gefragt: »Wie wird Ihre Zukunft aussehen?« Großes Erschrecken, und dann die Antwort: »Wenn man sich das Leben so malen könnte.« Genau das ist es! Sie müssen sich Ihre Zukunft malen können. Malen ist Ausdruck der Seele, des Unterbewusstseins. Nicht umsonst fordert man traumatisierte Menschen auf zu malen. Das, was sie nicht aussprechen können oder wollen, können sie manchmal wenigstens in Bildern darstellen. Sicher haben Sie davon gehört, dass diese Therapie oft bei Kindern aus Kriegsgebieten angewendet wird, um ihnen zu helfen, die schrecklichen Erlebnisse zu verarbeiten.

Zukunft gestalten

Wir aber wollen nach vorn sehen und denken. Wir wollen schon da sein, bevor wir ankommen – das ist das ganze Geheimnis. Dazu müssen wir uns unsere Zukunft ausmalen, in den schönsten Farben und Worten. Wenn Sie wollen, dann können Sie ruhig auch Farbstifte, Farben und Pinsel zur Hand nehmen und Ihre Zukunft zeichnen oder malen. Nehmen Sie sich die Freiheit, schwelgen Sie in Ihren Bildern und Worten, denn in Ihnen liegt alles. So viele Menschen sprechen nur von der Vergangenheit, hadern mit ihrem Schicksal. Viele ihrer Sätze beginnen mit »hätte ich ..., wäre ich ...«, anstatt nach vorn zu blicken. Was geschehen ist, kann niemand mehr ändern, so viel sie auch darüber nach-denken und reden mögen. Und so vergehen die Tage ungenutzt, indem sie über Vergangenes sprechen, anstatt den heutigen Tag bewusst zu gestalten und an der Zukunft zu arbeiten. Viele denken allerdings nicht viel weiter als bis zum nächsten Tag. Die Zukunft gestalten heißt, den Zufall ausschalten und das Verursacherprinzip einschalten! Der Gedanke, dass jeder von uns nicht nur für seine persönliche Zukunft verantwortlich ist, sondern auch eine Verantwortung für sein Umfeld, für seine Mitarbeiter, für seine Kinder trägt, sollte uns anregen, genau zu planen.

Nicht nach-denken verändert das Leben, sondern voraus-denken.

Der Mensch ist das einzige Lebewesen, das seine Zukunft gestalten kann. Und wer an die Zukunft glaubt, kann die Zukunft auch gewinnen. Die besten Voraussetzungen dazu hat der Optimist. Ein Optimist ist für mich nicht ein Mensch, der eine rosarote Brille auf hat, sondern jemand, der mit beiden Beinen fest im Leben steht und die positiven Aspekte erkennt. Der Optimist ist der einzige Realist! Wie steht es mit Ihrem Optimismus? Lähmt Sie ein Misserfolg für Wochen, ärgern Sie sich stundenlang über eine freche Bemerkung? Oder sagen Sie sich, das nächste Mal gelingt es besser, bin ich schlagfertiger?

Glauben Sie

- an die Möglichkeit der Höher- und Weiterentwicklung!
- an einen ständigen Wandel!
- dass man Unglück in Glück verwandeln kann!
- dass man Krankheit in Gesundheit verwandeln kann!
- dass man Armut in Reichtum verwandeln kann!
- dass man lernen kann, ein glückliches und erfolgreiches Leben zu führen!
- dass der Mensch und unsere Erde eine große Zukunft haben!
- dass der Mensch zu jeder Zeit Schwierigkeiten meistern wird!
- dass alles in Ihnen liegt!
- dass Sie Ihre Wünsche umsetzen können!

Optimisten leben länger

Optimismus und Erfolg

Eine aufbauende Einstellung schlägt sich nicht nur in äußeren Erfolgen nieder, sondern wirkt sich auch auf die Gesundheit aus. Jeder von uns hat schon mit Krankheiten zu kämpfen gehabt, unangenehme Erfahrungen gemacht, musste Misserfolge, Enttäuschungen und Verletzungen meistern. Wenn man sich in diesen schwarzen Phasen des Lebens befindet, kann es schon einmal vorkommen, dass man den Mut verliert. Aber Krisen haben letztendlich auch etwas Gutes. Wir lernen auf eine mehr oder weniger schmerzhafte Weise, dass gerade die Schwierigkeiten uns helfen, Veränderungen einzuleiten, wir uns durch sie neue Perspektiven erarbeiten. Wer beispielsweise seinen Job verloren hat, fällt zunächst einmal in ein tiefes Loch. Nicht nur finanzielle Probleme machen zu schaffen, schlimmer sind das angeknackste Selbstbewusstsein und die Angst vor der Zukunft. Dann aber kommt es darauf an, was man aus der Situation macht. Oft erkennen Menschen erst durch diesen äußeren Druck, dass in ihnen viel mehr steckt, als sie selbst angenommen haben, dass in ihnen Talente und Fähigkeiten schlummern, von denen sie bisher keine Ahnung hatten.

Krisen nutzen

Nicht wenige erfolgreiche Männer und Frauen sind erst durch eine schwere Krise wirklich erfolgreich geworden. Sie haben die Chancen in aussichtslos erscheinenden Situationen erkannt und genutzt. Das Schöne im Leben ist, dass man immer die Wahl hat – und es gibt mindestens zwei Möglichkeiten, meist aber viel mehr. Sie haben die Wahl, an der Vergangenheit zu zerbrechen oder an der Zukunft zu wachsen. Selbst wenn die Schatten der Vergangenheit Ihnen die Gegenwart schwer machen, die Entscheidung kann nur für die Zukunft fallen. Achten Sie auf Ihre Blickrichtung!

Der Optimist ist der einzige Realist!

Nüchternheit, Mut und Selbstvertrauen

Optimisten sind Gestalter der Zukunft, kreative Erneuerer, schöpferische Eroberer und innovative Planer. Optimisten sind keinesfalls Beschöniger, naive, gutgläubige Menschen oder gar blauäugig und weltfremd. Analytische Nüchternheit, Mut und Selbstvertrauen sind eng mit dem Optimismus verbunden. Optimisten sehen zwar die schlechten Seiten der Welt, des Lebens, aber sie bewerten sie nicht zu stark. In ihrem Blick haben sie die Vision einer Welt, so wie sie sein könnte. Und dafür setzen sie sich ein. Um hier aktiv mitzuwirken, benötigen Optimisten daher eine bejahende Grundeinstellung zum Leben und zur Welt sowie die Kraft, ihre Vorstellungen mit Leben zu erfüllen, sich durchzusetzen und sich gegenüber den negativen Strömungen der Zeit zu behaupten. Lebensfreude, hohe Motivation und Begeisterung für Aufgaben zeichnen Optimisten aus. Damit verfügen sie aber auch über das nötige »Handwerkszeug«, um große Projekte zu planen und zu realisieren. Meine Philosophie des erfolgreichen Weges zeigt Ihnen, wie das möglich wird. Aber vorher sollten Sie einmal einen Blick durch Ihre Brille in die Welt werfen:

Test

Sind Sie ein Optimist? Durch welche Brille sehen Sie Ihre Welt?

Nr.	Aussage	Trifft zu	Trifft nicht zu
1	Die meisten Menschen sind sehr freundlich zu mir.	○	○
2	Ich mache mir wenig Sorgen über Dinge, auf die ich keinen Einfluss nehmen kann (Katastrophen, Tod, Wetter usw.).	○	○
3	Ich sage häufiger Ja als Nein.	○	○
4	Man kann mich nicht leicht entmutigen.	○	○
5	Ich glaube an das Gute in der Welt.	○	○
6	Ich muss nicht perfekt sein.	○	○
7	Ich kann aus vollem Herzen lachen.	○	○
8	Ich habe mich heute schon gelobt.	○	○
9	Ich denke weniger über meine Misserfolge nach als über meine Erfolge.	○	○
10	Ich bin oft guter Laune und begeistert.	○	○
11	Ich kann mich gut konzentrieren.	○	○
12	Ich kann Komplimente akzeptieren und mich darüber freuen.	○	○
13	Ich glaube, dass sich alles zum Guten wenden wird.	○	○
14	Ich fühle mich vital und gesund.	○	○
15	Ich bin ein Glückspilz bzw. Sonntagskind.	○	○
16	Hindernisse motivieren mich – ich bin sehr beharrlich.	○	○
17	Meine Zukunft wird schön.	○	○
18	Ich kann anderen Menschen Mut machen.	○	○
19	Von kleinen Missgeschicken lasse ich mir nicht den Tag verderben.	○	○
20	Ich kritisiere andere nur selten.	○	○
21	Ich bin mutig.	○	○
22	Meine Erfolge habe ich selbst verursacht.	○	○
23	Ich habe viele positive Eigenschaften.	○	○
24	Ich lasse mich von Hindernissen nicht abhalten.	○	○
25	Ich glaube, dass Erfolg der natürliche Weg meiner Entwicklung ist.	○	○
26	Erfolg ist kein Zufall.	○	○
27	Es gibt viele Dinge, auf die ich mich in den nächsten Tagen freue.	○	○
28	Ich beschwere mich selten.	○	○
29	Ich habe gute Erinnerungen an meine Vergangenheit.	○	○
30	Die Lösung schwieriger Probleme gelingt mir immer, wenn ich mich darum bemühe.	○	○
31	Meine Freunde finden, dass ich sehr sympathisch und positiv bin.	○	○
32	Was auch immer passiert, ich werde schon klarkommen.	○	○

Auswertung:

Bitte zählen Sie aus, wie häufig Sie die Kategorie »Trifft zu« angekreuzt haben.

Weniger als 10 Kreuzchen in der Kategorie »Trifft zu«:

Ich weiß nicht, warum Sie gerade so pessimistisch sind, vielleicht hatten Sie in letzter Zeit zu viele Misserfolge oder Ihre Eltern haben Ihnen das Vertrauen in die Welt madig gemacht, indem sie Dinge sagten wie zum Beispiel: »Vögel, die früh singen, holt am Abend die Katze.« Was auch immer es ist, das Ihnen die Freude am Leben verdorben hat: Sie können die Vergangenheit nicht ändern. Aber Sie haben die Möglichkeit, Ihre Einstellung zu verändern und täglich etwas positiver und optimistischer zu werden. Vertrauen Sie auf Ihre Fähigkeiten, und lassen Sie sich auf unsere Erfahrung und unser Training ein. Erkenntnis ist der erste Schritt auf dem Weg in Ihre positive Zukunft. Sie werden täglich kleine und größere Erfolgserlebnisse haben, die Sie in kurzer Zeit zum fröhlichen Optimisten werden lassen!

Zwischen 11 und 24 Kreuzchen in der Kategorie »Trifft zu«:

Sie sind auf dem richtigen Weg. Grundsätzlich haben Sie eine optimistische und positive Lebenseinstellung. Ab und zu lassen Sie sich jedoch von anderen Menschen und von kleinen Misserfolgen den Mut nehmen und die Laune verderben. Möglicherweise gelingt es Ihnen in bestimmten Situationen (noch) nicht immer, aus den gegebenen Voraussetzungen auch wirklich das Beste zu machen. Ihre Grundhaltung ist auf jeden Fall positiv und optimistisch, und Sie werden durch unser Training Ihre Haltung noch verstärken. Sie werden es schaffen, noch zuversichtlicher zu werden und vor allem auch in kritischen und stressigen Situationen durch Ihre optmistische Ausstrahlung zu gewinnen. Sie werden von einem Trainingsweltmeister zu einem wahren Meister.

Mehr als 24 Kreuzchen in der Kategorie »Trifft zu«:

Sollten Sie jetzt schon mehr als 24-mal »trifft zu« angekreuzt haben, dann sind Sie bereits Optimist. Sie verstehen es, allen Lebenslagen etwas Positives abzugewinnen. Achten Sie stets auf die kleinen Kniffe und Aha-Effekte am Wegrand, sie können Ihre positive Lebenseinstellung unterstützen. Sind sind einer der wenigen wirklich positiven Menschen, nutzen Sie diese wertvolle Eigenschaft, um andere Menschen zu entzünden und zu begeistern. So können Sie Ihren Erfolg noch mehr steigern, und man wird Sie lieben und bewundern.

Der Glaube versetzt Berge. Die Worte »Chancen«, »Möglichkeiten« und »Freiheit« gehen uns leicht von den Lippen. Aber haben wir uns einmal wirklich damit auseinander gesetzt? Jetzt ist eine gute Gelegenheit für Sie, sich damit auseinander zu setzen:

- Will ich meine Freiheit verschenken?
- Will ich meine Chancen verstreichen lassen?
- Will ich meine Zeit nutzen?
- Was will ich sehen?
- Was kann ich verursachen?
- Welche Menschen möchte ich kennen lernen?
- Welchen Nutzen möchte ich anderen bringen?

Schaffen Sie Visionen, aktivieren Sie die enormen Kräfte Ihres ureigenen Schöpfungspotenzials. Schauen Sie nach vorn, lassen Sie Ihre Wünsche Realität werden, ändern Sie sich, und Sie tragen dazu bei, die Welt lichter und schöner zu machen.

11. Organisieren Sie sich!

Selbstmanagement

Indem Sie über sich und Ihre Lebenseinstellung, Ihre Wünsche und Visionen nachdenken, haben Sie, ohne es zu merken, schon etwas ganz Wichtiges für sich getan: Sie haben unbewusst begonnen, sich bzw. Ihr Leben zu organisieren. Das ist der erste Schritt in Richtung Selbstmanagement, sie haben den Grundstein für Ihren weiteren Erfolg gelegt, beruflich wie privat. Wir können nicht darauf warten, dass das so genannte Schicksal etwas für uns tut. Ihr Schicksal, das sind nämlich Sie selbst! Wenn Sie also etwas erreichen wollen, dann müssen Sie sich dafür einsetzen. Und wie beim Bergsteigen kommen wir nur voran, wenn wir einen Schritt vor den anderen setzen. Niemand anders als Sie bestimmt, wie Ihr Leben verlaufen soll. Natürlich hat jeder von uns mit Einwirkungen von außen zu tun. Niemand ist gefeit vor Trennung, Verlust, Krankheit, Bankrott. Aber die Art und Weise, wie wir solche Krisen angehen, entscheidet, wie wir damit fertig werden und was wir daraus lernen, welchen Nutzen wir für unsere Entwicklung daraus ziehen können.

In jedem Unglück ist auch ein Fünkchen Hoffnung oder, wie es in Amerika heißt: Es gibt in jeder Situation einen silbernen Streifen am Horizont – nur sehen muss man ihn! Sie entscheiden auch darüber, ob Sie Ihr Schicksal fest in Ihre Hände nehmen oder ob Sie andere über Ihr Leben bestimmen lassen.

Werden Sie zum Steuermann Ihres Lebensschiffs. Wenn Sie das tun, dann sind Selbstmanagement und optimale Zeiteinteilung angesagt, damit Sie Ihren Erfolgskurs fortsetzen können.

Es gab, gibt und wird sie immer geben: Probleme, persönliche, berufliche, finanzielle, wirtschaftliche und politische. Wenn wir diese Probleme mit unserem Wissen um unsere Kraft, um den Glauben und die Liebe angehen, können wir unser Potenzial wirklich nutzen. »Die guten Jahre kommen erst«, sagt der Futurologe. Optimisten freuen sich auf die Zukunft, Pessimisten können da nur ungläubig den Kopf schütteln. Freuen allein reicht allerdings nicht aus, tun Sie etwas: Planen Sie Ihre Zukunft genau, teilen Sie Ihre Zeit sinnvoll ein, denn:

Zukunft planen

Zeit ist nicht gleich Zeit.

Sie können Ihre Zeit sinnvoll verwenden oder sie einfach verschwenden, indem Sie nichts aus ihr machen. Jeder von uns, ob arm oder reich, gesund oder krank, Hausfrau oder Manager, hat 24 Stunden Zeit am Tag. Niemand kann Zeit kaufen, horten oder ignorieren. Sie selbst entscheiden, was Sie mit diesen 24 Stunden à 60 Minuten anfangen wollen. Zeit haben wir alle reichlich – auf die Einteilung kommt es an. Planen Sie Ihre Zeit bewusst, gestalten Sie Ihr Leben sinnvoll – entsprechend Ihren individuellen Wünschen, Bedürfnissen und Möglichkeiten. Bevor Sie daran gehen, Ihre Zeit einzuteilen, sollten Sie sich jedoch damit befassen, wie es bis jetzt bei Ihnen läuft:

Übung: Teilen Sie sich Ihre Zeit sinnvoll ein?

Notieren Sie Ihren Tagesablauf mit den entsprechenden Zeitangaben: Wie viel Zeit verwenden Sie für berufliche Tätigkeit, Familie, Fort- und Weiterbildung, Freizeit und Hobby, Freunde, Sport und Gesundheit etc.? Wie viel Zeit investieren Sie in die Arbeit an sich selbst?

Erstellen Sie eine Wochenaufstellung und rechnen Sie auf den Monat und auf das Jahr hoch, denn dann können Sie sehr klar sehen, wo Ihre Zeit bleibt. Notieren Sie gleichzeitig, welche Pläne und Ziele Sie sich in dieser Zeit vorgenommen haben und was Sie davon realisieren konnten. Anhand Ihrer Aufstellung sehen Sie, ob Sie

- sich zu viel vorgenommen haben.
- Zeit sinnlos vergeuden.
- Zeit nicht optimal planen.
- Ihre Organisation zu wünschen übrig lässt.

Zeit ist wertvoll Erst wenn Sie Klarheit darüber haben, wie Ihr Ist-Zustand ist, können Sie an die Planung der Zukunft gehen. Alles sollte zu seiner Zeit geschehen: Ruhe und Aktion, Entspannung und Spannung, Beruf und Freizeit. Zeit ist wertvoll, denn jede Minute, die wir falsch investieren, ist unwiderruflich verloren. Nie können wir die Zeit zurückdrehen oder anhalten. Zeit fließt gleichmäßig dahin, obwohl es uns oft scheint, als würde sie mal schneller, mal langsamer vergehen. Machen Sie etwas aus Ihrer Zeit, aus Ihrer Lebens-Zeit, lassen Sie die kostbaren Tage nicht sinnlos verstreichen, vergeuden Sie keine Zeit.

Viele Menschen haben nie Zeit. Gehören Sie auch dazu? Dann machen Sie etwas falsch. Wenn Sie mit Ihrem Tagespensum von 24 Stunden nicht auskommen, dann haben Sie sich zu viele Aufgaben aufgebürdet – die Lösung heißt in diesem Fall: delegieren. Oder Sie befassen sich viel zu viel mit Unwichtigem: Hier gilt es, Ordnung zu schaffen. Oder Sie wollen zu viel auf einmal: Prioritäten setzen. Fragen Sie sich auch einmal, wie viel Zeit Sie im persönlichen Gespräch mit Ihren Mitarbeitern, Kunden, Kollegen, Freunden und der Familie verbringen. Wollen Sie Einfluss nehmen, dann gehört die erste Priorität dem persönlichen Kontakt, dem Gespräch. Wenn Sie Ihren Kunden nie sehen, wie wollen Sie Einfluss auf sein Kaufverhalten nehmen? Wenn Sie sich vor Ihren Mitarbeitern in Arbeit flüchten, wie wollen Sie sie für den Erfolg motivieren? Sie haben, wie immer, mindestens zwei Möglichkeiten: Entweder Sie beeinflussen sich und andere (und dafür brauchen Sie Zeit) oder Sie arbeiten sich selbst zu Tode.

Übung: Zeit-Management

Stellen Sie fest, woran es liegen könnte, dass Sie zu wenig Zeit haben (oder es Ihnen so erscheint) bzw. was Sie hindert, Ihre Zeit besser zu nutzen. Werden Sie Ihr eigener Zeit-Manager! Schreiben Sie zu den folgenden Fragen mindestens fünf plausible Erklärungen auf:

1. Ich habe zu wenig Zeit, weil

2. Ich hätte mehr Zeit, wenn

3. Ich vergeude zu viel Zeit, weil

4. Ich habe zu wenig Einfluss auf meine Zeitplanung, weil

Aufschreiben macht sichtbar. Vielleicht können Sie jetzt festgefahrene Verhaltensmuster entlarven, die Sie bisher daran hinderten, mehr aus Ihrer Zeit – und damit aus Ihrem Leben – zu machen. Wer an die Zukunft glaubt, hat die besseren Chancen und gewinnt in der Gegenwart.

Wer die Zukunft plant, gewinnt die Zukunft.

Lassen Sie mich Ihnen die Geschichte vom alten Indianer erzählen:

Kommt Ihre Seele noch mit?

Ein alter Indianer hatte zum ersten Mal in seinem Leben Gelegenheit, in einem Auto mitzufahren. Das gefiel ihm so gut, dass er den Fahrer aufforderte, immer schneller und schneller zu fahren. Und das tat dieser auch und drückte das Gaspedal durch. Die Orte schossen nur so an ihnen vorbei. Ein Geschwindigkeitsrausch überkam den Indianer. Man konnte gar nicht mehr von Fahren sprechen, das Auto sauste nur so dahin. Aber plötzlich sagte der alte Mann: »Stopp«. Dann stieg er aus dem Wagen, ging um ihn herum und legte sich hinter das Auto mitten auf die Straße. Der Fahrer erschrak fürchterlich und wollte von dem Indianer wissen, warum er das mache. Da antwortete dieser: »Wir sind so schnell gefahren, dass meine Seele nicht nachgekommen ist. Ich bleibe deshalb so lange hier liegen, bis sie mich eingeholt hat.«

Gestatten Sie, liebe Leserin, lieber Leser, mir die Frage: Wo ist Ihre Seele? Ist sie womöglich auf der Strecke geblieben?

Stress lass nach!

Disstress und Eustress

Das Wort »Stress« ist für viele zu einem ständigen Begleiter geworden. Stress ist schuld an allem: an Unfällen, an Fehlern bei der Arbeit, an Missverständnissen, an Zeitmangel, Hektik, Nervosität, Magenschmerzen. Keine Zeit und Stress – das sind enge Verbündete. Viele von uns setzen sich selbst unter Stress, wollen immer zu viel auf einmal. Wir sind deshalb frustriert und unzufrieden mit uns selbst. Trotzdem lernen wir in den wenigsten Fällen aus der Situation und packen uns den Terminkalender für den nächsten Tag genauso voll. Der so genannte Disstress, der negative Stress, macht uns zu schaffen.

Wenn Sie sich Ihren Stress meist selbst verursachen, dann haben Sie jetzt die Wahl: Entweder Sie machen so lange weiter, bis der Stress Sie geschafft hat, oder Sie schaffen den Stress ab. Ihr Auto würden Sie nicht dauernd auf Hochtouren laufen lassen, weil Sie genau wissen: Das macht der beste Motor nicht mit. Aber wie ist das mit Ihnen? Sich selbst muten Sie schon zu, ständig unter Druck zu arbeiten. Seltsam, dass auf Gegenstände mehr Rücksicht genommen wird als auf Menschen und ihre Bedürfnisse. Ihr Geist benötigt einen gesunden Körper und deshalb sollten Sie dafür sorgen, dass Ihr Nervenkostüm nicht überstrapaziert, Ihr Körper nicht überlastet wird. Dauerstress schadet Herz, Kreislauf, dem Aussehen – und Stress erzeugt nichts anderes als Stress. Stehen Sie den ganzen Tag im Büro unter Strom, dann können Sie abends nicht einfach abschalten. Entnervt kommen Sie zu Hause an, die Mücke an der Wand stört Sie. Die tagsüber angestaute Aggression muss raus, Familie oder Partner/in werden zum Blitzableiter. Lange geht das meist nicht gut.

Selbst verursachter Stress

Anstatt nach einer Lösung zu suchen, wie Sie sich Ihre Arbeit besser einteilen könnten – haben Sie auch mal an delegieren gedacht? –, setzen Sie sich noch mehr unter Druck. Argumente sind in einer solchen Situation schnell bei der Hand: »Die Wirtschaftslage, keine Schwäche zeigen, Angst, ausrangiert zu werden ...« Aber ein hektischer Mitarbeiter bringt keine besonders guten Leistungen. Manchmal stört er sogar eine ganze Abteilung, weil er durch seine Anwesenheit Unruhe verbreitet. Als ständig gestresster Manager erhöhen Sie die Wahrscheinlichkeit, gravierende Fehler zu machen, enorm. Und der Druck, den Sie an Ihre Mitarbeiter in solchen Situationen weitergeben, wird deren Performance sicher nicht nachhaltig verbessern.

In der Ruhe liegt die Kraft!

Entwickeln Sie daher Ihr persönliches Anti-Stress-Programm, indem Sie Ihre Aufgaben – privat wie beruflich – überprüfen und Prioritäten setzen. Niemand kann alles! Ihr Tag hat 24 Stunden, nicht mehr und nicht weniger. Machen Sie das Beste daraus, aber stopfen Sie nicht alles hinein. Sich frei machen von eigenen Zwängen ist eine Grundvoraussetzung für die Freiheit, die wir anstreben. Dabei sollten Sie daran denken, dass wir auch positive

Persönliches Anti-Stress-Programm entwickeln

Stressfaktoren brauchen, den so genannten Eustress, der uns ankurbelt und uns die nötige Power gibt, hohe Ziele zu erreichen. Sie sollten bei Ihrem Anti-Stress-Programm also auch auf die Balance zwischen negativem und positivem Stress achten.

Das meiste, was uns einengt, was uns in unserem Freiraum einschränkt, kommt nicht von außen, sondern von uns selbst. Es ist zwar leichter, anderen die Schuld zuzuweisen. Da hören wir vom Chef, der immer in letzter Minute noch unbedingt Akten benötigt, vom Mitarbeiter, der seine Arbeiten nur auf dem letzten Drücker fertig bekommt, vom Kunden, der ständig zu spät bestellt …, aber das sind nur Ausflüchte. Wir müssen uns ändern, dann verändern sich die Chefs und die Kunden!

Nichts ändert sich, außer wir ändern uns!

Wenn wir uns ändern wollen, dann müssen wir Ordnung schaffen:

Ordnung regiert die Welt!
Überall, überall – auch in uns Menschen!
Ohne Ordnung kein Frieden, keine Ruhe, kein Glück!
Ordnung regiert die Welt!
Alles Schöne und Große wächst aus der Ordnung,
nicht aus der Unordnung, nicht aus dem Chaos.
Darum Ordnung schaffen auch im Denken,
auch in unserem Unterbewusstsein,
in allen Abteilungen unseres Geistes!

12. Entscheiden Sie

Keine Angst vor falschen Entscheidungen

Wir haben die Freiheit der Entscheidung, und damit stehen wir schon vor einem Problem. Viele Menschen haben eine solche Angst davor, eine falsche Entscheidung zu treffen, dass sie sich häufig lieber gar nicht entscheiden. Sie schieben den Gedanken weg, schieben die Entscheidung immer wieder auf oder warten auf ein Zeichen, auf neue Erkenntnisse oder darauf, dass sich alles von selbst erledigt – nach dem Motto »abhängen lassen«, wie das in manchen Büros bis zur Perfektion praktiziert wird. Wertvolle Wochen und Jahre verstreichen so ungenutzt, manchmal sogar das ganze Leben. Ich plädiere deshalb immer *für* eine Entscheidung. Selbst wenn sich Ihre Entscheidung als falsch erweisen sollte, bedeutet das nicht das Ende der Welt. Einen Fehler, also auch eine Fehlentscheidung, können Sie korrigieren. Was aber wollen Sie verbessern, wenn gar nichts da ist? Wagen Sie es, haben Sie Mut!

Übung: Entscheiden Sie jetzt!

1. Problem transparent machen: Stellen Sie sich bei jeder Entscheidung die Frage:
   Was kann ich dabei verlieren?
   Sie werden erstaunt sein, wie gering die Verluste im Falle einer Fehlentscheidung sind.

2. Stufentraining
   Beginnen Sie mit unwichtigen Dingen. Entscheiden Sie schnell, in welchen Film, in welches Restaurant Sie gehen wollen. Steigern Sie den Schwierigkeitsgrad langsam: Entscheiden Sie schneller, welchen Anzug, welches Kostüm Sie kaufen. Und legen Sie noch einen Gang zu:

Entscheiden Sie sich dafür, bei der nächsten Sitzung Ihre Entwürfe ohne entschuldigende Bemerkungen vorzulegen.

Legen Sie eine Liste an, die Sie täglich aktualisieren, indem Sie für jede erfolgreiche Entscheidung – und sei sie noch so unbedeutend – einen Pluspunkt, für jede Fehlentscheidung ein Minuszeichen eintragen.

In den vorangegangenen Kapiteln habe ich Sie immer wieder gebeten, sich genau anzusehen, wo Sie stehen und wo Sie hin wollen, welches Ihr Ziel, Ihre Lebensvision ist. Bevor Sie jedoch mithilfe der im 3. Teil beschriebenen Methoden Ihr Leben selbst in die Hand nehmen, müssen Sie genau wissen, wofür Sie sich entscheiden.

Übung: Wo stehen Sie?

Legen Sie Ihre Listen »Wer bin ich?«, »Was bin ich?« und »Was will ich?« nebeneinander. Nehmen Sie mein zweites Grundgesetz der Lebensentfaltung, das Ihnen schon bekannt ist, hier zur Hilfe:

Am Anfang jeder Tat steht die Idee.
Nur was gedacht wurde, existiert.

Lesen Sie diesen Text laut, und dann schauen Sie sich alle Ihre Notizen unter diesem Aspekt an.

Die Weichen stellen

Gedanken sind Kräfte. Die Zukunft ist die wichtigste Zeit, denn wir können ihr nicht ausweichen. Ob wir Angst vor ihr haben oder uns darauf freuen – die Zukunft kommt auf uns zu. Nur wer sich dessen bewusst ist, kann sie nutzen, kann etwas aus ihr machen. Manche Menschen schauen zwar mit einem Auge nach vorn, mit dem anderen aber in die Vergangenheit, sie gehen rückwärts in die Zukunft. Stolpern vorprogrammiert! So können Sie keinen Schlaglöchern ausweichen, stolpern, verlieren die Balance. Wer klar sieht, wer seinen Blick dahin richtet, wohin er auch geht, der sieht die Schlaglöcher rechtzeitig und kann ihnen ausweichen. Und noch mehr: Wer nach vorne, in die Zukunft schaut, der kann bereits heute die Weichen für morgen stellen. Ein Bauer kann im Herbst auch nur das ernten, was er im Frühjahr gesät hat.

Auch in Ihrem Leben kann nur das er-folgen, wofür Sie die Ursachen gesetzt haben. Denken Sie an das Verursacherprinzip! Heute ist der erste Tag vom Rest Ihres Lebens. Heute ist morgen schon Vergangenheit. Schauen Sie mit offenen Augen in die Zukunft, setzen Sie die richtigen Impulse.

Buddha verkündete: »Wir leben im Hier und Heute«. Ich bin zwar auch der Meinung, dass der heutige Tag wichtig ist, noch wichtiger ist für mich aber die Zukunft. Wir können Sie gestalten. Wir haben genügend Zeit, uns darüber Gedanken zu machen, was wir erreichen und verändern wollen. Jeder hat seinen individuellen Schöpfungsplan.

Wo ist Ihr Plan?

Pläne sichtbar machen

Auf diese Frage antworten die meisten Menschen: »Im Kopf.« Stellen Sie sich vor, Sie wollen die Genehmigung für den Bau Ihres Einfamilienhauses beantragen. Beim Bauamt fragt man Sie nach dem Plan. Und Sie antworten: »Ich habe ihn im Kopf.« Wohin soll dann der Stempel gesetzt werden? Wenn Ihre Zukunft eine Zukunft haben soll, dann reicht es nicht aus, einen Plan im Kopf zu haben, so wie es nicht genügt, Gedanken zu haben. Pläne müssen sichtbar gemacht, Gedanken in die Tat umgesetzt werden. Schreiben Sie Ihre Ziele auf, machen Sie Ihren Lebensplan sichtbar. Das hat einen weiteren Vorteil: Alles, was Sie aufschreiben, verankert sich in Ihrem Unterbewusstsein! Bleiben Sie ein realistischer Optimist. Nicht alles wird sich realisieren lassen. Aber wenn Sie 70 % Ihrer Ziele erreichen, dann können Sie stolz auf sich sein. Warum nicht die Dinge angehen wie Robert Kennedy:

> **»Viele Menschen sehen die Dinge, wie sie sind, und sagen – warum? Ich aber träume von Dingen, die nie gewesen sind und sage – warum nicht?«**

Lassen Sie Taten folgen

Alles beginnt im Denken. »I have a dream«, bekannte Martin Luther King. Und auch Sie dürfen einen Traum, eine Vision haben. Träume reichen in die Zukunft. Sprechen Sie also lieber von der Zukunft, als über die Vergangenheit zu klagen. Wer einmal an der Klagemauer in Jerusalem war, der weiß, dass dort Wunschzettel aufgehängt werden. Wer in Fatehpur Sikri, Indien, das Mausoleum für Sheikh Salim Chisti besucht hat, der weiß, dass an die Fenster Wollfäden gehängt werden – mit Wünschen versehen. Egal, um welchen Kulturkreis es sich handelt: Es gibt keinen, in dem nicht auch Wünsche eine wichtige Rolle spielen. Ein Mensch ohne Wunsch ist praktisch tot. Viele sagen zwar, ich kann, was ich will. Aber sie gestehen sich meist nicht den zweiten Teil des Satzes ein, nämlich: wenn ich nur wüsste, was ich will!

Träumen ist wichtig. Aber:

> **»Wer vom Glück immer nur träumt, darf sich nicht wundern, wenn er es verschläft.« (Ernst Deutsch)**

Alles beginnt im Denken, aber es darf nicht allein beim Denken bleiben; den Träumen und Gedanken müssen Taten folgen.

Übung: Entscheiden Sie sich jetzt für Ihre Ziele!

Betrachten Sie die Ergebnisse Ihrer Analysen, und dann treffen Sie Ihre Entscheidung. Notieren Sie entsprechend der Priorität Ihre Ziele, aufgeteilt in berufliche Aktivitäten und private Angelegenheiten. Achten Sie darauf, dass Sie nicht in die Vielseitigkeit abrutschen. Mehr als drei Ziele pro Bereich sollten Sie nicht anpeilen, denn sonst verstreuen Sie Ihre Energie wirkungslos.
Welches ist Ihr Hauptziel pro Bereich und mit welcher Priorität?
Treffen Sie Ihre Entscheidung nicht nur auf dem Papier und mit dem Verstand! Hören Sie, was Ihr Unterbewusstsein sagt, überhören Sie Ihre innere Stimme nicht

Meine beruflichen Ziele sind:

1. ______________________________

2. ______________________________

3. ______________________________

Meine privaten Ziele sind:

1. ______________________________

2. ______________________________

3. ______________________________

Meine gesundheitlichen Ziele sind:

1. ______________________________

2. ______________________________

3. ______________________________

Meine Ziele bezüglich Freunde/Bekannte sind:

1. ______________________________

2. ______________________________

3. ______________________________

Meine Ziele bezüglich Freizeit/Kultur/Hobby sind:

1. ______________________________

2. ______________________________

3. ______________________________

13. Freiheit erreichen

Zeitalter der Individualität

Wir sind glücklich dran, denn wir leben im Zeitalter der Individualität. Die Zeiten der Vermassung sind vorbei. Nie hatte ein Mensch so viel Freiheit wie heute – und dennoch fängt er so wenig damit an. Im Mittelalter musste die Bevölkerung die Religion des jeweiligen Herrschers annehmen, in der ehemaligen DDR gab es 40 Jahre lang keine Freiheit zur persönlichen Entfaltung, in manchen Ländern darf noch nicht einmal eine kontroverse Meinung laut geäußert werden. »Wo die Zivilcourage keine Heimat hat, reicht die Freiheit nicht weit«, so Willy Brandt. Bei uns ist die persönliche Freiheit im Grundgesetz verankert.

Freiheit – das ist das wichtigste Wort im Leben eines Menschen. Frei sein von Angst, Sorgen, Krankheit, Zweifeln … Die meisten Menschen haben jedoch (noch) nicht gelernt, ihre Freiheit wahrzunehmen und sie zu nutzen. Sie wissen mit Freiheit nicht viel anzufangen, fühlen sich nicht wohl oder gar total verunsichert: keine Grenzen mehr, keine Verbote, keine Einschränkungen, keine Barrieren. Da kann es einem leicht schwindlig werden.

Wer gewohnt ist, nicht selbst die Verantwortung für sich zu tragen, wer gewohnt ist, das zu tun, was andere vorgeben, hat verständlicherweise Probleme, wenn all das nicht mehr vorhanden ist. Wie ein Kranker, der lange im Bett gelegen hat und dessen Muskulatur sich zurückgebildet hat, sodass er erst langsam wieder laufen lernt, müssen Menschen, die in ihren Schranken lebten, erst lernen, mit dem Gefühl, den Möglichkeiten und Chancen der Freiheit umzugehen.

Der Mensch ist das einzige Lebewesen, das selbst entscheidet, ob es Erfolg oder Misserfolg hat, ob es den Ast absägt, auf dem es sitzt oder ob es seine Fähigkeiten entfaltet, seine Möglichkeiten und Chancen nutzt oder nicht. Sie können sich also frei dazu entscheiden, andere über Ihr Leben bestimmen zu lassen und weiter in diesen engen Grenzen zu leben. Genauso frei können Sie sich aber auch dazu entscheiden, sich von Ihren Hemmungen zu befreien und Ihr Leben selbst in die Hand zu nehmen.

Nehmen Sie sich die Freiheit, zu dem Menschen zu werden, der Sie wirklich sind!

Übung: Was bedeutet Freiheit für Sie?

Schließen Sie die Augen, und sprechen Sie das Wort »Freiheit« laut aus. Beantworten Sie nun die folgenden Fragen, um sich darüber klar zu werden, was der Begriff »Freiheit« bisher in Ihrem Leben bedeutete und was er in Zukunft für Sie bedeuten soll.

Was geschieht mit und in Ihnen, wenn Sie das Wort »Freiheit« aussprechen?
Welches innere Bild entsteht bei Ihnen, wenn Sie das Wort Freiheit hören?
Welche Assoziationen verbinden Sie mit dem Wort Freiheit?
Wurden Sie jemals in Ihrer persönlichen Freiheit eingeschränkt? Wenn ja, wo und warum?
Was haben Sie dagegen unternommen?

Was ist Freiheit für Sie persönlich? Zum Beispiel Freiheit zur Entfaltung Ihrer Fähigkeiten, Freiheit der Entscheidung, Freiheit im beruflichen Bereich …

Sind Sie frei von Ängsten aller Art (Krankheit, Misserfolg, Job-/Liebesverlust)?
Sind Sie frei von Zwängen?
Treffen Sie Ihre Entscheidungen frei, oder fühlen Sie sich eingeengt?
In welchen Lebensbereichen fühlen Sie sich nicht frei?
Haben Sie alle Ihre Fähigkeiten frei entfaltet?
Können Sie sich die Freiheit nehmen, die Sie brauchen, sich wünschen?

Wofür möchten Sie frei werden?
Was möchten Sie mit Ihrer Freiheit anfangen?
Was gewinnen Sie damit?

Welche Auswirkung hat Ihre Freiheit auf Ihr Umfeld?
Warum wollen Sie den Weg zur Freiheit gehen?

Finden Sie ein für sich persönlich zutreffendes Motto in Bezug auf Freiheit und notieren Sie es hier:

____

____

»Freiheit ist ein Gut, das durch Gebrauch wächst, durch Nichtgebrauch dahinschwindet.« (Carl Friedrich von Weizsäcker)

CHECKLISTE

1. Zu welchen neuen Erkenntnissen hat mich das Studium dieses Teils gebracht?

2. Welche dieser Erkenntnisse möchte ich auch praktisch anwenden?

3. Wie führe ich das durch?

4. Wer kann mir dabei helfen?

5. Welchen Zeitrahmen setze ich mir dafür?

Teil 3:

Praxis Mentaltraining

14. Entspannen Sie sich jetzt!

Unserer Bestimmung gemäß leben

Wir haben uns zum einen intensiv mit der Theorie befasst. Zum anderen habe ich Sie im 2. Teil des Mentaltrainings dazu aufgefordert, über sich selbst nachzudenken, sich Ihrer Ängste, Hemmungen, Träume, Wünsche und Ziele bewusst zu werden. Dies war der notwendige erste Schritt in Richtung Freiheit. Nun ist es an der Zeit, dass wir weitergehen und in praktischen Übungen unseren Weg in die Freiheit machen, dass wir dem Schöpfungsauftrag folgen und uns weiterentwickeln. Schritt für Schritt kommen Sie dabei voran, lernen Ihre Flügel auszubreiten wie ein junger Vogel, der das Fliegen ja auch erst lernen muss – aber er hat, wie Sie, alle Voraussetzungen dafür. Zuerst kleine Flüge, von Ast zu Ast, und mit zunehmender Sicherheit werden die Entfernungen immer größer, die er überwinden kann, bis er sich eines Tages sicher in die Lüfte erhebt und hoch und weit fliegt, seiner Bestimmung gemäß.

Wie wir gesehen haben, haben wir im Alpha-Zustand, also im Zustand der Ruhe und Entspannung, Zugang zu unserem Unterbewusstsein und auch zum kollektiven Unterbewusstsein (s. S. 28 ff.). Wir werden leicht und frei – körperlich wie auch seelisch. Dann können wir aus den unendlichen Tiefen unseres Seins schöpfen. Nur in der Entspannung kann sich Ihre Persönlichkeit voll entfalten, Ihre Fähigkeiten, Ihr Charisma, Ihre Kraft stehen Ihnen dann in vollem Umfang zu Gebote.

Entspannung ist die Grundvoraussetzung für Mentaltraining!

Stress und seine Folgen

Doch viele von uns sind von früh bis spät ständig eingespannt, eilen von einer Sitzung zur anderen, vom Flugzeug direkt ins Meeting. Am Abend müssen dann noch Akten bearbeitet werden, auf das Wochenende konzentrieren sich dann alle privaten Aktivitäten. Von Entspannung, Erholung keine Spur. Kein Wunder, dass so viele ausgepowert sind, über Stress und die Folgen, wie Nervosität, Schlaflosigkeit, Konzentrationsschwäche klagen. Die Muskeln sind immer angespannt, und viele knirschen nachts mit den Zähnen. Sie können also selbst im Schlaf nicht loslassen, sondern kauen ungelöste Probleme durch. Wir wissen, dass »gespannte« Muskulatur innen und außen verspannt. Und dies wirkt sich negativ auf unsere kleinen grauen Zellen im Kopf aus.

Verspannter Körper = verkrampfter Geist.

Dazu kommen Hektik und Unruhe. Wir machen Fehler, weil wir nervös sind, was unsere Nervosität noch steigert. Irgendwann streikt dann unser Körper: Gastritis, Herzprobleme, Rückenschmerzen, Hörsturz und Tinnitus – der Körper hat seine eigene Sprache, und die ist drastisch.

Entspannung beginnt im Körper

Was angespannt ist, lockern

Lernen wir von Hund und Katze. Beobachten Sie einmal, wie sich eine Katze zum Dösen oder Schlafen hinlegt. Oft wird erst einmal die Unterlage bereitet, dann dreht und wendet sie sich, legt sich endlich hin, kuschelt sich in die Ecke, streckt das eine Bein, nimmt es wieder zurück. Das geht so lange, bis sie sich richtig wohl fühlt, bis sie ganz entspannt ist – und das sieht man ihr auch an. Die Pfötchen hängen ganz locker herunter, nicht die geringste Anspannung ist in dem kleinen Körper. Entspannung bedeutet nichts anderes, als alles, was angespannt ist, zu lockern, zu lösen. Entspannung macht frei. Und nur in einem freien Kopf können aufbauende Gedanken entstehen.

Musik – Schlüssel zur Entspannung

Ein gutes Hilfsmittel für die Entspannung ist Musik. Bestimmt haben Sie – vielleicht ohne dass es Ihnen überhaupt bewusst war – dieses wundervolle Entspannungsmittel schon öfters genutzt. Erinnern Sie sich an Ihr letztes Konzert? Wurden Sie nicht ganz von selbst ruhig, haben die Musiktöne Sie nicht einfach weggetragen? Fort von der Hektik, den problembeladenen Gedanken, dem Stress? Waren Sie nicht nach einem schönen Konzert gut gelaunt, vielleicht sogar beschwingt? Den meisten Menschen geht es so. Nicht allein wegen der Musik, sondern besonders wegen der wundervollen Wirkung, die sie auf den Zuhörer ausübt, sind Konzerte nicht nur ein Ohrenschmaus, sondern auch eine Quelle der Entspannung.

Aktivierung der rechten Gehirnhälfte

Das lässt sich leicht erklären. Musik nimmt unsere Aufmerksamkeit auf eine ganz subtile Art und Weise gefangen und leitet uns zu unserem Inneren. Wir sind nicht mehr auf Äußerlichkeiten konzentriert, sondern alles in uns ist nach innen gerichtet. Die rechte Gehirnhälfte wird aktiviert, und Sie wissen ja, erst ganzheitliches Denken kann auch zu ganzheitlichen Lösungen führen. Die Musik lässt uns für eine kurze Zeit die Sorgen vergessen. Innerlich werden wir ruhig.

Innere Ruhe löst Verspannungen

Und diese innere Ruhe wirkt auch auf den Körper. Verspannungen lösen sich innen und außen: Das Gedankenkarussell wird langsamer und hört bald ganz auf sich zu drehen, verspannte Muskulatur, ausgelöst durch Ängste und Stress, lockert sich, Verkrampfungen im Bauchraum lösen sich. Hören Sie daher so oft wie möglich Musik, die Sie ruhig und froh macht. Die Auswahl der Musik, die Sie in den Kaufhäusern hören, wird übrigens nicht zufällig getroffen. Sorgfältig werden Musikstücke ausgewählt, die den potenziellen Kunden in beste – also entspannte – Stimmung versetzen (rechte Gehirnhälfte wird aktiviert!). Das hebt die Verkaufszahlen. Auch ein guter Masseur arbeitet mit Entspannungsmusik im Hintergrund, um seiner manuellen Behandlung Tiefenwirkung zu verleihen.

Wählen Sie ruhige, harmonische Musik

Musik hilft uns, ohne Anstrengung, ohne bewussten Willen in die Entspannung zu gleiten. Natürlich muss es die richtige Musik sein. Bei einem flotten Marsch werden Sie sich kaum entspannen. Ruhige Musik hingegen senkt den Blutdruck, macht Körper und Seele ruhig, schenkt persönliche Freiheit. Viele Menschen können sich nur mit Musik entspannen und zu Ihrer Mitte finden. Andere schaffen mit entspannender Hintergrundmusik die richtige Atmosphäre, um Visionen zu entwickeln, Problemlösungen zu finden, ein gutes Gespräch zu führen. Entspannungsmusik ist in keiner Lebenssituation fehl am Platze; denn sie führt in den Alpha-Zustand, in dem alles gut gelingt.

Lebensfreude und Kreativität

Bereits vor mehr als 4000 Jahren nutzten die Sumerer die Heilkraft der Musik. Harmonische Klänge bewirken viel: Sie steigern die Konzentration, lassen Ihre Gedanken frei und leicht werden, verbessern die Zielklarheit und die Ausdauer, senken den Blutdruck und aktivieren die Kräfte der Seele. Mit der richtigen Musik wird Ihre Stimmung optimistisch. Sie wecken Ihre Kreativität, verstärken Ihre Lebensfreude. Sie können besser lernen, leichter auf Ihr Urwissen zurückgreifen, und – noch ein Vorteil – das Gelernte prägt sich tiefer ein. Sie können sich entspannen und zugleich Ängste und Aggressionen abbauen. Ihre Wahrnehmung erweitert sich, Sie können Probleme ganzheitlich angehen.

Aber auch ein schöner Sonnenuntergang, bestimmte Düfte oder ein Spaziergang mit dem Hund sind Gelegenheiten, sich wirklich zu entspannen. Ich sehe beispielsweise gerne meinen Fischen zu, wie sie sich in ruhigen Bahnen bewegen, wie das Licht ihre Farbe verändert. Bei diesem Anblick fühle ich mich wohl, meine Gedanken werden ruhig und leicht, und schnell bin ich entspannt.

Doch sollten Sie sich nicht nur nach Feierabend und am Wochenende entspannen. Ein Spaziergang in der Mittagspause, ein kurzer Schnack mit den Kollegen sind Möglichkeiten sich auch dort zu entspannen, wo wir ständig gefordert sind. Denken Sie daran: Nur entspannt und gelassen können Sie adäquat auf Probleme reagieren und diese zusammen mit Ihren Kolleginnen und Kollegen, mit Ihren Kunden oder Mandanten lösen.

Übung: Was entspannt Sie?

Was entspannt Sie am besten? Das kann ein Hobby sein, ein wohltuendes Bad oder ein Spaziergang in der Mittagspause. Schreiben Sie alle Tätigkeiten – aktiv oder passiv – auf, die Ihre Nerven beruhigen, die Ihre Gedanken zur Ruhe kommen lassen, die Ihr Gehirn auf Alpha-Frequenz senden lassen.

In der Ruhe liegt die Kraft!

Alpha

Tiefenentspannung

Sie wissen, dass Ihr Unterbewusstsein nur darauf wartet, etwas für Sie tun zu können. Sie brauchen ihm nur die entsprechenden Befehle zu geben, ihm Ihre Wünsche richtig mitzuteilen. Sie wissen: 20 Milliarden Mitarbeiter stehen bereit, alles für Sie zu tun. Doch wie erreichen Sie Ihre Mitarbeiter? Am besten im Alpha-Zustand, dem Zustand, in dem wir am entspanntesten, ruhigsten und gelassensten sind. Da ist Ihr Unterbewusstsein nämlich wie Wachs und die Methoden des Mentaltrainings wirken am effektivsten. In einem Zustand der Tiefenentspannung gelangen Ihre Worte direkt an die richtigen Stelle. Programmierungen, die Ihnen nicht nützen, ja sogar schaden, können Sie in Alpha einfach überspielen. Wenn Sie das konsequent tun, werden Sie bald freundlich und liebevoll mit sich selbst umgehen (innerer Monolog), werden Sie Ihren inneren Blick ganz auf die positiven Aspekte zentrieren, sodass negative Einflüsse von außen immer weniger wirken.

Mehr Alpha = bessere Lebensqualität und mehr Erfolg.

Basis des Mentaltrainings

Alpha ist die Basis für das Mentaltraining: Aus der Tiefenentspannung entsteht die Tiefenwirkung. Alles, was Sie in Alpha tun, hat eine starke Wirkung. Es ist gleichgültig, ob es sich dabei um Ihre eigene Neu- bzw. Umprogrammierung handelt, ob Sie Ihrem Kunden ein neues Produkt vorstellen oder ob Sie Ihrem Herzallerliebsten einen Umzug schmackhaft machen wollen. Optimal ist es, wenn sich auch Ihr Gesprächspartner in Alpha befindet. Wenn nicht, dann können Sie das durchaus ändern. In Alpha finden Sie die richtigen Worte, denn Sie sprechen von Ihrem Innersten zum Innersten Ihres Gesprächspartners, sofern er auch in Alpha ist bzw. Sie ihn in diesen Zustand bringen können. Sie sprechen dann sozusagen von Herz zu Herz – dabei kann man nur gewinnen. In Alpha fällt alles viel leichter. Sie brauchen nicht nach Worten zu ringen, denn die Worte kommen ganz von selbst, und zwar die richtigen Worte. In Alpha brauchen Sie nur geschehen zu lassen.

Vertrauen Sie Ihrem Unterbewusstsein. Es wird Sie nicht im Stich lassen, denn dort sind 20 Milliarden Mitarbeiter nur für Sie tätig!

Setzt schöpferisches Potenzial frei

In Alpha ruhen Sie ganz in sich selbst, handeln aus Ihrer Mitte und sind verbunden mit dem kollektiven Unterbewusstsein. Ihre Mitarbeiter sind einzig und allein damit beschäftigt, Ihre Anordnungen zu befolgen, Ihre Wünsche in die Tat umzusetzen! Ihre Intuition, Ihre Kreativität und Ihre Fantasie (rechte Gehirnhälfte) sind hochaktiv und erarbeiten zusammen mit Intellekt und Logik (linke Gehirnhälfte) optimale Vorschläge. Beide Gehirnhälften arbeiten harmonisch zusammen. Das macht sie zu einem unschlagbaren Team und Sie zum Gewinner! Und das sind die Momente, in denen umwerfende Forschungsergebnisse erzielt werden, bahnbrechende Neuerungen entstehen, optimale Verträge ausgehandelt werden. Das sind die Augenblicke, in denen wir die Freiheit spüren. Sie ist grenzenlos – denn unser Potenzial ist frei gesetzt. Alles ist möglich, sogar scheinbar Unmögliches erscheint machbar.

Lassen Sie mich hier noch einmal die wichtigsten Punkte zusammenfassen:

Optimale Lernfähigkeit

1. In Alpha ist das Gehirn am lernfähigsten.
   Hyperaktive Kinder haben große Lernschwierigkeiten; sie befinden sich überwiegend in Beta. Auch bei aktiver Tätigkeit, wie Autofahren, kann der Fahrer sich in Alpha befinden – dann nämlich, wenn er ein erfahrener Autofahrer ist. In diesem Fall fährt er automatisch, das heißt, er befindet sich in einem Entspannungszustand, die Aktion und Reaktion hat das Unterbewusstsein übernommen. Ein Sonntagsfahrer hingegen kann nicht in Alpha sein. Er ist nicht trainiert, muss jede Aktion bewusst bedenken.

Optimale Reaktionsfähigkeit

2. In Alpha ist der Mensch am reaktionsfähigsten.
   Wenn Sie entspannt Auto fahren, dann reagieren Sie aus dem Unterbewusstsein (s.o.)

Optimale Aufnahmefähigkeit

3. In Alpha kann man sich am leichtesten von negativen Programmierungen lösen und neue, wertvolle Programme eingeben. Eine neue positive Software für das Gehirn wird installiert – das gesprochene Wort verankert sich.

4. In Alpha lernt der Mensch, sein volles Potenzial zu nutzen. Frei von den Einschränkungen des Verstandes fällt das rechte Wort zur rechten Zeit ein, können Sie auf Ihr unendliches Potenzial an Wissen zurückgreifen.

Optimale Nutzung unseres Potenzials

5. In Alpha überwindet der Mensch seine Begrenzungen. Ein Mensch, der an Flugangst leidet, wird diese nie über seinen Verstand abbauen können. Versetze ich ihn aber in eine Tiefenentspannung, gehe geistig mit ihm zum Flughafen und setze mich dort mit ihm in das Restaurant, von dem aus man die Flugzeuge gut beobachten kann. Das nächste Mal gehen wir näher an das Flugzeug heran, gehen sogar hinein. Der Patient darf sich seinen Sitzplatz aussuchen. Bei unserem nächsten Besuch darf er sich die schönste Stewardess vorstellen und den besten Champagner bestellen ... In seiner Fantasie hat er nun schon so oft im Flugzeug gesessen, dass er seine Begrenzung durch den Verstand langsam überwindet. Er kann sich lösen von der Ich-Begrenzung, er hat angefangen, seine Egozentrik loszulassen. Er findet in Alpha zu seinem wahren Ich und kann deshalb auch seine Ängste überwinden. Dabei entwickelt sich sein Selbstbewusstsein. Ein selbstbewusster Mensch denkt an andere, ein narzisstischer nur an sich selbst.

Optimale Möglichkeit, Ängste zu überwinden

6. Alpha aktiviert Energien und Kraft zum Handeln. Die Verspannung verbraucht die gesamte Kraft. Wer entspannt ist, dem bleibt Kraft für die Erreichung seiner Ziele, für kreative Ideen.

Optimale Nutzung unserer Kraft

7. Alpha lässt Ängste verschwinden und den Glauben wachsen, der Berge versetzen kann. Bei Anspannung und Aufregung produzieren die Nebennieren Adrenalin, das Aggressions- und Fluchthormon. Je mehr Spannung, desto mehr Adrenalin.

Optimale Stärkung unseres Selbstvertrauens

Deshalb:

Mindestens einmal täglich alle Anspannung bewusst herauslassen.

Wie kommen Sie in Alpha?

Es gibt unterschiedliche Methoden, zur Tiefenentspannung zu gelangen. Für Sie ist wichtig, die Methode zu finden, die Ihnen am besten zusagt, bei der Sie sich spontan wohl fühlen. Wenn Sie noch keine Erfahrung mit Tiefenentspannung haben, dann lassen Sie meine Vorschläge auf sich wirken, probieren Sie sie aus.

Übung: Anspannung und Entspannung erkennen

Doch vorher sollten Sie Ihr Gefühl für sich selbst sensibilisieren. In welchem Zustand befinden Sie sich in diesem Moment? Wie schätzen Sie sich generell ein? Sind Sie meist angespannt, oder halten Sie sich für entspannt? Achten Sie auf Ihre Atmung, auf Ihren Puls, auf Ihr Herz.

Wie ist Ihr Ent- oder Anspannungszustand (gehen Sie von einer Skala von 0 bis 35 aus):

- wenn Sie Ihrem Hobby nachgehen?
- wenn Sie am Montag früh zur Arbeit fahren?
- wenn Sie den Konferenzraum betreten?
- wenn Ihr Konkurrent eine gute Studie vorgelegt hat?
- wenn Sie am Abend mit Ihrer Frau/Ihrem Mann in ein gutes Restaurant gehen?
- wenn Sie zum Bahnhof/Flughafen fahren?
- wenn Sie Musik hören?

Sind Sie ein Alpha- oder Beta-Typ?

Erinnern wir uns an die unterschiedlichen Spannungszustände (Seite 35): Die Skala reicht von Delta bis Beta bzw. von 0 bis 35 Hertz. Nur etwa 10 % der Menschen befinden sich überwiegend in Alpha, die restlichen 90 % sind meist in Beta. Zu welcher Gruppe gehören Sie?

Nachteile von Beta

Es ist erschreckend, dass sich die meisten Menschen überwiegend in einem Beta-Zustand befinden. Wie viele Kündigungen, Streitereien, ja sogar Scheidungen wären zu vermeiden, würden mehr Menschen aus einem entspannten Zustand heraus denken und handeln. Dann wären nämlich beide Gehirnhälften an allen Tätigkeiten beteiligt, was sich in viel besseren Ergebnissen zeigen würde. In Beta ist der Mensch praktisch »zu«. Er lehnt Vorschläge ab, ist nicht nur gegen jeden und alles, sondern greift auch gern noch an. Er ist innerlich angespannt, äußerlich verspannt, leidet körperlich unter Verkrampfungen jeglicher Art. Weil heutzutage Hektik und Stress fast überall an der Tagesordnung sind, ist uns dieser Zustand zur Gewohnheit geworden. Wir sind gewöhnt unter Zeitdruck zu arbeiten, uns ständig mit anderen Menschen auseinander zu setzen, wir giften uns im Straßenverkehr an, anstatt uns an unsere gute Erziehung zu erinnern und beispielsweise auch mal anderen Vorfahrt zu gewähren.

Miteinander statt Gegeneinander

Dabei ginge alles ganz anders. Anstelle eines Gegeneinanders wäre auch ein Miteinander möglich, anstelle von Diskrepanz könnte auch ein Konsens gefunden werden, anstelle von Unverständnis könnte es auch Verständnis geben. Was glauben Sie, wie unsere Welt aussehen würde, befänden sich mehr Menschen in Alpha? Sogar Kriege wären damit vermeidbar.

Idealzustand Alpha

Viele Menschen assoziieren mit dem Wort »Entspannung« Meditation in wallender Kleidung und exotischer Umgebung oder den totalen Rückzug aus dem Leben. Das ist jedoch falsch. Entspannung ist nichts anderes, als zu viel – also ungesunde – Spannung loszulassen. Körper und Geist die Spannung zu geben, die er braucht, um optimal zu funktionieren. Eine gewisse Grundspannung muss vorhanden sein, denn sonst würde der Mensch geistig und körperlich zusammenfallen. Alpha ist dieser Idealzustand, in dem der Geist zwar wach ist, aber nicht eingeengt wird.

Erreicht wird Alpha durch:

- Atemtraining
- Meditation, Yoga, Zen etc.
- autogenes Training, progressive Muskelentspannung
- besprochene Kassetten (Suggestionen und Autosuggestionen)

Sich in Alpha atmen

Atmen Sie sich ruhig

Am wichtigsten und auch am leichtesten zu erlernen ist die Entspannung über die Atmung. Atem ist Lebensenergie. Wenn Sie ruhig sind, sich wohl fühlen, dann atmen Sie ganz von selbst ruhig, verbrauchen nicht mehr Energie als nötig. Sind Sie verärgert, vielleicht sogar aggressiv oder gar ängstlich, dann atmen Sie ganz anders: schnell und kurz. Das hat zur Folge, dass Sie nicht genügend Sauerstoff aufnehmen können, weitere Folge: Konzentrationsmangel, die Nerven werden unterversorgt und auch das Gehirn lässt in der Leistung nach. Der Mensch wird noch hektischer, noch nervöser, macht noch mehr Fehler. Ein aufgeregter Mensch ist kurzatmig. Und jeder kann an der Atmung den Grad des Ärgers oder der Angst hören. Der Teufelskreis wird größer und größer. Sie können das Teufelsrad aber ganz schnell stoppen, wenn Sie Ihre Atmung in den Griff bekommen, wenn Sie Ihren Atemrhythmus regulieren. Anstreben sollten Sie 6 bis 7 Atemzüge in der Minute, damit wären Sie nämlich bereits in Alpha.

Bauchatmung anstreben

Selbst wenn der moderne Mensch nicht aufgeregt ist, atmet er in der Regel kläglich. Anstatt wenigstens 1 Liter Sauerstoff pro Atemzug aufzunehmen, wie es bei der richtigen Bauchatmung geschieht, atmet er flach und nimmt deshalb lediglich einen halben Liter auf. Menschen, die die Ganzkörperatmung praktizieren, können bis zu vier Liter Sauerstoff aufnehmen. Wissen Sie, welche Auswirkungen das auf das Gehirn, die Reaktion und die Konzentrationsfähigkeit hat?! Sogar kleine Kinder atmen besser als die meisten Erwachsenen, wenigstens solange man ihnen nicht beigebracht hat: »Brust raus, Bauch rein«. Es täte unserer ganzen Nation gut, würde dieser Spruch endlich abgewandelt in »Kopf hoch, Bauch raus«, dann könnte sich eine Generation entspannter Menschen entwickeln.

Weniger ist mehr: Sechs bis sieben Atemzüge in der Minute verändern Ihr Leben.

Lernen Sie tief und natürlich zu atmen

Streben Sie an, weniger, dafür aber tiefere Atemzüge zu machen, also wirklich in den Bauch hinein zu atmen. Legen Sie einmal Ihre Hände auf den Bauch und atmen Sie. Spüren Sie, wie die Bauchdecke sich bewegt? Bewegt sie sich auch richtig? D.h. beim

Einatmen sollte der Bauch sich nach außen wölben, beim Ausatmen sollte er flach werden. Viele von uns haben sich eine völlig falsche Atmung angewöhnt. Im Schlaf normalisiert sich die Atmung, der Mensch atmet richtig und tief – deshalb können Sie ja auch schlafen. Über die Atmung können wir sogar unseren Herzrhythmus beeinflussen. Bringen wir Ruhe in die Atmung, wird der Herzschlag gleichmäßig und ruhiger, langsamer. Wie viel Atemzüge machen Sie in der Minute?

Die 25 Vorteile des Enkelmann-Alpha-Trainings

1. Mehr Erfolg durch Steigerung Ihrer Entschlussfähigkeit.
2. Sie steigern Ihre Leistungsfähigkeit.
3. Sie können Überlastungsnervosität schneller abbauen.
4. Stressbedingte Beschwerden klingen schneller ab.
5. Ihr gesundheitliches Befinden steigert sich.
6. Sie können Ihre Erholungspausen effektiver nutzen.
7. Sie können jederzeit von Spannung auf Entspannung umschalten.
8. Sie können mit Freude einschlafen.
9. Sie können Ihre Persönlichkeit frei entfalten.
10. Sie erleben eine Steigerung Ihres Selbstbewusstseins.
11. Sie spüren, wie Ihre Nerven- und Willenskraft wächst.
12. Sie können sich auch in Stresssituationen konzentrieren.
13. Sie können sich auf Ihre Reaktionen verlassen.
14. Sie entwickeln ein vollkommenes Gedächtnis.
15. Sie werden eine geachtete Persönlichkeit.
16. Sie werden die Anerkennung Ihrer Vorgesetzten erlangen und andere zu effektivem Arbeiten motivieren.
17. Sie lernen, persönliche und geschäftliche Ziele zu planen und auch zu erreichen.
18. Sie lernen, immer mehr Energie und Begeisterung auszustrahlen.
19. Sie können Ihre innere Quelle erschließen.
20. Sie können bessere Reden halten und entfalten Charisma.
21. Sie werden bei Konferenzen und Gesprächen stets zur rechten Zeit das Richtige sagen.
22. Sie werden im gesellschaftlichen Leben den gewünschten Rang einnehmen.

23. Sie erleben Mut und Optimismus in Ihrem Leben.
24. Ihr Unterbewusstsein wird Ihr bester Mitarbeiter.
25. Sie können einen großen Beitrag leisten, um diese Erde zu einem glücklichen Lebensraum für andere zu gestalten.

Schon das Meditieren über jeden einzelnen Punkt bringt Ihr Unterbewusstsein zum Schwingen. Nutzen Sie die emotionale Intelligenz Ihrer 20 Milliarden Mitarbeiter!

Nun höre ich in meinen Seminaren immer die Klage: »Ich würde mir ja gern Zeit nehmen, um mich richtig zu entspannen, aber das Telefon, der Terminkalender, die Arbeit ...« Einmal in einer solchen Spirale gefangen, scheint es für viele keinen Ausweg zu geben.

Die Mitte erreichen

Sicher haben Sie auf einem Volksfest schon einmal ein Teufelsrad gesehen – eine große, runde Scheibe, in der Mitte leicht erhöht, die rotiert. Das Spiel besteht darin, auf diese Scheibe zu springen und sich dort zu halten, indem man in die Gegenrichtung läuft. Die Geschwindigkeit wird dabei ständig erhöht, und man muss folglich immer schneller laufen – bis man es nicht mehr schafft und hinuntergeschleudert wird. Wenn es allerdings jemand schafft, in die Mitte dieser Scheibe zu gelangen, dann hat er gewonnen, kann sich dort ruhig niederlassen und den anderen bei ihren Versuchen zusehen. So ähnlich leben viele Menschen ihr Leben. Hektik, Stress, und alles an der Oberfläche, weil gar keine Zeit bleibt. Wer aber aus seiner Mitte lebt, der kann gelassen sein Leben gestalten, kann den anderen in Ruhe zusehen, wie sie versuchen, immer schneller und hektischer etwas zu erreichen. Sie strengen sich an und kommen dennoch nicht zu ihrem Ziel, zu ihrer Mitte. Ruhe – das ist etwas, was dem modernen Menschen so schwer fällt zu finden. Ruhe können Sie nur in sich selbst finden. Sogar der Orkan hat einen Ruhepunkt in seinem Zentrum: das Auge.

Verlassen Sie das Teufelsrad!

Also halten Sie einmal inne. Suchen Sie nicht außen, sondern in sich selbst, suchen Sie Ihre Mitte, Ihr Zentrum. Nehmen Sie sich Zeit für sich, gönnen Sie sich eine bewusste Entspannung, und Sie werden Wunder erleben. Versetzen Sie sich in den Alpha-Zustand

Damit stoppen Sie das Teufelsrad. Es dreht sich immer langsamer, und Sie werden frei – innerlich und äußerlich. Sie können dann viel besser und erfolgreicher arbeiten, können konzentriert denken und richtige Entscheidungen fällen, und Sie können das Teufelsrad verlassen und ein Glücksrad in Bewegung setzen.

Durch Atem-Übung zum Meister werden

Sie sollten ein Gefühl bzw. das richtige Gespür für Ihren Atem entwickeln. Deshalb will ich mit Ihnen hier eine Übung machen:

Mentale Übung: Konzentrieren Sie sich auf Ihren Atem

Ziehen Sie sich an einen Ort zurück, an dem Sie nicht gestört werden. Machen Sie es sich bequem. Nichts sollte Sie einengen. Überhaupt sollten Sie sich richtig wohl fühlen; Sie dürfen dafür gern Entspannungsmusik einlegen oder Kerzen anzünden.

Lassen Sie sich Zeit, spüren Sie einfach nur, wie Sie atmen. Legen Sie Ihre Hände auf die Bauchdecke, und atmen Sie ruhig. Oft fängt das Herz an, schneller zu schlagen, weil Sie jetzt ein wenig aufgeregt sind. Das macht nichts. Achten Sie nicht weiter darauf. Atmen Sie einfach weiter — ruhig und gleichmäßig.

Jetzt konzentrieren Sie sich auf Ihren Atem. Die Konzentration auf Ihre Atmung macht Sie schnell ruhig. Atmen Sie tief ein, spüren Sie, wie der Sauerstoff Ihre Lungen füllt und in den Bauchraum gelangt. Die Bauchdecke wölbt sich. Sie spüren, wie zusammen mit der Luft Energie in Ihren Körper gelangt. Dann atmen Sie langsam aus. Ihre Bauchdecke senkt sich. Sie spüren, wie mit der verbrauchten Luft auch der Ärger, die Sorgen, die ängstlichen Gedanken verschwinden. Sie atmen wieder tief ein, nehmen den Energie spendenden Sauerstoff auf, der Ihren Körper und Ihren Geist belebt. Sie spüren, wie sich Ihre Muskulatur lockert; wie Ihr Kopf frei und klar wird. Beim Ausatmen spüren Sie, wie alles Belastende ausgeatmet wird.

Jeden Atemzug machen Sie bewusst. Dabei stellen Sie sich vor, wie Sie beim Einatmen Energie und Kraft aufnehmen und beim Ausatmen alle Belastungen verschwinden. Sie spüren, wie die Anspannung nachlässt, wie Sie geistig und körperlich locker und frei werden. Sie atmen tief und gleichmäßig und fühlen sich einfach nur wohl, leicht und beschwingt. Bleiben Sie in diesem Zustand, solange Sie wollen.

Bewusstes Atmen bringt Ruhe

Sie können diese Übung jederzeit und an jedem Ort machen. Sie ist übrigens eine hervorragende Methode, sich für kritische Situationen zu wappnen. Haben Sie ein unangenehmes Gespräch vor sich, dann versetzen Sie sich in Alpha – damit haben Sie bereits einen Vorsprung. Sie sind ruhig und gelassen und dennoch voller Power. Sie strahlen Ruhe und Sicherheit aus, und das wirkt sich auch auf Ihren Gesprächspartner aus. In Alpha fallen Ihnen die besten Argumente ein, können Sie am leichtesten überzeugen und Kontakt zum Unterbewusstsein Ihres Partners schaffen. Damit sind Sie auf der Gewinner-Seite. Sie sehen, bewusstes Atmen ist nicht gleich Luft holen. Nicht umsonst sprechen die alten Indianer bewundernd von Menschen, die einen »langen Atem« haben. Und den brauchen wir alle, besonders wenn wir den Weg in die Freiheit gehen.

Bewusstes Atmen ist der schnellste Weg in Alpha, die beste Möglichkeit, Energie zu tanken, und die beste Methode, Ängste, Nervosität, Hektik abzubauen.

Die universelle Energie Prana

Nehmen Sie Energie, universelle Lebensenergie, mit jedem Atemzug auf. Was uns so schwer fällt, ist für andere Völker eine Selbstverständlichkeit. Für einen Inder beispielsweise ist Prana, universelle Energie, etwas ganz Natürliches und spielt eine große Rolle im alltäglichen Leben. Wir hingegen müssen erst wieder die Barrieren des Verstandes überwinden, um von dieser Energie profitieren zu können. Wir müssen alles sehen, müssen alles begreifen, damit wir es akzeptieren können. Doch es gibt vieles, was nicht be-greifbar ist und dennoch existiert. Dazu gehört beispielsweise das Unterbewusstsein.

Sonne als Symbol für Prana

Ich habe viele Jahre nach einem Symbol gesucht, das das Prana oder die Energie des Universums, verdeutlicht und das auch ein verstandesorientierter Europäer annehmen kann. Dabei bin ich auf die Sonne gekommen. Die Sonne gilt in fast allen Kulturen als Symbol der Erneuerung, der Reinigung und des Neubeginns. Sie spendet Wärme und gibt Licht. Prana, die Sonnenenergie oder Energie des Universums, können Sie nutzen. Sie können jederzeit, wenn Ihnen danach zumute ist, sich mit Prana füllen.

Mentale Übung: Sich mit Prana füllen

Sprechen Sie:

> »Ich atme Sonnenkraft und strahle wie die Sonne.«

Atmen Sie dabei tief ein, und breiten Sie die Arme aus, als wollten Sie die Welt umarmen. Spüren Sie, wie Prana Ihren Körper durchströmt, alles auflöst, was be- und verklemmt ist. Spüren Sie die Wärme der Sonnenenergie, zünden Sie in sich das helle Licht der Sonne an, das heilt und reinigt, das wärmt und kräftigt und beruhigt.

Atem bewusst lenken

Sie können Ihren Atem auch ganz bewusst lenken. Wenn Sie ein Gespür für Ihren Atem entwickelt haben, dann gelingt Ihnen das ganz leicht. Schmerzt Ihr rechtes Knie, dann senden Sie Ihren mit Heilenergie angereicherten Atem an diese Stelle. Wenn Sie ausatmen, stellen Sie sich vor, dass mit dem Atem der Schmerz Ihren Körper verlässt.

Mentale Übung: Reise durch den Körper

Lassen Sie uns zusammen verreisen. Diesmal geht es nicht nach Spanien oder auf die Malediven. Diesmal reisen wir durch Ihren Körper. Am Ende dieser Reise werden Sie nicht erschöpft und krank ankommen, wie nach so manch anderer Urlaubsreise, die Sie schon gemacht haben. Sie werden nach dieser Reise gestärkt sein, eine wohltuende und belebende Wirkung spüren, und sie wird Ihnen so gut gefallen, dass Sie sie gern wiederholen wollen.

Konzentrieren Sie sich auf Ihren Atem. Die Atmung ist das Tor zur Seele. Atem öffnet die Tür zum Unterbewusstsein und aktiviert den kreativen Teil der Persönlichkeit. Legen Sie sich bequem hin. Atmen Sie ruhig und tief – ein und aus.

> Atmen Sie ein, stellen Sie sich jetzt einen bunten Farbenstrom vor, den Sie mit dem Atem zu Ihren Füßen schicken. Spüren Sie bewusst die Energie, die Sie Ihren Fußsohlen geben.
> Es gibt Menschen, die spüren sogar ihren Herzschlag in den Zehen. Wenn Ihnen das anfangs noch nicht gelingt, ist das nicht schlimm. Auch hier gilt: Übung macht den Meister.
> Atmen Sie ein, und schicken Sie Ihren Farbenstrom zu den Fußgelenken, spüren Sie wie diese besser durchblutet werden, wenn Sie ausatmen.
> Atmen Sie ein, und schicken Sie einen Farbenstrom zu Ihren Waden. Sie fühlen eine angenehme Wärme, die verspannten Muskeln lockern sich. Atmen Sie aus.

Atmen Sie ein, und schicken Sie den Farbenstrom zu Ihren Knien. Die Knie, die die Last des Körpers tragen, als Stoßdämpfer viel abzufangen haben und meist überstrapaziert sind, werden beim Ausatmen besser durchblutet, die Gelenkschmiere wird geschmeidig, und Sie spüren die Kraft der Erneuerung.
Atmen Sie ein, und schicken Sie voller Liebe einen Farbenstrom zu Ihren Oberschenkeln. Sie spüren, wie die Muskulatur lockerer, das Gewebe warm und besser durchblutet wird, während Sie ausatmen.
Atmen Sie ein, und schicken Sie nun einen Farbenstrom, die Kraft des Universums, in die Gesäßmuskeln. Spüren Sie, wie sich die Muskeln lösen.
Atmen Sie ein, und schicken Sie einen Farbenstrom in den Unterleib. Alle Hormonsysteme arbeiten harmonisch.
Atmen Sie ein, spüren Sie Prana und sehen Sie Ihren Farbenstrom, den Sie jetzt in das Sonnengeflecht senden. Das Sonnengeflecht, der Bereich um den Nabel, Ihre Mitte, wird angenehm warm, entspannt sich und löst sich beim Ausatmen. Spüren Sie ganz bewusst, wie Ihr ganzer Körper von Energie durchströmt wird.
Atmen Sie ein, und schicken Sie den Farbenstrom zu Ihrer Rückenmuskulatur, damit sich alle Verspannungen lösen können, damit Sie »Ihr Kreuz« tragen können.
Atmen Sie ein, und schicken Sie jetzt den Farbenstrom zu Magen, Leber und Galle, spüren Sie die Entspannung, spüren Sie, wie der innere Mensch sich löst.
Atmen Sie ein, und senden Sie mit viel Liebe den Farbenstrom zu Ihrem Herzen. Glückliche Herzen schlagen länger. Spüren Sie Ihre Herzschläge. Sie können sich auf Ihr Herz verlassen, es schlägt ruhig und gleichmäßig. Vielleicht senkt sich auch ein zu hoher Blutdruck.
Atmen Sie ein, und senden Sie den Farbenstrom noch einmal in Ihre Rückenmuskulatur, spüren Sie die Entspannung – vom Nacken bis zum Steißbein.
Atmen Sie ein, und senden Sie den Farbenstrom in Ihre Hände. Die Hände, mit denen Sie fühlen, be-greifen, er-greifen, mit denen Sie streicheln und segnen. Bis in die Fingerspitzen sollten Sie die Energie spüren, um Ihr Fingerspitzengefühl zu sensibilisieren.
Atmen Sie ein, und leiten Sie den Farbenstrom in den Nacken. Dort sitzen der Starrsinn, der Dickkopf, aber auch die Kopfschmerzen und Migräne. Hier sind die stärksten Verspannungen. Spüren Sie, wie die Muskeln locker werden, die Wirbel sich aus der Verkrampfung lösen und die Durchblutung sich verstärkt, wie Ihr Gehirn besser durchblutet wird. Ihr Kopf wird hell, weit und licht. Atmen Sie langsam aus und genießen Sie dieses wundervolle Gefühl der Entspannung, der Befreiung von allen Lasten und Belastungen.
Atmen Sie ein, und senden Sie den Farbenstrom in Ihren Kopf. Spüren Sie, wie die Kopfhaut sich lockert und löst, wie Ihr Kopf frei wird, wie er sich aus der Umklammerung durch enge und festgefahrene Gedanken löst.
Atmen Sie ein, und senden Sie liebevoll den Farbenstrom in Ihre Stirnmuskeln. Hier glätten sich die Falten, besonders die Ärgerfalten zwischen den Augenbrauen. Die Stirn wird so glatt, als wären Sie mit einem Bügeleisen darüber gefahren.

Atmen Sie ein, und schicken Sie den Farbenstrom in Ihre Augen, die ruhig in den Höhlen liegen. Möglicherweise verbessert sich im Lauf der Zeit Ihre Sehschärfe mit dieser Entspannung.
Atmen Sie ein, und schicken Sie den Farbenstrom zu Ihren Wangen. Die Gesichtsmuskulatur wird locker, Ihr Gesichtsausdruck entspannt sich. Ein entspanntes Gesicht ist ein schönes Gesicht, denn es verkörpert Harmonie.
Atmen Sie ein, und schicken Sie jetzt den Farbenstrom zu Ihren Zähnen. Warum sollten Sie einen verbissenen Mund haben oder die Zähne zusammenbeißen? Die Kaumuskeln, der Gaumen, die Lippen, der gesamte Mundbereich wird ganz locker. Vielleicht öffnet sich Ihr Mund ganz leicht – als ob Sie »Ja« sagen wollten.
Sie sind entspannt, alle Muskeln in Ihrem Körper sind locker. Die Falten des Misstrauens haben sich geglättet. Sie fühlen sich unendlich wohl. Sie können Ihren Gefühlen freien Lauf lassen, Sie sind nur noch Gefühl: Gefühl der Liebe, der Harmonie und des inneren Friedens. Sie strahlen, strahlen von innen nach außen. Sie sind eine strahlende Persönlichkeit. Sie strahlen Ruhe, Sicherheit und Optimismus aus. Ihr Körper und Ihre Seele gewöhnen sich schnell an diesen wundervollen Zustand der Ruhe und Gelassenheit. Diese Ruhe hält an und begleitet Sie für die nächsten Stunden. Auch morgen früh werden Sie sich daran erinnern und immer noch von dieser Ruhe und der heiteren Gelassenheit erfüllt sein, die Sie jetzt ganz intensiv spüren. Ihre Umwelt wird Ihr Charisma, Ihre strahlende Persönlichkeit, registrieren und bewundern.

Bleiben Sie in diesem angenehmen Zustand, solange Sie wollen. Dann öffnen Sie langsam wieder Ihre Augen und nehmen die Ruhe mit in Ihren Tagesablauf.

Den Herzrhythmus beeinflussen

Durch bewusstes Atmen können Sie auch Einfluss auf Ihren Herzrhythmus nehmen. Angenommen, Sie sind aufgeregt. Was passiert? Sie atmen schnell und folglich schlägt Ihr Herz schneller. Wenn Sie Ihren Atem verlangsamen, dann reduziert sich auch die Anzahl der Herzschläge, der Herzrhythmus normalisiert sich.

Andere Wege zu Alpha

Wie bereits erwähnt, gibt es viele Wege zu Alpha. Auf alle ausführlich einzugehen, würde den Rahmen dieses Buches sprengen. Ich möchte deshalb hier nur einige wenige effektive und einfache Methoden kurz vorstellen.

Autogenes Training

Enkelmann-Methode des AT

Ich habe das autogene Training (AT genannt) bei Professor Schultz gelernt, der diese Entspannungsmethode entwickelt hat. Die klassische Formel lautet: Arme und Beine werden müde und schwer. Was passiert? Nicht nur die Körperteile werden müde und schwer: Das ganze Leben wird schwer, die Arbeit, die Partnerschaft ... Sie brauchen sich das nur lange genug einreden, und Sie stehen vor dem Ruin oder werden depressiv. Ein Sportler, der sich schwer und müde fühlt, kann nicht siegen. Dafür benötigt man Freiheit und Leichtigkeit. Deshalb habe ich eine eigene Methode auf Basis des AT erarbeitet (s. meine CD *Praxis der Autosuggestion*).

Mentale Übung: Tiefenentspannung durch Autogenes Training erreichen

Machen Sie es sich bequem, lassen Sie sich nicht stören. Atmen Sie tief und ruhig, spüren Sie, wie der Atem Ihre Bauchdecke hebt und senkt. Dann stellen Sie sich vor (oder hören Sie meine Kassette):

Sie stehen auf einer schönen Treppe.
(Dieses Bild sollten Sie fest ihn sich verankern und mit möglichst vielen Details ausschmücken: beispielsweise eine weiße, breite Marmortreppe oder eine wunderschöne Holztreppe mit geschnitztem Geländer. Immer wenn Sie in Alpha kommen wollen, sollten Sie dieses Bild aktivieren.)
Nun gehen Sie Schritt für Schritt die Treppe nach unten. Machen Sie jeden Schritt bewusst. Dabei zählen Sie rückwärts von zehn bis null. Bei null sind Sie nicht nur am Treppenende angelangt, sondern Sie sind auch in Alpha. Fühlen Sie jetzt die Entspannung, die tiefe Ruhe in sich?
Jetzt gehen Sie langsam weiter nach unten. Tiefer und tiefer gelangen Sie in die Entspannung. Jedes Mal, wenn Sie ausatmen kommen Sie noch ein wenig tiefer in den Entspannungszustand. Je tiefer Sie entspannt sind, desto weniger können störende Gefühle entstehen. Der Körper kann kein Adrenalin erzeugen, weder Angst noch Nervosität können sich entwickeln. Stattdessen können Sie Kraft aus Ihrem Unterbewusstsein schöpfen, können Wissen aus dem kollektiven Unterbewusstsein abrufen. Jetzt haben Sie den optimalen Zustand erreicht, in dem Ihr Unterbewusstsein wie Wachs ist. Sie können ihm jetzt alle Befehle geben. Sprechen Sie Ihre Autosuggestionen.
Verweilen Sie in diesem angenehmen Zustand der Entspannung, tanken Sie so viel Kraft, wie Sie wünschen oder benötigen. Dann können Sie wieder zurückkehren ins Tagesbewusstsein. Gehen Sie jetzt Ihre Treppe nach oben, und dabei zählen Sie langsam von null bis zehn. Bei

zehn sind Sie oben. Jetzt strecken und recken Sie sich, dehnen Sie sich wie eine Katze nach dem Schlaf, und Sie sind wieder ganz im Hier und Jetzt, können kraftvoll Ihre Aufgaben anpacken.

Die tiefenwirksame Kurzformel lautet:

Bequem machen, abschalten, tief und gleichmäßig atmen.
Stellen Sie sich die Treppe deutlich vor.
Von zehn bis null zählen, und dabei die Treppe nach unten gehen.
Dort verweilen, solange Sie können oder möchten.
Dann wieder nach oben gehen und dabei von null bis zehn zählen.

Wenn Sie ein Alpha-Profi geworden sind, dann können Sie sich blitzschnell in Alpha versetzen, und zwar mit dieser Kurzformel:

Zählen Sie rückwärts von zehn bis null.

Das funktioniert allerdings erst nach einiger Zeit, wenn Sie nämlich mit oben genannten Schritten trainiert haben, in Alpha zu gelangen. Es lohnt sich, denn so können Sie sich jederzeit schnell beruhigen. Wie oft sind wir gefordert, müssen schnell agieren oder reagieren, werden mit unliebsamen Situationen konfrontiert. Gut dran ist, wer dann einen klaren Kopf und die Nerven behält. Und da gibt es kein wirksameres Mittel als Alpha – garantiert ohne Nebenwirkungen.

Die richtigen Formeln verwenden

Wenn Sie das klassische AT praktizieren, dann sollten Sie darauf achten, die richtigen Formeln zu verwenden, nämlich: *»Mein Arm ist leicht und warm«* oder *»mein Arm wird immer leichter und wärmer«*. Auf diese Weise können Sie Ihre Muskeln lockern und sich zugleich geistig entspannen. Benutzen Sie auf keinen Fall »... wird schwer« (s.o.).

Progressive Muskelentspannung (PME)

Körperorientiertes Entspannungsverfahren

Die Progressive Muskelentspannung wurde von dem amerikanischen Psychologen Jacobson entwickelt. Sie ist ein körperorientiertes Entspannungsverfahren, das davon ausgeht, dass Gefühle der Anspannung, Unruhe und Erregung Muskelverspannungen verursachen, die jedoch durch PME gezielt und nachhaltig beeinflusst werden können. Dabei werden nacheinander einzelne Muskelgruppen bewusst angespannt (ca. 5–7 Sekunden). Allerdings sollten Sie darauf achten, dabei nicht zu verkrampfen. Auch sollten Sie in dieser Zeit weder ein- noch ausatmen. Danach folgt eine Phase der bewussten Entspannung (ca. 20–30 Sekunden), in der Sie tief und gleichmäßig ein- und ausatmen sollten.

PME ist leicht zu erlernen und kann, wie alle hier vorgestellten Methoden, ohne Probleme in den normalen Tagesablauf integriert werden. Regelmäßiges Üben lässt Sie ruhiger und gelassener werden, Ihr Wohlbefinden steigert sich und Sie atmen tiefer.

Meditation

Nehmen Sie sich Zeit

Uns stressgeplagten, hektischen Menschen fällt Meditation nicht leicht, denn sie setzt etwas voraus, was wir nicht oder nur wenig zu haben glauben: Zeit und Ruhe. Vielleicht ist dies aber Anlass für Sie, sich für sich selbst Zeit zu nehmen.

Die beste Investition, die Sie in Ihrem Leben machen können, ist die Investition in sich selbst.

Warum? Wenn Sie sich positiv verändern, dann verändert sich Ihr Umfeld ebenfalls. Versuchen Sie es einmal. Ideal wäre natürlich, Sie würden jeden Tag eine bestimmte Zeit für die Meditation fest einplanen. Bald meditieren Sie mit der gleichen Selbstverständlichkeit, mit der Sie täglich Ihre Zähne putzen.

Mentale Übung: Tiefenentspannung durch Meditation erreichen

Ziehen Sie sich an einen Ort zurück, an dem Sie nicht gestört werden können. Machen Sie es sich bequem. Lösen Sie alles, was Sie einengt oder beengt, wie Krawatte, Gürtel etc. Schöne Musik hilft Ihnen, schnell in einen Entspannungszustand zu gleiten. Vielleicht fühlen Sie sich in einem abgedunkelten Raum noch wohler, vielleicht lieben Sie den Schein des Kerzenlichts.

Lassen Sie nun Ihre Gedanken frei, lassen Sie sie einfach an sich vorbeiziehen, ohne ihnen zu folgen oder sie zu beachten. Sie sollten selbst nicht mehr aktiv denken. Die Gedanken kommen, die Gedanken gehen – es stört Sie nicht. Die Gedanken sind ein Teil von Ihnen, akzeptieren Sie sie. Atmen Sie ruhig und gleichmäßig, entspannen Sie sich und fühlen Sie sich rundum wohl. Genießen Sie dieses angenehme Gefühl.

Jetzt stellen Sie sich vor, es ist Sommer und Sie gehen über eine schöne Wiese voller bunter Blumen. Sie riechen den Duft der Blumen, hören das Summen der Bienen und betrachten die Schmetterlinge, die von einer Blüte zur anderen fliegen. Der Himmel über Ihnen ist tiefblau, die Sonne scheint. Dicke weiße Wolken ziehen ab und zu ganz langsam an Ihnen vorbei. Sie genießen diesen Augenblick, fühlen sich wohl und gelöst. Sie atmen die reine Luft tief ein, sind glücklich und froh. Sie hören die Vögel singen, spüren die warmen Sonnenstrahlen auf Ihrer Haut. Es ist so schön hier, dass Sie länger an diesem Ort verweilen möchten. Sie sehen sich nach einem Platz um, an dem Sie in aller Ruhe diese Stimmung auf sich wirken lassen können. Ein tiefes Glücksgefühl durchströmt Sie. Sie sind eins mit sich und der Natur, mit dem Leben überhaupt. Sie sind eins mit dem Universum. Sie fühlen in sich eine tiefe Kraft und ein Gefühl der Leichtigkeit, die Sie bisher noch nie so empfunden haben. Sie möchten alles in sich aufnehmen, sodass Sie es nie mehr vergessen können: die Wiese mit den wundervollen Blumen, den blauen Himmel mit den weißen Wolken, den Duft der Blüten und den Gesang der Vögel. Die Ruhe, die Harmonie der Natur – Sie möchten eintauchen in diese Empfindung.

Ihr Blick fällt jetzt auf einen Baum. Er ist groß und stark, hat einen dicken Stamm, kräftige Äste und gesunde dunkelgrüne Blätter. Er steht in der Mitte der Wiese. Dieser Baum strahlt Sicherheit und Stärke aus. Es ist ein Baum, der sich in der Freiheit entwickelt hat. Er ist groß und kräftig. Es ist ein alter Baum, ein Baum, der alle Stürme überstanden hat, der Wind und Wetter getrotzt hat. Er ist gestärkt aus den Unwettern hervorgegangen. Nichts kann ihm etwas anhaben. Kein Blitz kann ihn spalten, kein Orkan umwerfen. Dieser Baum hat gesunde und kräftige Wurzeln und seine Rinde ist hart. Sie spüren die Vitalität und die Stärke des Baums, die Sie geradezu magisch anziehen. Sie folgen diesem inneren Ruf, ohne zu zögern, und lehnen sich an den Baum an. In dem Augenblick, in dem Ihr Körper den Stamm berührt, geht eine Kraftwelle durch Ihren Körper. Es erstaunt Sie nicht. Sie sind ganz ruhig und glücklich, denn Sie wissen auf einmal, dass Sie und der Baum eins sind. Sie sind wie der Baum – auch Sie haben Wurzeln, die tief im Unterbewusstsein verankert sind. Sie sind wie der Baum – stark und kräftig, nichts kann Sie umwerfen oder aus der Bahn werfen. Sie sind frei wie der Baum. Ihr Körper ist so beweglich wie der Baum. Sie können nachgeben, ohne aufzugeben. Sie sind elastisch, kommen immer wieder in Ihre aufrechte Ausgangsposition zurück. Auch wenn Sie sich einmal beugen, können Sie sich aus eigener Kraft aufrichten. Sie können allen Widrigkeiten des Lebens trotzen, denn Sie sind verbunden mit den Kräften des Universums. Alles Wissen steht Ihnen jederzeit zur Verfügung. Sie ruhen in sich, in Ihrer Mitte, sind durch Ihre Wurzeln gefestigt. Ruhe und Stärke – alles ist in Ihnen. Sie verweilen in diesem Zustand, solange Sie möchten.

Sie nehmen dieses wundervolle Gefühl tief in sich auf. Dann lösen Sie sich langsam wieder von dem Baum. Die große Ruhe und die enorme Kraft, die in Ihnen sind, geben Ihnen große Sicherheit. Sie wissen, dass Sie alles können. Sie atmen die Luft der Freiheit, das macht Sie frei und leicht und zugleich stark. Sie werden Ihr Leben erfolgreich gestalten, werden Lösungen und Wege finden, werden Ihre Ziele erreichen. Sie wissen auch, dass Ihre positive Ausstrahlung immer stärker wird und Sie immer mehr Menschen anziehen, die Sie bei Ihren Vorhaben unterstützen. Sie finden die richtigen Worte, können Ihre Mitmenschen motivieren und begeistern. Ihr Charisma entwickelt sich. Sie kennen Ihre Lebensaufgabe und haben Ihre Ziele festgelegt. Sie haben sich große Ziele gesetzt, für die es lohnt, sich voll und ganz einzusetzen. Sie lieben Ihre Ziele, die zu Ihrem und zum Nutzen Ihrer Mitmenschen sind.

Nun gehen Sie langsam wieder über die Sommerwiese zurück. Drehen Sie sich noch einmal um, werfen Sie einen Blick auf den Baum – auf Ihren Baum. Sie haben die Gewissheit, dass Sie jederzeit zu diesem Ort, zu diesem Baum zurückkehren können, wann immer Sie Kraft tanken wollen. Sie können sich hier entspannen, Ruhe und Harmonie finden. Sie können immer zu Ihrem Baum kommen.

Sie atmen langsam und gleichmäßig, genießen noch einmal die Kraft und die Ruhe, die in Ihnen sind. Sie wissen, Sie können jedes Problem lösen, können jedes Ziel erreichen. Nichts und niemand kann Ihnen etwas anhaben. Sie spüren sich selbst sehr intensiv, spüren, wie Ihre Persönlichkeit sich entfaltet, wie Sie von innen strahlen, zu einer strahlenden Persönlichkeit werden. Ihre Lebensaufgabe gibt Ihrem Leben Sinn, und macht Ihr Leben wertvoll. Sie haben alles in sich, um Ihren Weg zu gehen. Ihr Weg ist der Weg zur Freiheit.

Viele Wege führen zum Ziel, aber gehen kann man nur einen. Das gilt auch für den Alpha-Zustand. Hier noch ein paar Vorschläge:

Alphabet und Zahlen

- Ein Freund von mir rezitiert das Alphabet, um sich zu entspannen – oft schläft er dabei ein. Sprechen Sie langsam, betont und mit tiefer Stimme: A – B – C – D … Lieben Sie Zahlen, dann zählen Sie von 1 so weit Sie können bzw. wollen.

- Aus Asien kommt die Methode, Mantras (Silbenkombinationen) zu sprechen. Sie kennen das vielleicht von buddhistischen Zeremonien, in denen die Mönche stundenlang ein Mantra sprechen. Diese Methode wird heute auch bei uns in Kliniken angewandt, die sich auf die Behandlung von Menschen mit Burn-out-Syndrom spezialisiert haben.
  Sie können ein Wort für sich auswählen, das Sie dann monoton wiederholen. Sagen Sie also beispielsweise:
  Glück – Glück – Glück – …

Mantras

- Eine andere Methode ist, so lange in eine brennende Kerze zu blicken, bis diese ganz verbrannt ist. Schauen Sie nur in die Flamme, und konzentrieren Sie sich auf das Licht, das immer in Bewegung ist. Diese Methode wird seit dem Mittelalter praktiziert.

Kerzen

Sorgen Sie dafür, dass Sie sich so oft wie möglich in Alpha befinden, also nicht nur dann, wenn Sie bewusst das Mentaltraining anwenden oder Ihre Autosuggestionen sprechen. In Alpha lebt es sich ganz allgemein besser und leichter.

15. Lassen Sie los!

Befreien Sie sich von Lasten

Jetzt ist der Zeitpunkt gekommen, an dem Sie sich entscheiden müssen, von welchen Lasten Sie sich befreien wollen. Überlegen Sie genau, was Sie bisher daran gehindert hat, der zu sein, der Sie in Wirklichkeit sind. Ängste, Hemmungen, Zweifel, dunkle Gedanken, sich selbst erfüllende Prophezeiungen ...? Nicht nur Hindernisse, die von anderen für uns aufgebaut werden, sollten wir ablegen. Auch Gefühle wie Neid und Missgunst blockieren uns auf unserem Weg zur Freiheit.

Übung: Loslassen

Wie sieht es damit bei Ihnen aus? Schreiben Sie auf, was Sie loslassen möchten, welche Lasten Sie abwerfen wollen.

Ich lasse los:

- alle schlechten Gewohnheiten
- Angst vor ...
- destruktive Gedanken über ...
- Pessimismus
- Zweifel
- Hemmungen jeder Art
- selbst gesetzte Grenzen
- Probleme und Sorgen
- Eifersucht, Neid, Schadenfreude ...

Wiederholen Sie jeden Tag, so lange bis Sie die negativen Elemente in sich aufgelöst haben, folgende Autosuggestion. Sprechen Sie diese laut und deutlich aus.

Mentale Übung: Loslassen 1

> Ich bin fest entschlossen, mich von meinen Ängsten, Bedenken und Zweifeln zu lösen.
> Ich bin fest entschlossen, meine Zukunft selbst zu gestalten.
> Ich verfüge über ein riesiges Potenzial, denn alles, alles ist in mir.
> Ich werde der, der ich in Wirklichkeit bin, eine große Kraft beflügelt mich. Ich werde ein freier, erfolgreicher Mensch, der seine Aufgaben kennt und mit der Macht seines Unterbewusstseins an der Erreichung seiner Ziele arbeitet

Nachdem Sie Ihre Autosuggestion gesprochen haben, schließen Sie die Augen, atmen Sie tief aus. Dann atmen Sie langsam und tief ein, halten die Luft an. Jetzt ballen Sie die Hände zu Fäusten und spannen gleichzeitig alle Muskeln in Ihrem Körper an. Diese Spannung halten Sie etwa 20 Sekunden. Loslassen und ausatmen. Spüren Sie, wie Sie innerlich frei werden, wie die Belastungen von Ihnen abfallen? Genießen Sie dieses Gefühl ganz bewusst.

Die inneren Fesseln lösen

Sie haben alles in sich, um das zu erreichen, was Sie möchten. Das Mentaltraining ist sozusagen das Fahrzeug auf der Straße zur Freiheit. Mit ihm können Sie alles ablegen, was Sie einengt und an der Entfaltung Ihrer Persönlichkeit behindert. Mit Hilfe des Mentaltrainings können Sie Krisen bewältigen und Probleme lösen, können große Ziele erreichen. Dafür benötigen Sie Kraft – und diese Kraft entwickelt sich von selbst, sobald Sie die inneren Fesseln gelöst haben. Bei dem einen platzt der Knoten schnell, der andere erlebt eine langsame Veränderung. Es kommt nicht auf die Geschwindigkeit an, sondern darauf, dass Sie die richtigen Ursachen setzen – dann erfolgt die entsprechende Wirkung.

Der beladene Wanderer

Vieles, was wir so mit uns herumschleppen, bemerken wir gar nicht mehr, denn wir haben uns daran gewöhnt. Es erscheint uns normal, dass wir belastet sind. Etwas anderes kennen wir gar nicht (mehr). Deshalb möchte ich Ihnen zum Überdenken gern eine Geschichte der persischen Mystik erzählen:

Ein Wanderer schleppte sich mühselig auf einer scheinbar unendlichen staubigen Straße dahin. Er war über und über mit Säcken und Lasten behangen. Ein schwerer Sandsack hing an seinem Rücken, um seinen Körper hatte er einen dicken Wasserschlauch geschlungen. In der rechten Hand schleppte er einen schweren Stein, in der linken hielt er einen Geröllbrocken. Um seinen Hals baumelte an einem dicken Strick ein alter Mühlstein. Um seine Fußgelenke waren rostige Ketten geschlungen, an denen er schwere Gewichte durch den Staub schleifte. Auf dem Kopf balancierte er einen halbfauligen Kürbis. Bei jedem seiner Schritte klirrten die Ketten, ächzend und stöhnend schleppte er sich voran, wobei er über sein hartes Schicksal klagte und die Müdigkeit, unter der er ständig litt.

Auf seinem Weg begegnete ihm in der glühenden Mittagshitze ein Bauer, der ihn fragte: »Oh, müder Wanderer, warum belastet du dich mit diesem Felsbrocken?« »Ja, du hast Recht, das habe ich noch gar nicht bemerkt«, antwortete der Wanderer. Er warf den Steinbrocken weit von sich und fühlte sich gleich viel leichter. Nach einer Weile begegnete er einem anderen Bauern, der ihn fragte: »Sag, müder Wanderer, warum plagst du dich so sehr mit diesem halbfaulen schweren Kürbis ab und diesen schweren Eisenketten, die du hinter dir herziehst?« Der Wanderer antwortete: »Ich bin so froh, dass du mich darauf aufmerksam machst. Ich habe bis-her gar nicht bemerkt, was ich mir damit antue«, sagte er und schüttelte die Ketten ab, zerschmetterte den Kürbis im Straßengraben. Und gleich fühlte er sich leichter. Doch schon nach kurzer Zeit begann sein Leiden von neuem. Da kam ein Bauer gerade vom Feld und betrachtete den Wanderer erstaunt: »Oh, guter Mann, du trägst ja Sand im Rucksack. Was du dort vorn in der Ferne siehst ist Sand, nichts als Sand – mehr als du jemals tragen könntest. Und dann dein Wasserschlauch! Als wolltest du die Wüste Kawir durchqueren! Dabei fließt doch genau neben dir ein klarer Fluss, der deinen Weg noch lange begleiten wird.« »Danke dir, Bauer, jetzt merk ich, was ich mit mir herumgeschleppt habe.« Mit diesen Worten riss der Wanderer den Wasserschlauch auf, dessen brackiges Wasser sofort im Boden versank und füllte mit dem Sand aus seinem Rucksack ein Schlagloch in der Straße. Sinnend stand er da und schaute auf die untergehende Sonne. Die letzten Sonnenstrahlen schickten ihm die Erleuchtung: Er blickte an sich herab und sah den schweren Mühlstein an seinem Hals. Da bemerkte er, dass es der Stein war, der ihn so nach unten zog. Er band ihn los und warf ihn so weit er nur konnte. Befreit von all seinen Lasten schritt er leichten Fußes durch die Abendkühle, um eine Herberge zu finden.

Überlegen Sie jetzt noch einmal, woran Sie sich schon so gewöhnt haben wie unser Wanderer? Wer muss kommen und Ihnen sagen, welche Lasten Sie an sich befestigt haben? Vielleicht haben Sie sogar Angst davor, diesen Ballast abzulegen, haben Angst davor, dass Ihr Leben jetzt anders – leichter – wird. Vielleicht lieben Sie sogar die Gewichte, die Sie klein machen und herunterdrücken? Auf jeden Fall haben Sie sich daran gewöhnt. Vielleicht ist dies auch die erste Last, die Sie ablegen müssen, denn Freiheit bedeutet automatisch Selbstverantwortlichkeit. In Zukunft sind Sie für sich selbst verantwortlich – für alles, was in Ihrem Leben geschieht.

Loslassen und frei werden

In den Gesichtern meiner Seminarteilnehmer sehe ich oft Zweifel bei diesem Gedanken. Damit sind wir beim ersten Punkt auf Ihrer Loslass-Liste: der Angst vor der Freiheit. Was macht Ihnen denn wirklich Angst? Es ist das Neue, Ungewohnte (hier spricht der Verstand!). Sie sind so sehr daran gewöhnt, den Umständen, dem Schicksal oder auch missliebigen Personen für Ihre Misserfolge, Enttäuschungen, Stagnation oder Probleme die Verantwortung zuzuschieben, dass Sie damit automatisch auch Ihre Chancen und Möglichkeiten verschenken, Gelegenheiten ungenutzt verstreichen lassen – und haben das alles bisher noch nicht einmal bemerkt.

Angst vor Freiheit

Aber stellen Sie sich einmal vor, welche Chancen Ihnen die Selbstverantwortung bietet. Wenn Sie mal nicht gewonnen haben, egal, ob es sich hierbei um einen Job, einen Auftrag, einen guten Preis oder gar eine/n Partner/in handelt, dann haben Sie jetzt die beste Gelegenheit, aus dieser Situation zu lernen. Dann können Sie es das nächste Mal besser machen. Das ist bereits der erste positive Aspekt. Nur Lernen bringt uns – und die Welt – weiter. Wer sich auf Erlerntem ausruht, der bleibt stehen, alles stagniert. Und das entspricht in keiner Weise unserem Lebensauftrag.

Chancen der Selbstverantwortung

Wer sich auf alte Theorien beruft, gehört schnell zum alten Eisen, dabei spielt es keine Rolle, um welchen Lebensbereich es sich handelt. Unser Leben ist schnelllebig geworden. Schauen Sie sich nur die neuen Technologien an. Wer nicht am Ball bleibt, ist out; wer nicht mit dem Internet umgehen kann, bleibt auf der Strecke. Das wissen wir alle und halten deshalb tapfer mit. Aber wenn es

Leben in engen Grenzen?

um unsere geistige Entwicklung geht, wollen wir nicht mitmachen und uns weiterentwickeln. Da bleiben wir stehen, behindern uns selbst und befinden uns in großer Gesellschaft. Die Angst vor Computer & Co. überwinden wir vermutlich, weil uns eine größere Angst im Nacken sitzt: die Angst, ausgemustert zu werden. Die Angst vor der Freiheit überwinden wir nicht, weil wir noch nicht erkannt haben, wie sehr wir uns schaden, wenn wir den Rest unseres Lebens in engen Grenzen verbringen.

»Macht ist Pflicht – Freiheit ist Verantwortlichkeit.« (Marie von Ebner-Eschenbach)

Prüfen Sie Ihre Einstellung

Deshalb prüfen Sie Ihre Einstellung, Ihre Gefühle und Vorstellungen bezüglich der Freiheit noch einmal. Es gibt immer mindestens zwei Seiten. Wo Sonne ist, gibt es auch Schatten. Es gibt Arm und Reich, Gut und Böse, Alt und Jung. Gerade weil es überall einen Gegenpol gibt, sollten wir lernen, richtig damit umzugehen, sollten uns den richtigen Blickwinkel angewöhnen. Das Glas ist zur Hälfte gefüllt. Dabei ist es gleichgültig, ob Sie es als halbleer oder halbvoll bezeichnen; am Inhalt ändert das nichts. Entscheidend ist Ihre Einstellung: ob Sie sich darauf freuen, noch etwas Gutes zum Trinken zu haben, oder ob Sie bedauern, dass wenig übrig bleibt. Wenn Sie die grenzenlosen Chancen sehen, die die Freiheit für Sie bereit hält, dann dürften die Bedenken, die Sie momentan in einer Eigenverantwortlichkeit sehen, unbedeutend sein.

Was wachsen soll, braucht Nahrung. Die Nahrung der Gedanken ist die Konzentration.

Handlungsspielraum gewinnen

Wenn es Ihnen schwer fällt, die Verantwortung für sich und Ihre Zukunft zu übernehmen, dann listen Sie die Vor- und Nachteile auf. Sie werden dabei erkennen, dass es viel leichter ist, Verantwortung zu übernehmen, als Sie sich bisher vorstellen konnten, denn damit haben Sie Handlungsspielraum gewonnen. Es liegt an Ihnen, was in Ihrem Leben geschieht. Schalten Sie den Zufall aus! Machen Sie andere oder gar das Schicksal verantwortlich, haben Sie für sich die Opferrolle gewählt. Aber wer will schon ein ganzes Leben lang Opfer sein?

Mentale Übung: Loslassen 2

Lassen Sie daher alles los, atmen Sie tief durch und spüren Sie, wie die Lasten von Ihnen abfallen. Sehen Sie vor Ihrem geistigen Auge alles, was Sie jetzt ablegen wollen, und fühlen Sie, wie es Ihnen leicht ums Herz wird, wie Sie ganz leicht und befreit atmen können. Genießen Sie dieses angenehme Gefühl. Atmen Sie ruhig und tief. Spüren Sie dabei, wie Ihr Körper sich aufrichtet, wie Ihre Muskeln sich lockern und wie Kraft und Freude aus Ihrem Inneren in Ihnen hochsteigen.

Lassen Sie alles los, was Sie nicht glücklich macht!

Und so geht es. Wählen Sie sich eine Visualisierung aus, bei der Sie sich am wohlsten fühlen und in die Sie sich am leichtesten versetzen können.

Wenn Sie gern fliegen, stellen Sie sich vor, wie Sie in einem Segelflugzeug sitzen. Langsam schraubt sich das Flugzeug nach oben, ruhig und lautlos. Es ist still und ruhig, Sie blicken nach unten. Erst können Sie noch alle Einzelheiten genau erkennen. Sie sehen die Häuser und Straßen mit den Autos, dann fliegen Sie weiter, heraus aus der Stadt. Sie fliegen über Wiesen, auf denen Kühe weiden, über Wälder, Berge und Seen. Menschen und Tiere werden immer kleiner, und bald können Sie sie kaum noch erkennen. Sie steigen höher und höher, und die Welt unter Ihnen wird kleiner. Sie steigen noch weiter empor. Sie fühlen sich dabei immer wohler und leichter. Sie schauen hinunter. Die Welt erscheint wie ein Spielzeug, so klein ist alles geworden. Mit der Entfernung sind auch Ihre Probleme, Ihre Ängste und Sorgen geschrumpft. Sie sind so klein geworden wie der Rest der Welt. Nichts kann Sie in diesem wunderbaren Zustand belasten. Schwere-los schweben Sie über den Dingen. Sie fühlen sich unendlich wohl, fühlen ein nie gekanntes Gefühl von Freiheit in sich. Sie stehen über den Dingen, genießen diese Perspektive. Sie sind ganz entspannt und schweben, solange Sie möchten.

Wenn Sie ein Haus mit einem offenen Kamin haben, dann setzen Sie sich bequem vor Ihren schönen Kamin, schauen Sie in die Flammen, erfreuen Sie sich an ihrem Lodern. Dann stellen Sie sich vor, wie Sie Ihre Probleme verbrennen. Nehmen Sie das Problem, werfen Sie es in das Feuer und sehen Sie zu, wie es aufflackert und vor Ihren Augen verbrennt. Genießen Sie die angenehme Wärme des Feuers, hören Sie das Holz knacken und spüren Sie, wie es Ihnen warm ums Herz wird. Während Sie so in das lodernde Feuer blicken, werden Sie noch ab und zu von Gedanken gestört. Aber Sie lassen diese Gedanken einfach kommen und gehen, schenken ihnen keine Beachtung. Irgendwann merken Sie, dass Ihr Kopf ganz frei wird. Sie werden nicht mehr durch Gedanken oder andere äußere Einflüsse gestört. Sie sind ganz auf das Feuer konzentriert, das alles verbrennt, was Sie eingeergt oder gestört hat. In Ihnen entsteht eine tiefe Harmonie und Ruhe. Nichts liegt mehr auf Ihrer Seele. Sie sind frei von quälenden Gedanken, von Ängsten und Befürchtungen. Genießen Sie dieses Gefühl – das ist die Freiheit, die Sie sich schon immer gewünscht hatten.

Stellen Sie sich vor, dass Sie Ihre Probleme in Päckchen verpacken. Vielleicht haben Sie einen großen Kummer oder eine konkrete Angst, die größer ist als ein Päckchen, dann verpacken Sie sie in ein großes Paket, das Sie gut verschnüren. Packen Sie alles, was Sie loslassen möchten, gut ein. Dann besteigen Sie ein kleines Flugzeug, das Sie in die Lüfte hebt. Oben angekommen, öffnen Sie das Fenster und werfen ein Päckchen nach dem anderen hinaus. Sehen Sie zu, wie die kleinen Pakete nach unten fallen. Mit jedem Stück, das Sie auf diese Weise loswerden, fühlen Sie sich besser. Wenn Sie das letzte Paket abgeworfen haben, dann genießen Sie die Leichtigkeit des Seins, spüren Sie den Frieden in sich und die Ruhe. Befreit drehen Sie noch einige Runden, bevor Sie langsam wieder nach unten – in die Realität – sinken.

Stellen Sie sich vor, es ist ein wunderschöner Sommertag. Sie liegen auf einer Wiese und über Ihnen ziehen große weiße Wolken dahin. Ihre Augen folgen jeder einzelnen Wolke, bis sie aus Ihrem Blickfeld entschwunden ist. Jeder Wolke geben Sie eine Angst, einen Zweifel, eine Sorge mit – bis Sie alles abgegeben haben, was auf Ihnen lastete. Sie fühlen sich richtig gut und gelöst. Über Ihnen ist ein tiefblauer Sommerhimmel, ohne den geringsten Schatten einer Wolke. Sie fühlen sich gut und spüren so viel Kraft in sich, dass Sie Bäume ausreißen könnten.

Sie haben alles losgelassen, was Sie daran hindern könnte, ein freier und glücklicher Mensch zu werden. Um diesen Status zu erhalten, sollten Sie jeden Tag diese Autosuggestion sprechen:

Mentale Übung: Loslassen 3

Ich lasse alles los, was mich belastet. Ich spüre eine unendliche Freiheit in mir, in der ich zu mir selbst und zu meiner Mitte finde. Ruhe und Zuversicht erfüllen mich. Ich spüre, wie ich jeden Tag mehr und mehr zu dem werde, der/ die ich in Wirklichkeit bin.

Mit dieser Autosuggestion sorgen Sie dafür, dass sich negative Tendenzen gar nicht erst entwickeln können. Wie ein Gärtner gehen Sie aufmerksam jeden Tag durch Ihren Garten, das kleinste Unkraut entfernen Sie sofort und verhindern so, dass es sich einnisten kann. Ihren Körper duschen Sie ja auch täglich. Warum nicht auch den Geist jeden Tag reinigen und pflegen? Sagen Sie JA zur Freiheit. Damit sagen Sie JA zu sich und zu einer glücklichen Zukunft.

> **»Wer Freiheiten aufgibt, um Sicherheit zu gewinnen, verdient weder Freiheit noch Sicherheit.«**
> **(Benjamin Franklin)**

Gedankenkontrolle

Konstruktives zulassen, Destruktives stoppen

Zum Loslassen gehört auch, nicht erwünschte Gedanken loszulassen bzw. möglichst erst gar nicht zuzulassen. Unter solche Gedanken fällt alles, was uns runterzieht, was uns das Leben schwer macht, was uns behindert, anstatt uns zu beflügeln. Fangen Sie bei sich selbst an: Gehen Sie freundlich mit sich um, sprechen Sie höflich und voller Respekt mit sich selbst. Verbieten Sie sich Selbstbeschimpfungen und dergleichen. Sobald Sie merken, dass Sie in den alten Trott verfallen, sagen Sie laut und deutlich: »Stopp!« Das Gleiche gilt, wenn Sie glauben, von Ihren Gedanken gequält zu werden. Denken ist ein aktiver Prozess, der von Ihnen und niemand anderen in Gang gesetzt wird. Auch hier heißt es: »Stopp!«

Oft leiden wir ja unter den Bemerkungen unserer »Feinde«, grübeln nächtelang darüber nach, wie wohl ein Satz gemeint war. Lassen Sie auch das los, kümmern Sie sich nicht darum, wie negative Äußerungen gemeint sind. Hier gibt es nämlich nur eine Erklärung: Alles, was Sie behindert, einengt, klein macht, *ist* negativ. Es ist Zeit- und Energieverschwendung, sich damit aufzuhalten. Wir wissen ja, dass es das Destruktive ebenso gibt wie das Konstruktive. Und es liegt immer an uns, was wir in uns wirken lassen. Je länger Sie über böse Worte nach-denken, desto stärker verankern Sie sie in Ihrem Unterbewusstsein; dem ist es schließlich egal, wer es programmiert.

Aber jetzt schlägt Ihre Stunde! Sie können nämlich sehr schnell das Negative aussondern, sodass es gar nicht erst wirken kann. Lassen Sie es los, denken Sie nicht darüber nach. Sie wissen ja, nach-denken bringt Sie nicht weiter, denn damit ändert sich gar nichts in Ihrem Leben. Voraus-denken sollte Ihr Motto sein, voraus-denken in die Zukunft. Ihre Gedanken sind die Bausteine dafür. Stoppen Sie alles, was Sie klein macht. Sie kennen die reizenden Sätze, wie »das kann ja jeder; die anderen haben viel bessere Voraussetzungen als du …« sicher zur Genüge. Weg damit!

Sie sind Meister Ihrer Gedanken!

Sie sind der Meister Ihrer Gedanken. Deshalb können Sie auch entscheiden, was Sie denken. Lassen Sie nicht jeden Gedanken an sich herankommen. Kontrollieren Sie, was Sie gedanklich konsumieren. Entwickeln Sie Ihr persönliches Gedankenhygiene-Programm. Befreien Sie sich von gedanklichem Schrott, von dem Müll, den andere bei Ihnen abladen. Sammeln Sie lieber Diamanten und Goldstücke. Denn:

> **»Das Glück deines Lebens hängt von der Beschaffenheit deiner Gedanken ab.« (Marc Aurel)**

16. Die tiefenwirksame Stimme

Teil Ihrer Persönlichkeit

Eng mit dem Atem verbunden ist die Stimme, auch sie kommt aus dem tiefen Inneren des Menschen. Sowohl am Atem wie auch an der Stimme können Sie erkennen, wie es in der Seele aussieht. Ihre Stimme ist nicht nur wichtig, um Ihr Unterbewusstsein zu besprechen. Ihre Stimme ist auch ein entscheidender Faktor Ihrer Persönlichkeit. Deshalb möchte ich mich hier kurz mit ihr befassen. Ihre Stimme muss stimmig sein, muss stimmen, sonst klingen Sie ver-stimmt. Sie sollten sich deshalb mit Ihrer Stimme befassen, sie kennen und lieben lernen. Viel hängt von der Stimme ab: ob wir andere Menschen überzeugen, ob wir sie motivieren und begeistern, ob wir ihr Gefühl ansprechen können. Haben Sie schon einmal bemerkt, dass es nicht die Worte sind, die einen Redner interessant machen, sondern seine Stimme, eine Stimme, die das Innere berührt?

Kraft in der Stimme = Kraft fürs Leben

Ob eine Stimme kräftig ist oder eher schwach, hängt vom Volumen der Lunge ab. Sie haben inzwischen gelernt, richtig zu atmen, also Ihre Lungen zu trainieren. Damit müssten Sie eigentlich schon eine Veränderung bzw. Verbesserung in Ihrer Stimme festgestellt haben. Ihre Stimme sollte durch das Atemtraining kräftiger geworden sein. Kraft in der Stimme ist gleichzeitig auch Kraft im und fürs Leben.

Arbeit an der Stimme ist Arbeit am Kern der Persönlichkeit.

Tiefe Stimme vermittelt Vertrauen

Wer seine Stimme verändert, verändert auch sein Leben, verändert sein Bankkonto. Wenn Sie mir nicht glauben, probieren Sie es aus! Eine tiefe Stimme vermittelt Vertrauen, hohe Stimmen sind ein Indikator für Unsicherheit und Ängste. Ein freier Mensch benötigt eine freie Stimme, braucht eine tiefe Stimme, die die Gefühlsebene, das Unterbewusstsein erreicht. Die Stimme muss überzeugend und vertrauenswürdig sein.

Übung: Trainieren Sie Ihre Stimme

Machen Sie zusammen mit mir mein bewährtes psychodynamisches Stimmtraining, das Ihre Stimme verbessert, Ihre Energie aktiviert und Ihre Ausstrahlung verstärkt.

Sie stellen sich vor einen großen Spiegel.

1. Schritt: Energie tanken

Atmen Sie aus, dann wieder ein, und nun sprechen Sie die folgenden Buchstaben einzeln laut und deutlich, solange Ihr Atem reicht. Wir beginnen mit I, weil es die höchste Frequenz hat. Sie können es spüren, wenn Sie Ihre Hand auf den Kopf legen. Das Vibrieren beweist eine bessere Durchblutung der Kopfhaut, bedeutet also mehr Energie für diesen Bereich. Wenn Sie beim E Ihre Hände an den Hals legen, spüren Sie dort die Vibration; das A sorgt für mehr Energie im Brustbereich, das O und das U stehen für den Oberbauch bzw. den Unterleib. Sie können das überprüfen, indem Sie Ihre Hände auf die jeweiligen Körperbereiche legen und die Vibration spüren.

Sie atmen ein, und nun sprechen Sie solange Ihr Atem reicht:

IIIIIIIIIIIIIII, dann
EEEEEEE
AAAAAAA

(Haben Sie den Mund auch wirklich weit geöffnet, oder haben Sie nichts zu sagen?)

OOOOOO
UUUUUUUU

(Wollen Sie Ihre Stimme »tiefer« legen? Dann sprechen Sie das UUUUUU öfters im Lauf des Tages.)

2. Schritt: Summen

Wir wollen jetzt Brust- und Bauchbereich aktivieren. Dazu summen wir mit geschlossenen Lippen MMMMMMM, wiederum solange der Atem reicht. Dies machen wir dreimal, wobei wir jedes Mal das Summen etwas verstärken. Das dritte Mal summen Sie mit aller Kraft. Es sollte klingen, als wäre ein riesiger Bienenschwarm ausgeflogen. Im Bauch sollten Sie die Vibration deutlich spüren.

3. Schritt: Das R

Kein Problem für Bayern: das Zungen-R. Ohne dieses R klingt die Sprache saft- und kraftlos. Ein Grund für uns, das zu verbessern. Rollen Sie die Zunge am Oberkiefer hinter den Schneidezähnen, und schnarren Sie dann los. Natürlich nicht, ohne vorher aus- und dann richtig eingeatmet zu haben. Sprechen Sie das RRRRR, solange Ihr Atem reicht. Auch diese Übung wiederholen Sie dreimal.

Dann sprechen Sie laut und mit übertriebenem R folgende Worte:

RRRRRRRaffen
RRRRRRRRollen
RRRRRRReisen
RRRRRRRufen
MeisteRRRRRRR
KleisteRRRRRR
BieRRRRRRRR
WiRRRRRRR
VeRRRRRRwiRRRRRRRen
IRRRRRRRRRRen
MuRRRRRRRen

Sie können diese Worte gern nach Lust und Laune verändern.

4. Die Tarzan-Übung

Einatmen, ausatmen, und dann mit geballten Fäusten auf den oberen Brustbereich schlagen. Gleichzeitig sprechen Sie wieder ganz laut die Buchstaben I, E, A, O, U, jeweils solange der Atem reicht. Machen Sie es einfach Tarzan nach.

Diese Übung lädt Sie mit Energie auf. Sie ist zugleich eine hervorragende Prophylaxe gegen Herzinfarkt sowie gegen Erkältungskrankheiten. Sie werden sicher bemerken, dass Sie sich räuspern müssen, ja vielleicht sogar husten. Das ist gut, denn damit reinigen Sie die Bronchien.

Achtung: Diese Übung regt so an, dass Sie sie besser nur morgens machen!

Mehr Ausdruckskraft in der Stimme = mehr Ausstrahlung

Dieses Stimmtraining hilft Ihnen, Ihrer Stimme mehr Ausdruckskraft zu geben und tiefer und damit eindrucksvoller zu klingen. Stimm- und Atemtraining verändern nicht nur Stimme und Atmung, sondern Ihre ganze Persönlichkeit. Ihre Ausstrahlung intensiviert sich, Sie strahlen im wahrsten Sinn des Wortes von innen. Nervosität und Hektik fallen von Ihnen ab, und Sie verströmen Ruhe: Nur in der Ruhe kommt der Mensch zu sich! Ihre Stimme stimmt. Sie erreichen Ihre Mitmenschen auf der emotionalen Ebene, können tiefenwirksam sprechen.

Mentale Übung: Trainieren Sie Ihre Stimme

Mit dieser Autosuggestion verbessern Sie Ihre Stimme weiter:

> Ich bin fest entschlossen, die Chancen meines Lebens zu nutzen.
> Wer erfolgreich sein will, muss das Sprechen beherrschen und im Tonfall seiner Stimme absolut sicher sein.
> Ich weiß, dass die Macht der Sprache und die innere Sicherheit ausschlaggebend sind.
> Das ist eine Frage des Vertrauens zur eigenen Kraft.
> Ich kann im Sprechen nur dann sicher sein, wenn ich innerlich sicher bin.
> Ich bin sicher, vollkommen sicher und frei von allen Hemmungen.

Wenn Sie tiefer in diese Thematik einsteigen möchten, empfehle ich Ihnen meine Bücher *Rhetorik Klassik* oder *Charisma*.

17. Sich selbst wirkungsvoll beeinflussen – die Autosuggestion

Einfach, aber effektiv

Die beste Methode, innere Programmierungen zu ändern, ist die Suggestion, die Beeinflussung, oder die Autosuggestion, die Selbstbeeinflussung. Diese Methode ist so einfach, dass es vielen Menschen schwer fällt zu glauben, dass damit grundlegende Veränderungen bewirkt werden können. Ich bezeichne die Suggestion als ein Psycho-Serum, das die gleiche Wirkung wie ein Medikament hat, allerdings ohne dessen Nebenwirkungen.

Wie bereits erwähnt, werden wir von früh bis spät mit Informationen, Meinungen und Gefühlen oder, anders ausgedrückt, mit Fremdsuggestionen voll gepumpt. Dabei spielt es keine Rolle, ob diese von Freunden, Feinden, dem Fernseher oder dem Radio kommen. Sobald unsere Ohren die Worte aufnehmen, gelangen sie auch in unser Unterbewusstsein und beginnen dort zu wirken, d. h. unsere Denkweise und unser Verhalten zu beeinflussen. Unser Unterbewusstsein, als ausführendes Organ, tut ja alles, was man ihm sagt, unabhängig davon, wer es sagt. Sie möchten Ihr Leben nach Ihren Vorstellungen leben? Sie wollen frei sein?

> **Achten Sie darauf, dass Sie Aufbauendes, Konstruktives in sich ansammeln und dass Sie und niemand anderes Ihrem Unterbewusstsein Befehle geben.**

Mit der Autosuggestion können Sie direkt auf die tiefen Schichten Ihres Unterbewusstseins einwirken und Folgendes bewirken:

1. Negative Programmierungen und Fremdprogrammierungen überspielen.
2. Zielvorstellungen eingeben.
3. Aufbauende Denkstrukturen verstärken.

Die Folgen liegen auf der Hand:

1. Sie leben Ihr Leben selbstbestimmt.
2. Sie können Ihre Ziele leichter erreichen.
3. Sie können besser mit Krisen und Problemen fertig werden.

Stärkere Wirkung des gesprochenen Worts

Ihr Unterbewusstsein können Sie nicht be-denken. Ihr Unterbewusstsein müssen Sie be-sprechen. Deshalb kann eine Autosuggestion nur dann wirken, wenn sie gesprochen wird. Das gesprochene Wort hat eine wesentlich stärkere Wirkung auf das Unterbewusstsein als ein Gedanke. Philosophien und Religionen, die auf (nicht ausgesprochenen) Gedanken, wie beispielsweise schweigender Meditation, basieren, können keine grundlegende Veränderung bewirken. Der Gedanke, der Wunsch muss ausgesprochen werden, damit er in das Unterbewusstsein eindringen kann. Bei der Autosuggestion gilt: je häufiger, desto besser. Sie muss zur Gewohnheit geworden sein. Dabei gibt es ein paar Regeln, die Sie beachten sollten:

Regeln der Autosuggestion

1. Inhalt der Autosuggestion

Sie haben sich auf den Weg zur Freiheit aufgemacht, dazu ist wichtig, dass Sie:

- ein klar definiertes Ziel haben,
- Hindernisse, Hemmungen, Ängste, Gewohnheiten aktiv loslassen,
- Ihre Persönlichkeit, Ihre Fähigkeiten entfalten,
- den Sinn Ihres Lebens erkennen,
- Freude am Leben haben.

2. Auf die Formulierung kommt es an

Positiv formulieren

Wenn Sie nicht mit meinen Kassetten oder Suggestionsvorschlägen arbeiten möchten, sondern einen eigenen, individuellen Text formulieren wollen, dann sollten Sie unbedingt darauf achten, Ihre Autosuggestion positiv zu formulieren. Lassen Sie alle negativen Worte, wie beispielsweise »Misserfolg«, »Neid«, »Krankheit«, »nicht« weg, sagen Sie stattdessen: »Erfolg«, »Anerkennung«, »Gesundheit«. Vermeiden Sie möglichst auch das Wort »Problem«, denken und sprechen Sie lieber von einer Lösung. Vergessen Sie nicht, dass wir nicht bestehende Programmierungen verändern wollen, sondern unerwünschte Programmierungen mit neuen, konstruktiven überspielen wollen. Also befassen Sie sich nicht damit, was nicht in Ordnung ist, sondern befassen Sie sich damit, was Sie wollen bzw. verbessern möchten.

Der Blick nach vorn, der Blick in die Zukunft bringt Sie weiter, nicht der Blick zurück. Konzentrieren Sie sich auf das, was Sie wollen.

Denken Sie nicht lange darüber nach, was nicht gut ist oder war. Verbannen Sie Gedanken wie »... hätte ich nur ...«, »wäre ich ...«! Verschwenden Sie Ihre Energie und Zeit nicht mit dem, was Sie nicht wollen. Mit Energie wird das aufgeladen, auf das unsere Aufmerksamkeit gerichtet ist! Denken Sie daran:

Beachtung bringt Verstärkung.

Da ich auf dem Gebiet der Suggestion bzw. Autosuggestion über 35 Jahre Erfahrung habe, empfehle ich Ihnen, meine ausgefeilten Texte zu verwenden. Leicht kann ein falsches Wort dazu führen, dass Sie unbewusst und ungewollt etwas Falsches programmieren.

Beispiel:
Ich nehme jede Woche ein Kilo ab.
nicht: Ich werde nicht dicker.
Ich fühle mich gesund und fit.
nicht: Ich werde nicht krank.
Der Kunde gibt mir den Auftrag.
nicht: Der Kunde sagt nicht nein.

Wie Sie an diesen Beispielen bemerkt haben, formulieren wir in Präsens. Das heißt, wir gehen bereits in der Formulierung davon aus, dass der gewünschte Zustand Realität ist. Das gibt der Suggestion mehr Kraft.

3. Konzentration

Nur ein Ziel!

Bündeln Sie Ihre Energie, konzentrieren Sie sich auf Ihr Ziel. Damit verdichtet sich Ihre Kraft. Mit einem Auto können Sie auch nicht gleichzeitig drei Ziele anfahren! Sie können fast alles erreichen, wenn Sie sich konzentrieren. Sieger sind durch Einpünktigkeit zu Siegern geworden.

4. Die Anwendung

Versetzen Sie sich in Alpha (s. o.).

Häufige Wiederholungen

Sprechen Sie Ihre Autosuggestion laut und deutlich, wenn möglich vor einem Spiegel, und blicken Sie sich in diesem Fall in die Augen. Sie sollten Ihre Autosuggestion mindestens zweimal täglich wiederholen. Öfters wäre noch besser für Sie, denn steter Tropfen höhlt den Stein – das gilt auch beim Unterbewusstsein. Ihre Wünsche und Ziele verankern sich so nämlich schneller und tiefer in Ihrem Unterbewusstsein; das aktiviert die 20 Milliarden Mitarbeiter!

Ins Tagesbewusstsein zurückkehren

Nach Beendigung der Autosuggestion kommen Sie wieder zurück ins Tagesbewusstsein: Tief ausatmen, wieder tief einatmen, den Atem anhalten und alle Muskeln fest anspannen. Halten Sie diese Spannung etwa 20 Sekunden, dann lassen Sie los. Dies wiederholen Sie dreimal. Strecken und dehnen Sie sich – und Sie sind topfit, aufgeladen mit Energie und frei von Kummer und Sorgen.

Achtung: Die Rückkehr ins Tagesbewusstsein ist sehr wichtig, es sei denn, Sie sprechen Ihre Autosuggestion im Bett, dann können Sie von der Tiefenentspannung direkt in den Schlaf gleiten. Allerdings sollten Sie abends keine Themen verwenden, die Sie zu aktiv machen. Es könnte sonst passieren, dass Sie nachts entsprechend munter werden.

Was im alten Ägypten die Hohepriester praktizierten, übernimmt heute Ihr Kassettenrekorder. Der Weg ist jedoch immer der gleiche geblieben: über die Stimme im Ohr ins Unterbewusstsein. Deshalb sollte ab jetzt ein Kassettenrecorder oder Walkman Ihr ständiger Begleiter sein. Denken Sie einmal daran, wie viele Stunden Sie im Auto verbringen, in denen Sie wahllos irgendwelche Sendungen hören.

Ihr Werkzeug: der Walkman

Input = Output!

Verwandeln Sie Ihr Auto in eine rollende Universität, legen Sie ab jetzt nur noch Kassetten ein, die Sie auf Erfolgskurs bringen. Geben Sie Gas zur Entfaltung Ihrer Persönlichkeit.

Auf jeden Fall vor dem Zubettgehen

Und jeden Abend, wenn Sie ins Bett gehen, schalten Sie Ihren Kassettenrekorder an, programmieren Sie Ihr Unterbewusstsein. Was glauben Sie, wie sich das auf Ihr Leben auswirken wird?! Lassen Sie es mich wissen, schreiben Sie mir! Am einfachsten ist es, wenn Sie mit Kassetten und Kopfhörer arbeiten. Verwenden Sie am besten ein Gerät mit lautloser Endabschaltung. Wenn Sie beim Abhören einschlafen, werden Sie so nicht mehr gestört. Die Worte erreichen Sie auch im Schlaf. Sie schlafen schnell ein, schlafen tief und sind am nächsten Morgen topfit. In den Traumphasen wird der Inhalt der Suggestion verarbeitet. Wir alle haben uns doch immer den Nürnberger Trichter gewünscht. Hier ist er! Sechs Wochen die richtige Suggestion, und Sie erfahren das Gesetz von Ursache und Wirkung am eigenen Leib. Sie haben die Gelegenheit, ein Meister in der Kunst der Selbsthypnose zu werden. Programmieren Sie Ihr Unterbewusstsein richtig, und es wird Ihr Leben immer harmonischer gestalten.

Der einzige Weg zum Ziel ist Training.

Qualität vor Quantität

Am besten arbeiten Sie mit meinen Suggestionskassetten. Wählen Sie eine Kassette für Ihr wichtigstes Ziel, die Sie fünf Wochen täglich mindestens zweimal hören. Zusätzlich können Sie auch andere Kassetten im Wechsel verwenden. Allerdings sollten Sie hierbei beachten, dass nicht Quantität zum Erfolg führt, sondern Qualität. Lieben Sie Ihre Wünsche und Ziele, freuen Sie sich auf eine Veränderung und versuchen Sie nicht, mit Willenskraft etwas zu erreichen. Das Gegenteil würde eintreten.

Langzeitmethode

Achtung: Die Arbeit mit Autosuggestionen ist eine Langzeitmethode. Sie können damit keine aktuellen Stresssituationen bewältigen. Wenn Sie also unerwartet zum Big Boss gerufen werden, sich unsicher fühlen und extrem nervös sind, dann wäre es fatal, würden Sie versuchen, zur Ruhe zu finden, indem Sie in dieser Situation mit einer Suggestion arbeiten. Sogar das Gegenteil könnte eintreten. In solchen Fällen wenden Sie lieber meine Anti-Angst-Übung (s. S. 182) an.

Überzeugen Sie sich!

Seien Sie überzeugt!

Sie spüren genau, wenn ein Verkäufer Ihnen ein Produkt, sei es ein Auto, eine Wohnung oder eine Reise, verkaufen will, von dessen Qualität er nicht selbst überzeugt ist. Sie merken es, obwohl Sie wahrscheinlich gar nicht sagen können, woran Sie es merken. Bei einem von seinem Produkt begeisterten Verkäufer lassen auch Sie sich schneller überzeugen. Die gleiche positive Wirkung können Sie erzielen, wenn Sie Ihre Autosuggestion mit Überzeugung sprechen.

Wer sollte von Ihren Zielen überzeugt sein, wenn nicht Sie selbst? Sprechen Sie jetzt einmal Ihren Text laut und mit Begeisterung, stellen Sie sich vor, Sie müssten sich selbst überzeugen. Am Anfang erscheint es jedem komisch und fast etwas lächerlich. »Für sich selbst mit Überzeugung sprechen?«, fragte mich ein Seminarteilnehmer zweifelnd. Ja, für sich selbst. Alles, was Sie tun, ist ja schließlich für Sie selbst. In meinen Seminaren klingt es zuerst immer etwas zögerlich, die Stimmen sind leise, den Worten fehlt das Leben, die Begeisterung. Aber das verändert sich schnell, denn jeder bemerkt, dass beim Sprechen mit Überzeugung in ihm selbst etwas geschieht. Probieren Sie es aus.

Und um die Wirkung noch weiter zu verstärken, stellen Sie sich jetzt vor einen – am besten großen – Spiegel. Schauen Sie sich in die Augen und überzeugen Sie sich mit Ihrer Autosuggestion: Sprechen Sie betont, laut und deutlich, sehen Sie Ihre Ziele dabei vor Ihrem geistigen Auge. Betrachten Sie sich dabei. Wie sehen Sie aus? Wie jemand, der von sich und seinen Ideen überzeugt ist? Wie jemand, der frei ist, aufrecht steht, mit sich in Harmonie lebt?

Oder sehen Sie jemanden, der von Sorgen gebeugt, von Zweifeln zerfressen und unsicher ist?

Mentale Übung: Entfachen Sie Ihre Begeisterungsfähgikeit!

Zum Entfachen Ihrer Begeisterungsfähigkeit möchte ich Ihnen eine Autosuggestion vorstellen, die Sie bitte mit viel Begeisterung laut sprechen:

> Ich bin fest entschlossen, die Chancen meines Lebens zu nutzen.
> Da ich meine Ziele sehr liebe, entzünde ich in mir das Feuer der Begeisterung.
> Dieses Feuer der Begeisterung schafft in mir die körperlichen und seelischen Voraussetzungen für meinen persönlichen Erfolg.
> Immer konzentrierter wird mein Verhalten; meine Begeisterung drängt mich zum Handeln.
> Ich habe ein Recht auf Erfolg, weil ich ihn zum Vorteil der Menschen nutze.
> Das Feuer der Begeisterung ist der Beweis dafür, dass ich kein Schattendasein führe.
> Meine Begeisterung hilft mir, größte Ziele zu erreichen.

Die Kurzformel

Eine Kurzformel möchte ich Ihnen besonders ans Herz legen. Sie können Sie jederzeit und so oft wie möglich – am besten mindestens 25 Mal pro Tag – anwenden:

> Ich fühle mich jeden Tag und in jeder Beziehung immer besser und besser.

Diese Worte sind ein Kraftquell für jeden, der Sie mit Überzeugung laut spricht. Wenn Sie Energie für eine wichtige Sitzung brauchen, wenn Sie zur Ruhe finden möchten oder wenn Sie ganz einfach etwas Gutes für sich tun wollen, wenn Sie Freiheit spüren möchten – dieser Satz hilft Ihnen. Und wenn Sie aus Ihrem tiefsten Inneren strahlen möchten, dann stellen Sie sich vor, wie Sie Prana, die Sonnenenergie, die Energie des Universums, in sich aufnehmen. Breiten Sie die Arme weit aus, und atmen Sie tief ein, während Sie sprechen:

> Ich atme Sonnenkraft und strahle wie die Sonne.

Wer könnte Ihnen da wohl noch widerstehen?

Angst ade

Angst funktioniert auf Basis der in Ihnen installierten Programme. Diese können nicht verändert, aber überspielt werden. Dies ist eher ein mittelfristiges Programm.

Denken Sie nicht in Angst-Kategorien

Ändern Sie Ihre Gedanken, dann ändert sich Ihr Leben. Denken Sie nicht mehr in Angst-Kategorien, stoppen Sie sofort die Angst, sobald Sie spüren, wie sie anfängt, sich in Ihnen breit zu machen. Das erfordert Disziplin. Gedankendisziplin. Natürlich wird am Anfang die Angst gewinnen – schließlich hat sie sich ein Terrain in Ihrer Gedankenwelt erobert, das nicht mit einem einzigen Versuch zurückzugewinnen ist. Ihre konstruktiven Gedanken werden sich aber durchsetzen, wenn Sie an sich arbeiten – mit Geduld und Konsequenz. Sind Sie erst einmal überzeugt davon, dass Sie Ihre Ziele erreichen können, sind Sie erst einmal frei von Angst, dann verinnerlichen Sie mein 11. Grundgesetz der Lebensentfaltung:

> **Beachtung bringt Verstärkung.**
> **Nichtbeachtung bringt Befreiung.**

Sofort-Programm gegen die Angst

Sie haben sich für Freiheit entschieden. In der Freiheit ist kein Platz für Ängste! Sicher geraten Sie anfangs immer mal in Situationen, in denen Angst in Ihnen aufsteigt. Hier hilft es nichts, mit Autosuggestionen zu versuchen, Herr der Lage zu werden. Würden Sie bei einem plötzlichen Angstanfall mit Autosuggestionen kommen, könnte dies Ihre Situation sogar verschlechtern. Autosuggestionen sind Langzeitmittel, die eine Weile »genommen« werden müssen, bevor ihre Wirkung eintritt. Dieses Sofort-Programm aber hilft im Notfall:

> *Atmen Sie tief und ruhig ein und dann wieder aus.*
> *Halten Sie jetzt den Atem 4 Sekunden an.*
> *Jetzt atmen Sie wieder ein und wieder aus.*
> *Halten Sie nun den Atem wieder 4 Sekunden an.*
> *Machen Sie dies ein paar Mal, und Sie werden ruhig.*

Alternativ hat sich auch bewährt, wenn Sie das rechte Nasenloch zuhalten und 3 bis 5 Minuten nur durch das linke Nasenloch atmen. Ängste, Unruhe und Stress lassen dann schnell nach.

Eine gute Methode, die Angst per Verstand einzugrenzen, ist auch der Gedanke: Was kann mir wirklich passieren, wenn ... eintritt? Nehmen Sie mal das Schlimmste an. Sie sagen etwas Blödes und sehen an den Gesichtern der Umstehenden, dass sie sich über Sie amüsieren. Da kann ich doch nur sagen: Na und?! Haben Sie sich nicht auch schon oft über andere amüsiert? Gönnen Sie Ihren Mitmenschen auch mal eine Freude – auf Ihre Kosten. Heute sind Sie dran.

Lernen Sie, Dinge wegzustecken, nehmen Sie nicht alles so wichtig (Prioritäten setzen!). Das Leben ist kein Kinderspiel, dazu gehört auch mal, etwas einstecken zu können. Niemand kann immer gewinnen. Selbst der beste Sportler hat nicht nur Spitzentage und bringt nicht nur Spitzenleistungen. Aber deshalb gleich die Flinte ins Korn werfen? Das ist es nicht wert.

Übung: Worst-case-Szenario

Schauen Sie sich jetzt noch einmal Ihre Angstauflistung an und notieren Sie neben jeden Punkt:

Was kann mir wirklich passieren, wenn

- ich das Rotweinglas beim Galadinner umwerfe?
- ich den Posten nicht bekomme?
- meine Rede nicht überzeugend ist?
- ______________________________
- ______________________________
- ______________________________

Die Welt geht wohl in keinem Fall unter, das Leben geht weiter, ob es einen Fleck auf der Tischdecke oder der Krawatte gibt, Sie noch eine Weile Ihren derzeitigen Job behalten oder Ihre Rede mal nicht so ankommt. Sie sehen, wo Sie Lücken und Schwächen haben. Anstatt aus Angst vor peinlichen, unangenehmen Situationen zu fliehen, wäre es doch besser, sich zu stellen und anzufangen, die Schwächen zu verringern. Oder besser noch die

Stärken zu verstärken, sodass die Schwächen von selbst verschwinden.

Ich denke immer mit Hochachtung an einen Freund, der mir von seiner ganz persönlichen Anti-Angsttherapie erzählt: Er war schüchtern und sehr unsicher, was ihm sein Leben ziemlich verleidete. Immer versuchte er Situationen auszuweichen, die ihn irgendwie in Bedrängnis bringen konnten, bis es ihm eines Tages zu viel wurde, denn er fühlte sich in seinem Leben mehr und mehr eingeengt. Er hatte immer weniger Zivilcourage, wurde immer ruhiger und unscheinbarer. Eines Tages war es so weit. Er hatte es satt und begann, eine Strategie zu entwickeln, die er konsequent durchführte. Jeden Tag suchte er ganz bewusst eine angst-auslösende Situation, der er sich stellte. Einmal kam er mit zwei unterschiedlichen Socken ins Büro, einmal zahlte er im Restaurant, gab dem Ober zwanzig Mark zu wenig und sagte: »Den Rest können Sie behalten.« Einmal ging er in die Damentoilette, wartete bis zwei Damen sich frisch machten und verließ die Toilette wieder. Das war sein Meisterstück. Heute lacht er, wenn er daran denkt, denn heute ist er frei von Angst. Seine Schocktherapie hat ihn geheilt, denn er hat am eigenen Leib gespürt, dass es nur die Angst war, die ihn fertig machte, nicht die peinliche Situation als solche.

Vorschläge für Autosuggestionen

Ich habe zu über 30 Themen Texte erarbeitet, die Sie gern bei meinem Institut anfordern können. Wenn Sie mit besprochenen Kassetten arbeiten möchten, dann sollte Ihnen die Stimme des Sprechers unbedingt sympathisch sein, denn sonst blocken Sie innerlich ab, und alle Mühe wäre umsonst. Ich habe eine Anzahl von Entspannungs- und Suggestionskassetten entwickelt, deren Kraft mit der Wirkung eines Laserstrahls vergleichbar ist. Meine Kassetten sollen Ihnen helfen, Ihren individuellen Weg zur Freiheit zu finden, Ihre strahlende Persönlichkeit zu stärken und weiter zu entfalten und Sie zu Ihren Zielen zu begleiten.

Zur Aktivierung des Unterbewusstseins und zur Entfaltung der Persönlichkeit:

Ich bin fest entschlossen, die Kräfte und Fähigkeiten meines Unterbewusstseins zu nutzen.
Mein Unterbewusstsein ist mein bester Mitarbeiter; es ist der Riese in mir!
Ich lerne, mein Unterbewusstsein immer wirksamer zu beeinflussen.
Täglich werde ich mein Unterbewusstsein überzeugend und suggestiv ansprechen, um ihm zu sagen, was ich von ihm erwarte.
Täglich wächst mein suggestiver Einfluss, das stärkt und kräftigt meine Persönlichkeit!
Alle Kräfte und Fähigkeiten meines Unterbewusstseins warten darauf, meine Wünsche zu erfüllen.
Aus diesem Grunde werde ich täglich konzentriert und suggestiv mein Unterbewusstsein beeinflussen.
Dann wird mein bester Mitarbeiter alles tun, was ich von ihm erwarte.

Zur Zielkonzentration:

Ich bin fest entschlossen, meinem Leben Sinn und Wert zu geben.
Ich bin eine einflussreiche Persönlichkeit, die weiß, was sie will.
Meine Konzentrationskraft ist auf mein Ziel (hier das Ziel einsetzen) gerichtet.
Meine Fähigkeiten und Stärken setze ich erfolgreich ein.
Ich kann gut mit Menschen umgehen, sie sind von meinen Ideen begeistert und arbeiten motiviert mit mir, um das gemeinsame Ziel zu erreichen.
Ich weiß, was ich will, und ich gehe meine Ziele mit Elan, Freude und voller Konzentration an.
Ich bin eine einflussreiche und sympathische Persönlichkeit.
Durch meine charismatische Ausstrahlung werde ich meine Visionen verwirklichen.

Zur Stärkung Ihrer Persönlichkeit:

In meinem inneren Wesen wachse ich immer mehr zu einer positiven Persönlichkeit heran.
Ich fühle deutlich, wie ich immer mehr Macht über mich gewinne, wie ich immer beherrschter, immer ausgeglichener und immer harmonischer werde.
Meine Nerven gehorchen mir, mein Denken löst sich von allen Hemmungen, mein Geist wird frei und entfaltet sich zu ungeahnten Leistungen.
Ich fühle, wie ich innerlich wachse!
Tag für Tag fühle ich das Wachsen meiner Persönlichkeit, großes Selbstvertrauen kommt über mich.
Ich glaube an mich und meine seelische Kraft und meistere jede Schwäche.
Nichts kann mich klein und schwach machen, nichts zu Boden zwingen.
Der Erfolg ist mein, denn ich verursache ihn!

Zur besseren Kommunikation mit Ihrem Unterbewusstsein:

Jeder Mensch hat ein drittes Auge. Mit diesem dritten Auge sehen wir nachts in unseren Träumen. Und oft können wir in unseren Träumen Dinge noch klarer sehen, fühlen und erleben als in der Realität. Es gibt Menschen, die sogar farbig träumen und erleben können.

Schauen Sie mit Ihrem inneren Auge zu Ihrer Mitte, zu Ihrem Nabel, und wenn Sie jetzt Ihre Bauchdecke beobachten, spüren Sie ein sanftes Heben und Senken. Sie erleben Ihren Lebensrhythmus, Ihren Atemrhythmus.

Ihre Bauchdecke hebt und senkt sich. Alles im Universum hat einen Rhythmus. Die Sonne hat ihren Rhythmus, der Mond hat einen ganz anderen Rhythmus. Ihr Herz hat einen Rhythmus, und beim Aus- und Einatmen erleben Sie Ihren Rhythmus, der immer ruhiger und gelassener wird. Beim Ausatmen öffnet sich das Tor zu Ihrem Unterbewusstsein. In Ihrem Unterbewusstsein sind alle Daten und Fakten Ihres Lebens gespeichert. Die Kräfte und Fähigkeiten des Unterbewusstseins garantieren unser Leben und Überleben. Und da sie keiner so gut kennt, wie Sie selbst, kann keiner Ihnen bessere Ratschläge oder Hilfe zukommen lassen als Ihr eigenes Unterbewusstsein.

Da ich eine große Wertschätzung zu den Möglichkeiten des Unterbewusstseins habe, werde ich voller Achtung und Respekt das Wissen und Können meines Unterbewusstseins nutzen.
Da Erfolg eine Frage unseres Verhalten ist, wird mein Unterbewusstsein ständig neue verbesserte Verhaltensmuster erzeugen, um das Tor des Erfolges immer leichter zu öffnen.
Ständig arbeitet mein Unterbewusstsein an der Verbesserung meiner Verhaltensmuster. So wird der Weg in meine Zukunft immer leichter. Denn bis ins hohe Alter hat der Mensch die Möglichkeit, immer genialer zu werden.
Aus diesem Grund werde ich mit dem mentalen Training an der ständigen Verbesserung meiner Verhaltensmuster arbeiten.
Leben ist Chaos. Erfolgreich sind wir, wenn wir jeden Tag wieder Ordnung in das Chaos bringen.
Aus diesem Grund müssen wir in Ordnung sein. Mein Unterbewusstsein könnte jetzt beginnen, meinen morgigen Tag neu zu ordnen. Dann könnte die schöpferische Intelligenz beginnen, den übernächsten Tag zu ordnen, dann die nächste Woche, darauf die folgenden Monate, dann das nächste Jahr.
Ordnung regiert die Welt. Das Unterbewusstsein besitzt die Fähigkeit, auch meine nächsten Lebensjahre, meine Zukunft neu zu ordnen.
Mein Unterbewusstsein hat sogar die Möglichkeit, mein ganzes Leben neu zu ordnen.
Aus dieser Ordnung entstehen neue, wunderbare Erfolge. Ich werde befriedigende Ziele in meinem Leben erreichen, da ich den Mut besitze, sie herbeizuwünschen.
Immer wieder werde ich mein Unterbewusstsein bitten, mir zu helfen, eine positive Zukunft zu gestalten.

18. Die Imagination – Kino im Kopf

imago = Bild

Wir alle haben Tausende von Bildern im Kopf, verfügen über unser individuelles Heimkino mit Filmen, die wir nur für uns abspielen. Diese Filme laufen fast ständig. Es gibt keine Öffnungszeiten, keinen Ruhetag. Unser Wort »Imagination« leitet sich ab von dem lateinischen Wort »imago«, Bild. Ein Gedanke wird zum Bild und hat das Bestreben, sich zu verwirklichen. Wir können diesen Vorgang auch visualisieren nennen, also uns etwas vor unserem geistigen Auge bildlich vorstellen.

Visualisierung: Grundpfeiler des Mentaltrainings

Je intensiver, je klarer das Bild ist, desto mehr Energie erhält es und desto eher kann es sich verwirklichen. Wie wir wissen, wirken ausgesprochene Worte direkt auf das Unterbewusstsein. Deshalb machen wir diese Wünsche geistig sichtbar, damit wir sie noch besser in unserem Unterbewusstsein verankern können. Visualisierung und Autosuggestion sind die Grundpfeiler des Mentaltrainings.

Selbstbeeinflussung durch Wort und Bild

»Ein Bild sagt mehr als tausend Worte.« Das wissen wir aus eigener Erfahrung. Gehen wir einmal davon aus, dass Sie Süßigkeiten sehr gern essen und bei Champagnertrüffeln immer schwach werden. Wenn ich Sie jetzt auffordere, an Champagnertrüffel zu denken, sehen Sie bereits die wundervollen Kugeln vor sich. Sie riechen förmlich den verlockenden Duft. Was geschieht dabei? Allein durch die intensive Vorstellung werden Ihre Magensäfte angeregt, Ihre Geschmacksnerven laufen auf Hochtouren und die Speichelbildung wird in Erwartung der Pralinen angeregt. Sie sehen an diesem banalen Beispiel, welche Kraft die Imagination hat. Auch das Autogene Training arbeitet damit. Wenn Sie sich vorstellen, dass Ihr linkes Bein warm und leicht wird, dann geschieht dies. Allein durch die Selbstbeeinflussung via Wort und bildhafter Vorstellung. Je stärker ein inneres Bild in Form von Überzeugung, Glauben und Gefühl mit Energie geladen ist, desto stärker wirkt es. Wenn Sie sich Ihre Lieblingsspeise vorstellen, läuft Ihnen das Wasser im Mund zusammen. Stellen Sie sich aber nur ein Gericht vor, das Sie nur ganz gerne essen, dann ist die Auswirkung geringer – Sie bekommen zwar Appetit darauf, mehr aber geschieht nicht.

Positive Gedanken verbunden mit positiven inneren Bildern lösen angenehme Gefühle aus.

Positive Gedanken prägen neue Gewohnheiten

Denken Sie an Ihre/n Herzallerliebste/n, sehen Sie ihn/sie vor sich, wie er/sie lächelt, und sofort spüren Sie ein Gefühl der Wärme, der Zuneigung, des Wohlbefindens. Oder stellen Sie sich vor, Sie gewinnen den heiß umkämpften Großkunden. Allein schon bei der Vorstellung fühlen Sie sich super. Positive Gedanken und Gefühle prägen Ihre inneren Muster. Sind Sie mental gut drauf, dann kann kaum etwas schief gehen. Sie sind innerlich auf Erfolgskurs eingestellt, und das strahlen Sie aus. Ihr Umfeld wird entsprechend positiv gestimmt, negative Einflüsse können sich nicht weiter entwickeln und werden sogar schwächer. Sie haben Erfolg, können überzeugen und dieser Erfolg und das damit verbundene tolle Gefühl wiederum beflügelt Sie: Ein Erfolg zieht den nächsten nach sich. Die Erfolgsspirale ist in vollem Gange.

Kraft der inneren Bilder

Unser Unterbewusstsein reagiert sehr sensibel auf unsere inneren Bilder. Aber nicht nur das: Innere Bilder von Erfolg, Glück oder Gesundheit bewirken ein Hochgefühl, aktivieren Energien bzw. stärken das Immunsystem. Sie fühlen sich unheimlich gut, sind stark und sicher. Dieses Gefühl wiederum bewirkt, dass Sie erfolgreich handeln können. Sie werden frei von negativen Einflüssen, die Sie daran hindern könnten, Ihre Ziele zu erreichen. Sie sind auf dem Weg nach oben – in die Lüfte, zum Erfolg, ins Glück und in die Freiheit. Nichts beschwingt mehr als Erfolgserlebnisse.

Aufbauende Autosuggestionen in Verbindung mit inneren Bildern und verstärkt durch Gefühle wirken wie ein 1000-PS-Motor für einen Mittelklassewagen!

Trainieren Sie Ihre Vorstellungskraft!

Bilder und Gefühle – das lässt sich fast nicht trennen. Schauen Sie sich die Bilder Ihres letzten Urlaubs an, sehen Sie den weißen Sandstrand, den gepflegten Golfplatz oder das traumhafte Hotel: Und schon fühlen Sie sich wohl. Allein der Anblick der Fotos lässt Urlaubsstimmung in Ihnen entstehen: positive Erwartung, Vorfreude ... Wenn Sie sich in diesem Augenblick im Spiegel sehen könnten, würden Sie feststellen, dass Sie lächeln. Machen Sie sich dies zunutze, und trainieren Sie Ihr Vorstellungsvermögen, Ihre Imaginationsfähigkeit: Visualisieren Sie. Dabei gibt es einige Punkte zu beachten:

1. Im Streit zwischen Gefühl und Intellekt siegt immer das Gefühl.
   Sie können das auch anders ausdrücken: Wenn Ihr Gefühl und Ihr Verstand nicht auf einen Nenner zu bringen sind, wird das Gefühl gewinnen; die verstandesmäßige Vorstellung hat keine Chance.

2. Jedes innere Bild hat das Bestreben, sich zu realisieren. Oder anders ausgedrückt: Ihr Unterbewusstsein tut alles, um Ihre bildhafte Vorstellung zu verwirklichen.

3. Der Wille wirkt als Blockade; das Gefühl als Verstärker Ihres Wunsches!

Kontrolle der inneren Bilder

Dass negative Bilder die gleiche Kraft haben, sich zu verwirklichen, muss ich sicher nicht mehr erwähnen. Sie stellen sich eine fatale Situation vor, beispielsweise wie Sie feuchte Hände bekommen, wenn Sie dem neuen Chef vorgestellt werden. Natürlich haben Sie dann tatsächlich feuchte Hände. Bei einer solchen geistigen Vorstellung können Sie gar nichts anderes erwarten. Also: Nicht nur Gedankenhygiene, sondern auch Kontrolle der inneren Bilder ist angesagt.

Übung: Schaffen Sie Ordnung in Ihrer Vorstellungswelt!

Gehen Sie einmal durch Ihr persönliches inneres Kino: Welche Filme sind dort gelagert? Horror- oder Kriegsfilme, dramatische oder vielleicht Erfolgsfilme? Räumen Sie in Ihrer geistigen Vorstellungswelt auf, werfen Sie alte Filme weg, die heute nicht mehr zu Ihnen und Ihrer Vorstellung passen.

Vergessen Sie dabei auch nicht, Ihre sprachlichen Gewohnheiten einer Überprüfung zu unterziehen: Sagen Sie vielleicht »ich *sehe* schon, wie er wieder unfreundlich zu mir ist«, »da *sehe* ich schwarz ...« – und wundern sich dann, dass das eintritt? Sehen Sie sich, wie Sie bei einer Prüfung alle Antworten wissen oder wie Ihnen nichts einfällt? Nicht nur, was Sie denken, sondern noch viel mehr, was Sie sehen *und* denken *und* fühlen, wird sich realisieren.

Innere Bilder klar sehen

So wie Sie Ihre Gedanken kontrollieren und in die richtige Richtung lenken können, können Sie auch Ihre inneren Bilder kontrollieren und bewusst kreieren. Die Fähigkeit dazu hat jeder von uns. Wir müssen sie nur durch Training verstärken. Wichtig ist, dass Sie lernen, Ihre inneren Bilder wirklich ganz klar zu sehen.

> **Verschwommenheit in der Visualisierung ergibt Verschwommenheit in der Ausführung.**

Exaktes, akribisch genaues Arbeiten ist notwendig, dann werden Ihre Ergebnisse erstklassig sein. Ihr Unterbewusstsein sollte so klar und deutlich Ihre Vorstellung »sehen« können.

> **Bei der Autosuggestion kommt es auf die Wortwahl, die genaue Zielvorgabe an; bei der Visualisierung kommt es auf die Deutlichkeit, die Eindeutigkeit in der Vorstellung an.**

Schritt für Schritt zur Meisterschaft!

Gehen Sie Schritt für Schritt vor. Manches können Sie auf Anhieb perfekt, manches müssen Sie erst trainieren, und einiges werden Sie möglicherweise ganz neu lernen müssen. Versetzen Sie sich in die Rolle eines Sportlers, der sich einem Aufbautraining unterzieht. Jeden Tag dieselben Übungen bei Steigerung der Gewichte oder Verlängerung der Rennstrecke.

Schritt für Schritt zu aufbauenden Bildern

1. Schritt: Farben

Schwelgen Sie in Farben

Wählen Sie einige Farben und stellen Sie sich diese in Gedanken vor. Vielleicht gelingt Ihnen das gleich beim ersten Versuch. Bei rot denken Sie an ein leuchtendes Rot, ein Tomatenrot oder Sie sehen das Rot der Verkehrsampel, ein weiches Rot wie beim Sonnenuntergang. Bei grün sehen Sie möglicherweise Tannengrün, das helle Grün einer jungen Pflanze, bei gelb Sonnengelb oder Zitronengelb.

Haben Sie Schwierigkeiten, sich bestimmte Farben richtig vorzustellen, dann suchen Sie in Ihrem Gedächtnis nach Beispielen. Hilft Ihnen auch das nicht weiter, dann holen Sie sich Farbbögen oder gehen Sie in ein Malergeschäft und betrachten dort die Farbskalen. Schließen Sie die Augen und stellen Sie sich die jeweilige Farbe vor.

Schwelgen Sie in den schönsten Farben, sehen Sie einen wunderschönen Regenbogen.

2. Schritt: Gegenstände

Details visualisieren

Schließen Sie die Augen, und stellen Sie sich einen Gegenstand aus dem Raum vor, in dem Sie sich im Moment befinden. Das kann der Schreibtisch sein, ein Stuhl oder das Telefon. Sehen Sie im Geist beispielsweise den Tisch. Aus welchem Material ist er? Sehen Sie die Farbe, stellen Sie sich ruhig auch das Gewicht des Tisches vor. Heben Sie ihn in Gedanken ein wenig hoch. Wie fühlt sich der Tisch an, wenn Sie mit der Hand über die Tischplatte streichen?

Integrieren Sie in Ihr Bild alles, was Sie innerlich abrufen können. Benutzen Sie dafür alle Sinne: Augen, Tastsinn, Geruchssinn.

Jetzt stellen Sie sich eine Flasche Wein vor. Welche Form hat die Flasche? Welche Farbe hat sie? Wie sieht das Etikett aus? Wie liegt sie in Ihrer Hand, wenn Sie den Wein eingießen? Befindet sich Weiß-, Rot- oder Roséwein in der Flasche? Wie schmeckt dieser Wein? Wie ist die Temperatur des Weins bzw. wie fühlt sich die Flasche in Ihrer Hand an?

Sie sehen, dass Sie mit diesem Imaginationstraining nicht nur Ihre geistige Bilderwelt erweitern, sondern dass Sie eine Reihe anderer Fähigkeiten sensibilisieren. Solche Übungen schärfen im Allgemeinen Ihr Bewusstsein für alles, was Sie tun und was um Sie herum geschieht. Ihr Wahrnehmungsvermögen profitiert davon.

Nebeneffekt: geschärftes Wahrnehmungsvermögen

Wir wollen aber noch mehr: Wir wollen jetzt Dinge visualisieren, die wir nicht durch einfaches Augenöffnen überprüfen können, also Gegenstände, die Sie im Augenblick nicht sehen können, beispielsweise Ihr Auto, hören Sie das Motorgeräusch. Gehen Sie in alle Details, fühlen Sie, wie Sie in Ihrem Auto sitzen, wie Sie auf der Landstraße, in der Stadt, auf der Autobahn fahren, wie der Wagen auf der Straße liegt, wie sich das Lenkrad anfühlt, etc. etc.

3. Schritt: Fantasiebilder

Jetzt stellen Sie sich Dinge vor, die es in Wirklichkeit nicht gibt oder die Sie noch nie gesehen haben. Lassen Sie vor Ihrem geistigen Auge ein Raumschiff, eine Fee, ein U-Boot entstehen. Versuchen Sie sich in Ihre Vorstellung hineinzuversetzen. Wie fühlt es sich an, wie riecht es, wie schmeckt es, wie schwer ist es? Haben Sie Schwierigkeiten, sich in Ihr Fantasiebild hineinzuversetzen, dann malen Sie Ihren Fantasiegegenstand auf ein Blatt Papier, schließen Sie die Augen und stellen Sie ihn sich vor.

Der Fantasie freien Lauf lassen

4. Schritt: Veränderung

Sie sind durch das Training inzwischen so weit, dass Sie beginnen können, die Bilder zu verändern. Machen Sie beispielsweise aus der Rotweinflasche eine Weißweinflasche, aus dem Tisch einen Arbeits- oder einen Esstisch, aus einer weichen, reifen, gelben Birne eine grüne Birne, die noch hart ist, aus einem Opel einen Ferrari. Sie werden sehen, dass das recht gut funktioniert. Sie sind der Maler Ihrer Gemälde, der Architekt Ihrer Bilderwelt, der Regisseur Ihres imaginären Films.

Neues ins Bild integrieren

5. Schritt: Vom Bild zum Film

Nun lernen Ihre Bilder laufen. Sehen Sie beispielsweise Ihren Hund beim Spazierengehen, wie er sich bewegt, schnüffelt, seine Hundekollegen begrüßt, wie er rennt oder knurrt. Stellen Sie sich einfach vor, Sie würden einen Film über Ihren Hund drehen. Und

Ihre Bilder lernen laufen

nun kommen Sie dazu: Rennen Sie mit ihm über die Wiese, nehmen Sie ihn an die Leine, sprechen Sie mit ihm … Oder drehen Sie einen Gedankenfilm über Ihren letzten Geburtstag. Sehen Sie in allen Einzelheiten den Tagesverlauf: Wann sind Sie aufgestanden, was haben Sie angezogen, wer hat angerufen, hatten Sie unerwarteten Besuch oder Gäste eingeladen? Ihr innerer Film sollte chronologisch sein.

Üben Sie so lange, bis Sie einen einwandfreien Film vor sich sehen – ganz klar und deutlich.

6. Schritt: Der Film von der Zukunft

Visualisieren Sie Ihre Zukunft

Sie sind inzwischen zum Meister der Imagination geworden, sodass wir beginnen können, Zukunftsfilme zu drehen. Sie können nun daran gehen, Ihre Wünsche und Ziele in einem Film darzustellen. Dafür sollten Sie ein ganz klares Bild entwickeln, einen eindeutigen Film drehen – mit allem, was dazu gehört. Lassen Sie mich ein Beispiel aus dem Sport nehmen: Der Läufer hört die Parolen, mit denen das Publikum ihn anfeuert, er spürt, wie der Schweiß über sein Gesicht rinnt, spürt, wie er atmet, sieht das Ziel immer näher kommen, wie er die Konkurrenten hinter sich lässt, hört wie die Zuschauer klatschen, …

Drehen Sie Ihren Film von der Freiheit. Fühlen, schmecken, hören, tasten, begreifen Sie alles, was damit verbunden ist. Prüfen Sie diesen Film, ob er wirklich ganz exakt ist, ob Ihr Unterbewusstsein bis ins Detail Ihre Vorstellungen erkennen kann.

Eindeutige Symbole für Gefühle

Sie können für bestimmte Gefühle ein Symbol verwenden. Beispielsweise könnte für Freiheit das Bild von einem Vogel stehen, der sich in die Lüfte schwingt. Prüfen Sie jedoch, ob Ihr Unterbewusstsein Ihr Symbol richtig versteht, nicht dass Sie möglicherweise mit diesem Bild erreichen, dass Sie viele Flugreisen machen möchten. Drehen Sie einen Erfolgsfilm.

Übereinstimmung von Wort und Bild

Ihr innerer Film sollte so fest in Ihnen verankert sein, dass er sofort abläuft, sobald Sie an Ihr Ziel denken. Es ist natürlich selbstverständlich, dass Ihre Autosuggestion zu Ihrer bildhaften Vorstellung passen muss, dass Bild und Wort übereinstimmen. Irgendwann werden Sie bemerken, dass Ihr Film sofort aktiviert wird, wenn Sie dazu nur ein Stichwort im weitesten Sinne hören.

Beachten Sie auch bei der Imagination folgende Dinge: **Wichtig**

1. In Alpha gelingt alles besser. Deshalb versetzen Sie sich in Alpha, bevor Sie anfangen, Ihre Bilder und Filme in Ihrem Unterbewusstsein zu installieren. **Alpha**

2. Gefühl muss immer sein. Gefühl wirkt als absoluter Verstärker. Fühlen Sie das Glück, die Gesundheit, die Freiheit oder den Erfolg. Spüren Sie in sich hinein, wie es ist, erfolgreich zu sein, sehen Sie sich von innen strahlen, genießen Sie den Applaus, die Bewunderung, seien Sie stolz auf sich. Spüren Sie die Gesundheit, die Liebe oder die Freiheit in allen Facetten Ihrer Gefühle. **Gefühle verstärken**

3. Stellen Sie sich Ihren Wunsch, Ihr Ziel als bereits erreicht vor. Malen Sie nicht ein Zukunftsbild, sehen Sie Ihren Wunsch bereits realisiert. Sehen Sie alles so, als würde es jetzt in diesem Augenblick geschehen, als hätten Sie Ihr Ziel schon erreicht. **Ziel bereits erreicht**

Man muss schon da sein, bevor man ankommt!

4. Sehen Sie keine negativen Situationen. **Negatives meiden**
   Beispiel: Sie haben sich das Bein gebrochen. Sehen Sie sich nicht mit Gipsbein am Stock humpeln, sondern sehen Sie sich, wie Sie spazierengehen, gesund und munter sind. Sie wissen, dass Ihr Unterbewusstsein Ihre Wünsche erfüllt. Zeigen Sie ihm nun ein Bild von sich mit Gipsbein, könnte es passieren, dass Sie gleich noch einmal stürzen oder aber, dass der Heilungsprozess sich verlangsamt.

5. Zur Vertiefung können Sie ein Bild von Ihrem Ziel malen, zeichnen oder als Collage zusammenfügen. Hängen Sie dieses Bild so auf, dass Sie es möglichst oft sehen, damit geben Sie sich einen Powerkick. Oder stellen Sie sich in der Rolle eines Filmvorführers vor, der Ihren **Vertiefen**

Imaginationsfilm bewusst in den Projektor einlegt und den Knopf zum Abspielen drückt.

Geduld

6. Geduld ist nötig. Erwarten Sie keine schnellen Wunder – auch Wunder brauchen ihre Zeit. Stehen Sie sich nicht mit Ihrem Willen im Weg. Ihr Gefühl ist Ihr Antriebsmotor. Das Mentaltraining ist dann am wirkungsvollsten, wenn Sie es ruhig, gelassen und locker angehen. Wenn Sie dann noch an den Erfolg glauben, können Sie Berge versetzen.

Training

7. Wiederholung, Wiederholung, Wiederholung. Nur durch die ständige Wiederholung können Programme tief in Ihnen verankert werden, sodass Sie zu Gewohnheiten werden und Ihr Verhalten prägen, zu Verhaltensmustern werden. Nicht durch das Reden von den Siegen wird ein Sportler zum Sieger, sondern nur durch ständiges Training.

Die Kraft der Gefühle und des Glaubens

Gefühle geben unseren Wünschen Kraft

Ohne Gefühle geht es nicht – weder im Alltag noch beim Mentaltraining. Ein Regisseur, der ohne Leidenschaft einen Film dreht, wird keinen Preis gewinnen, ein Klavierspieler, der ohne Hoffnung auf tosenden Applaus ein Konzert gibt, wird über ein mittelmäßiges Spiel nicht hinauskommen, ein Schriftsteller, der nicht daran glaubt, einen Bestseller zu schreiben, sollte besser gar nicht erst beginnen. Die Gefühle, die wir für unsere Ziele haben, die Begeisterung, aber auch die Hoffnung auf gutes Gelingen sind unerlässlich, um unseren Autosuggestionen und unserer Imagination Leben zu geben. Erst dann bekommen unsere Wünsche die Dynamik, die sie benötigen.

Glaube und Gefühl

Gefühle entstehen durch den Glauben. In dem Augenblick, in dem wir etwas glauben, werden Gefühle aktiviert, im positiven wie im negativen Sinn. Glauben wir daran, dass wir uns vom Grippevirus anstecken lassen, wirkt der Glaube und schwächt sofort unser Immunsystem. Glauben wir daran, dass wir unser Gehaltsgespräch erfolgreich führen werden, gibt uns dieser Glaube Kraft, Energie und die Fähigkeit, die richtigen Argumente überzeugend zu vermitteln.

Stellen Sie sich vor, Sie haben sich um eine Stelle beworben, von der Sie wissen, dass es sehr viele qualifizierte Mitbewerber gibt. Glauben Sie nun daran, dass Sie die Stelle bekommen, dann setzt allein dieser Glaube in Ihnen so viel positive Energie frei, dass Sie die Stelle höchstwahrscheinlich bekommen. Nicht, weil Sie bessere Voraussetzung haben, sondern weil Sie mental stärker sind als Ihre Konkurrenten.

Übung: An was glauben Sie?

Nach unserem Glauben wird uns geschehen. Betrachten Sie einmal Ihr Leben unter dieser Perspektive.

An was haben Sie geglaubt, als Sie Ihren derzeitigen Job annahmen?
Was hat sich daraus entwickelt?
War die Entwicklung nicht so positiv wie Sie geglaubt hatten?
Wann haben sich Zweifel eingeschlichen?
Wann haben Sie aufgehört an Ihr Ziel zu glauben?
Welches sind Ihre Glaubenssätze?
Glauben Sie an die Kraft des Geistes?
Glauben Sie, dass Sie mehr können als Sie sich bisher zugetraut haben?
Glauben Sie, dass nur der Fleißige erfolgreich ist?
Glauben Sie an morgen, oder haben Sie heute schon aufgegeben?
Glauben Sie, dass alles in Ihnen ist?
Glauben Sie, dass Sie das Mentaltraining lernen können?
Glauben Sie, dass Sie ein glückliches und erfülltes Leben haben?

Schreiben Sie die drei wichtigsten Dinge auf, an die Sie fest glauben:

1. ______________________________

2. ______________________________

3. ______________________________

Macht der Gefühle nicht unterschätzen

Wir haben uns viel mit der Macht der Gedanken befasst. Unsere Gedanken sind jedoch untrennbar mit unseren Gefühlen verbunden: mit unseren Hoffnungen, Befürchtungen, mit unseren Zweifeln und Ängsten. Unterschätzen Sie daher nicht die Macht der Gefühle. Fragen Sie sich einmal: Welche Gefühle wirken in Ihnen? Welche Grundeinstellung (= Ursache) hat Ihre Gegenwart (= Wirkung) geprägt?

Negative Gefühle haben die gleiche Energie wie positive. Was Sie fühlen, ziehen Sie an. Haben Sie Angst vor etwas, fühlen Sie sich schlecht, dann ziehen Sie automatisch die befürchtete Situation an. Freude gibt Energie. Freuen Sie sich auf etwas, dann sieht man Ihnen das gleich an: Sie gehen beschwingten Schrittes, Sie lächeln, Ihre Augen strahlen, Sie haben eine tolle Ausstrahlung. Manche Menschen versuchen zwar, Ihre Gedanken zu kontrollieren, sind sich aber gar nicht bewusst, welche negativen Muster in ihnen wirken.

Übung: Positive und negative Gefühle erkennen

Vieles ist uns gar nicht bewusst, weil wir es schon so lange in uns tragen, es zu einer Gewohnheit geworden ist. Deshalb prüfen Sie: Haben Sie grundsätzlich eine optimistische oder eher eine pessimistische Haltung? Befürchten Sie eher Schwierigkeiten, oder erwarten Sie mehr Zustimmung? Sehen Sie in jeder Situation auch positive Perspektiven?

Glaube bestimmt Realität

Nicht die Realität entscheidet, sondern unser Glaube von der Realität. Glauben kommt von innen, kommt aus Ihrem tiefen Wesenskern. Glauben Sie wirklich an die Erfüllung Ihres Wunsches, dann haben Sie Ihrem Wunsch damit so viel Energie verliehen, dass sich einer Erfüllung fast nichts in den Weg stellen kann.

Wenn trotz tiefem Glauben ein Misserfolg eintritt, dann haben Sie nicht wirklich geglaubt. Dann haben Ungläubigkeit, Zweifel und geheime Ängste Ihren Glauben unterminiert. Ein Fahrlehrer antwortete seinen Schülern immer auf ihren Einwand, »Ich habe geglaubt, man dürfe da und dort abbiegen« mit »Glauben heißt nicht wissen«. Und hier liegt nämlich der Knackpunkt für uns – und Sie wissen inzwischen schon, dass hier unser Verstand wieder gewirkt hat. Glauben genügt dem Verstand nicht; er will wissen. Glaube hat eine so große Macht. Denken Sie an die vielen Kriege, die wegen des Glaubens geführt wurden.

Glaube ist der stärkste Motivator!

Glaube versetzt Berge

Gehen wir zurück zu unseren Wünschen und Zielen. Wenn Sie wirklich an Ihr Ziel glauben, dann haben Sie dieses Ziel innerlich bereits erreicht. Sie tragen die Überzeugung bzw. das innere Wissen in sich, dass alles möglich ist. Setzen Sie die richtigen Ursachen, glauben Sie an die Realisierung Ihrer Wünsche und seien Sie überzeugt. Der Glaube gibt Ihren Autosuggestionen und Ihren bildhaften Vorstellungen die Kraft, die sie benötigen, um sich zu verwirklichen. Ist der Glaube klein und schwach, sind also Zweifel da, dann ist der Weg zum Ziel lang und schwierig. Ist der Glaube stark, dann können Sie die Welt bewegen. Verbunden mit dem Glauben ist das Vertrauen. Vertrauen, dass aus dem Wunsch mittels Glaube Realität wird. Aus dem Glauben wächst die Überzeugung. Vergleichen wir den Glauben mit einem Automotor, so hat der Glaube 150 PS und die Überzeugung 200 PS. Denken Sie nur einmal an den Schaden, den der Glaube an etwas Negatives bewirken kann. Und schauen Sie, was Sie mit dem Glauben Positives erreichen können, nämlich Unmögliches möglich machen. Ob unser Glaube uns nach oben trägt oder nach unten zieht, unser Einsatz bleibt der Gleiche.

Elementares Gefühl

Der Glaube ist ein elementares Gefühl. Wir sehen das an den Kirchen, die sich wieder zu füllen beginnen – nach glaubens-losen Zeiten. Die Menschen bekennen sich wieder zu ihrem Glauben. Der Mensch braucht den Glauben. Der Glaube macht stark, gibt Halt und Zuversicht. Und noch etwas: Der Glaube trägt auch Hoffnung in sich.

Schmetterling Hoffnung

Zeus hatte dem Epidemus ein goldenes Kästchen geschenkt, ihn jedoch gebeten, dieses Kästchen niemals zu öffnen. Als Epidemus auf einer Reise war, hörte seine Frau Pandora eine äußerst verführerische Stimme, die aus dem Inneren des Kästchens kam: »Lass mich heraus, lass mich heraus«, flötete diese Stimme. Die Neugierde wurde immer größer, und Pandora konnte nicht widerstehen. Ganz vorsichtig öffnete sie das Kästchen, nur einige Millimeter. Doch schon war das Unheil geschehen, aus dem

Kästchen entflohen Neid, Hass, Krankheit, Krieg und Zerstörung, kurz alles Negative, und breiteten sich in Windeseile auf der ganzen Welt aus. Als Epidemus von seiner Reise zurückkam und bemerkte, was geschehen war, schimpfte er sein Weib fürchterlich. Dann fingen beide an zu weinen. Bald hörten sie jedoch erneut aus dem Inneren des Kästchens eine Stimme, die noch verführerischer war als die erste Stimme. »Lass mich heraus, lass mich heraus«, tönte es da. Die Stimme war so verführerisch, dass diesmal Epidemus schwach wurde, und so öffneten die beiden das Kästchen. Und siehe da: Diesmal flog ein Schmetterling aus dem Kästchen. Dieser Schmetterling hatte den Namen »Hoffnung«.

Lassen wir uns davon inspirieren. Halten Sie die Hoffnung immer in sich lebendig!

Glauben und Vertrauen

Hoffen wir, dass unser Wunsch sich erfüllt, so können wir ihn mit Energie aufladen. Glauben wir an die Erfüllung, erhält der Wunsch einen Energieschub. Glauben und Vertrauen sind eng verbunden. Wie sieht es mit Ihrem Ver-trauen zu sich aus? Trauen Sie sich selbst, trauen Sie sich etwas, trauen Sie sich etwas zu?

Übung: Stärken Sie Ihren Glauben an sich selbst

Sind Sie ein notorischer Zweifler, dann kann Ihr Glaube nicht allzu stark sein. Aber Sie können lernen zu glauben, mit kleinen Übungen Ihren Glauben stärken. Oder überhaupt erst einmal ein Gefühl für den Glauben entwickeln. Voraussetzung ist, dass Sie etwas glauben, was einen Bezug zur Realität hat. Glauben Sie also nicht, dass es Geld regnen wird, sondern glauben Sie lieber, dass Sie, wenn Sie Ihre Fähigkeiten entfalten, Erfolg haben werden, inneren und äußeren Reichtum erlangen. Fangen Sie klein an mit Ihren Glaubensübungen, beispielsweise

- glauben Sie, dass Ihr Urlaub Ihren Vorstellungen entspricht,
- glauben Sie, dass Ihr Antrag angenommen wird,
- glauben Sie, dass Sie mit dem richtigen Partner leben,
- glauben Sie, dass Sie die Nummer eins in Ihrem Bereich werden.

Fühlen Sie bewusst den »Glauben«, spüren Sie die Gewissheit, die in Ihnen entsteht, die Kraft, die daraus wächst, und die Überzeugung, die sich entwickelt. Wenn Sie dieses Glaubensgefühl entwickeln, dann haben Sie keine Schwierigkeiten mehr, Ihren Wunsch nach Erfolg mit ihrem Glauben zu beleben und zu stärken.

Leichter fällt Ihnen alles, wenn Sie in Alpha sind, denn dann werden die Grenzen zwischen dem Ich-Bewusstsein und dem Unterbewusstsein aufgelöst. Aus der Tiefe Ihres Seins kommt die Gewissheit, das Vertrauen und der Glaube. Alles ist in Ihnen. In diesem Zustand sind Sie in Harmonie mit dem Universum, spüren in sich das Urvertrauen, die große Kraft des Seins, die Unendlichkeit der Freiheit.

Auch beim Glauben wirkt das Gesetz von Ursache und Wirkung. Setzen Sie die richtigen Ursachen, dann treten die entsprechenden Wirkungen ein.

Damit Sie Ihre Ziele erreichen können, ist es unabdingbar, dass Sie Ihre Wünsche geistig bereits als Realität sehen und in der Gegenwart oder als Gegenwart empfinden. Ein Sportler, der ein Rennen gewinnen will, bereitet sich durch Mentaltraining darauf vor, indem er dieses Rennen immer wieder geistig durchspielt, als fände es gerade in diesem Moment statt. Er glaubt fest daran, dass er das Rennen gewinnt, fühlt und handelt gedanklich bereits als Sieger. Wenn Sie beim Vorstellungsgespräch glauben, den Job zu bekommen, dann steigen Ihre Chancen um ein Vielfaches.

Der Glaube erst gibt der Autosuggestion und dem inneren Bild die entscheidende Kraft, den Wunsch zu realisieren.

Mentale Übung: Vom Glauben getragen erreichen Sie Ihre Ziele

Entspannen Sie sich, aktivieren Sie Ihre Wunschvorstellung in Form Ihres inneren Bildes, und sprechen Sie dazu laut und deutlich Ihre Autosuggestion. Versenken Sie sich in sich selbst, und spüren Sie, wie Sie von Ihrem Glauben getragen werden. Nichts stört Sie in diesem Augenblick. Sie sehen Ihren inneren Film vor sich, sehen sich am Ziel Ihrer Wünsche und Träume, sehen Sie Ihre Wünsche als real an. Sie sind in Harmonie mit sich selbst, Sie schöpfen aus dem kollektiven Unterbewusstsein, sind erfüllt von Sicherheit, Freude und Glück.

Alles ist in Ihnen.

Schöpferische Energie

Nachdem die Götter das Universum geschaffen hatten mit all seinen Pflanzen, Tieren und Menschen, schufen sie als Letztes die schöpferische Energie. Nun stellte sich die Frage, wo Sie sie aufbewahren sollten. Die Menschen sollten Mühe haben, um die schöpferische Energie zu finden. Die Götter berieten lange, wie sie das Abenteuer des Suchens für den Menschen spannend machen und lange hinziehen konnten. Es kamen die ausgefallensten Vorschläge: Man sollte die schöpferische Energie in den Tiefen des Meeres versenken oder auf der Schattenseite des Mondes verstecken. Es wurde lange hin und her diskutiert, bis der älteste und weiseste Gott das Wort ergriff und die Entscheidung traf: »Wir verstecken die schöpferische Energie im Herzen des Menschen. So wird er sie auf der ganzen Welt suchen, ohne zu wissen, dass er sie selbst in seinem Herzen trägt.«

Haben Sie Ihre schöpferische Idee gefunden, haben Sie sie schon gespürt?

Mit Imagination Schmerzen hemmen

Profis des Mentaltrainings

Im Himalaja leben buddhistische Mönche, die durch bestimmte Entspannungs- und Meditationstechniken in der Lage sind, ihre Körpertemperatur zu beeinflussen. So können sie nasse Tücher allein mit ihrem Körper trocknen, können fast unbekleidet eine Nacht in eisiger Kälte überstehen. Wissenschaftler haben versucht, dieses Phänomen zu ergründen, konnten jedoch nur einen Anstieg oder eine Reduzierung der Körpertemperatur messen. Wie die Mönche diesen Zustand erreichen, konnte nicht genau geklärt werden. Die Mönche entspannen sich und erhöhen die Körpertemperatur. Dann legen sie sich ein Tuch, das in kaltes Wasser getaucht wurde, um den Körper, der inzwischen so heiß geworden ist, dass die Tücher schnell anfangen zu dampfen und in kurzer Zeit trocken sind. Einmal im Jahr verlassen sie ihr Kloster, das auf 5000 m ü. M. liegt, steigen noch einmal 300 m hoch und schlafen in einer Neumondnacht im Februar, die als die kälteste des Jahres gilt, nur mit einem Lendenschurz bekleidet und mit einem Stofflaken bedeckt die ganze Nacht im Freien – ohne zu zittern, da dieses die Körpertemperatur erhöht. Die Wissenschaftler und die Kameraleute konnten nur dick vermummt diese eisige Kälte überstehen. Man könnte die Mönche als Hochleistungssportler des Geistes, Profis im Mentaltraining, bezeichnen.

Wie ist so etwas möglich? Mit der Kraft des Geistes kann der Körper beeinflusst werden. Die Mönche entspannen und konzentrieren sich, stellen sich vor, dass ihr Körper von imaginären Kanälen durchzogen ist, in denen ein Feuer brennt. Die Haut erhitzt sich. Ähnliches kennen wir auch von Karatekämpfern. Wenn wir wie diese mit äußerster Kraft einen Ziegelstein mit der Handkante zerschlagen wollten, würden wir aufschreien vor Schmerz und uns die Hand brechen. Ein Profi allerdings kann seinen Körper so beeinflussen, dass er Schmerz ausschaltet.

Mit der Kraft des Geistes den Körper beeinflussen

Die Chinesen erklären das mit Qi, der Lebenskraft, die in jedem Menschen vorhanden ist. Diese Kraft kann gezielt auf bestimmte Punkte gelenkt werden, sodass Verletzungen nicht vorkommen. Dies erfordert natürlich langjährige Übung.

Etwas Ähnliches geschieht während des vegetarischen Festes in Phuket, einem chinesischen Fest, das die Heldentaten der »Soldaten der Götter« verehrt. Während des Festivals opfern Tausende ihre Zeit, um sich in Phukets zwei Haupttempeln verdient zu machen und ihren Körper und ihren Geist für die Zeremonien vorzubereiten. Bei der Hauptzeremonie werden Platten mit vegetarischen Gerichten präsentiert, und die Teilnehmer laufen über glühende Kohlen oder durchbohren Gesicht und andere Körperteile mit spitzen Gegenständen, um böse Geister abzuwenden. Das soll ihnen gute Gesundheit und einen friedfertigen Geist verleihen. Wenn das Feuerwerk in den Himmel kracht, um die bösen Geister zu vertreiben, marschieren die Menschen von Tempel zu Tempel, darunter auch diejenigen, die sich Wangen und Zunge mit Pfeilen und Speeren durchbohrt haben. Sie spüren keinen Schmerz, auch bluten die Wunden nicht. Die Wunden heilen schnell und hinterlassen keine sichtbaren Narben. Die aktiven Teilnehmer sind keine Schauspieler oder besonders trainierte Akteure, es handelt sich um Menschen wie du und ich. Sie wollen den Geist und die Seele reinigen, die positiven Energien stärken.

Den Willen loslassen

Beim Schützen, der seinen Zielpunkt anvisiert, kann man die Konzentration an den Gehirnströmen ablesen. Tests haben deutlich gezeigt, dass sich der Schütze beim ersten Anlegen des Gewehrs in Beta befindet, er ist bewusst, mit seinem Willen, konzentriert. Das lässt sich an seinen Bewegungen ablesen, doch kann

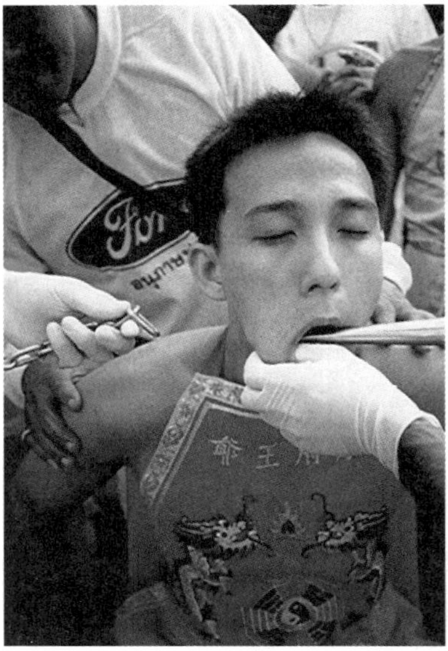
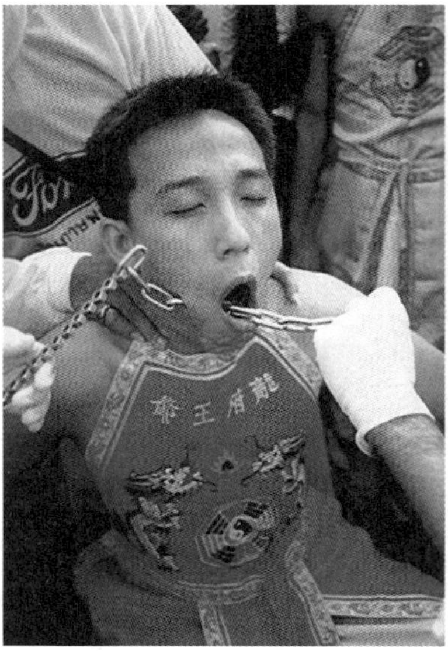

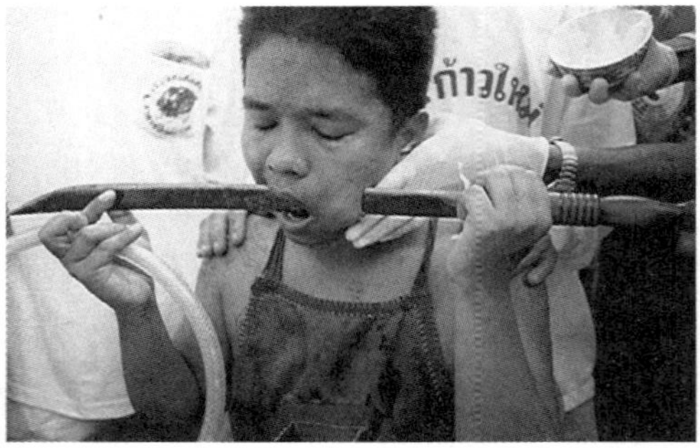

wird er sichtbar ruhiger. Die Hand ist jetzt ganz ruhig, und die Gehirnströme zeigen an, dass er nach Alpha gewechselt hat. Er ist jetzt vollkommen bereit zum Abdrücken, er hat aufgehört, mit dem Willen seinen Geist (und seine Hand) zu beeinflussen, befindet sich in einem Zustand höchster Konzentration, die den Willen losgelassen hat. Er hat aufgehört, bewusst zu zielen, er zielt automatisch – und trifft ins Schwarze. Wer zu viel über etwas nachdenkt, das er beherrscht, kommt in Beta, ist gelähmt und blockiert!

Bewusste Konzentration = Beta
Unbewusste Konzentration = Alpha

Übung: Energiebahnen

Stellen Sie sich eine unangenehme Situation vor, beispielsweise den letzten Streit mit Ihrem/r Partner/in oder eine Auseinandersetzung mit Ihrem Chef. Achten Sie auf die Temperatur Ihrer Hände. Was bemerken Sie? Ihre Hände werden kühler; negative Gedanken verengen die Blutgefäße, was automatisch eine Reduzierung der Körpertemperatur zur Folge hat.

Jetzt erinnern Sie sich an die schönen, warmen Sommertage oder den Urlaub am südlichen Strand. Solche Gedanken entspannen nicht nur Ihren Geist, sondern erwärmen auch Ihren Körper, weil sich die Blutgefäße bei angenehmen Vorstellungen erweitern. Eine bessere Durchblutung bewirkt Wärme.

Schmerzen reduzieren

Die soeben gemachte Erfahrung können Sie nun nutzen, um Schmerzen zu reduzieren, ja vielleicht sogar ganz auszuschalten. Wenn Sie sich vorstellen, dass Ihr Körper von Bahnen durchzogen ist, die jeweils zu einem Schalter in Ihrem Gehirn führen, dann können Sie sich beispielsweise bei Schmerzen im Knie vorstellen, dass sie ganz einfach diesen Schalter im Kopf umlegen. Zur besseren Vorstellung können Sie sich die einzelnen Bahnen mit unterschiedlichen Farben ausmalen.

Schmerzen betäuben

Sie können sich auch vorstellen, dass ein Körperteil einfach taub wird, wenn Sie den Schmerz abstellen möchten. Sicherlich kennen Sie das taube Gefühl, das einer Spritze beim Zahnarzt folgt. Er hat Ihnen Novokain gegeben. Denselben Effekt können Sie jedoch auch ohne Medikament erreichen, nur durch Ihre Vorstellungskraft, durch die Kraft der Autosuggestion und der Imagination: »Mein Bein wird leicht, wird taub und fühlt sich pelzig an.« Sprechen Sie das ein paar Mal laut aus und kneifen Sie sich zur Probe aufs Exempel ins Bein. Zuerst vorsichtig und nach und nach immer fester. Wenn Sie es richtig machen, spüren Sie nach ein paar Minuten nichts mehr.

Vielleicht haben Sie sich gefragt, wie Menschen unerträgliche Folter und Qualen überstanden haben. Manche haben sich im Geist in einen Raum begeben, in dem sie nicht erreichbar waren. Sie haben sich sozusagen den Schmerzen entzogen, obwohl ihr Körper den Qualen ausgesetzt war. Bei manchen Menschen tritt in einer Extremsituation automatisch ein solcher Trancezustand als Selbsterhaltungsmechanismus ein.

Schmerzen wegnehmen

Aber auch Sie müssen Schmerzen nicht einfach hinnehmen. Stellen Sie sich vor, dass Ihre Hand den Schmerz weg-nimmt, während Sie über die schmerzende Stelle streichen. Das kann bei Ihnen selbst, aber auch bei anderen Menschen eintreten. Stellen Sie es sich bildlich vor. Es gibt unterschiedliche Möglichkeiten: Schieben Sie den Schmerz weg, unternehmen Sie innere Reisen, verlassen Sie den schmerzenden Körper oder richten Sie Ihre gesamte Aufmerksamkeit auf etwas Schönes. Damit ziehen Sie den Schmerz förmlich ab.

Die richtige Autosuggestion in Verbindung mit der Imagination – und Sie geben seelischen oder körperlichen Schmerzen wenig Raum.

19. Mentaltraining in verschiedenen Lebensbereichen

Mentaltraining im Sport

Entscheidende Bedeutung für Spitzensport

Auf die Frage, warum das Mentaltraining im Spitzensport eine immer größere, vielleicht sogar entscheidende Bedeutung bekommt, antwortet Wolfgang Frank, Bundesligatrainer und Torjäger:

»Die Vergangenheit hat gezeigt, dass der Erfolg auch im Fußballgeschäft von Persönlichkeiten bzw. von der Persönlichkeit abhängt. Unter Druck in der Lage zu sein, zu führen, zu entscheiden, d. h. außergewöhnliche Leistungen auf dem Spielfeld und außerhalb zu erbringen. Deshalb gilt es, den Spielern oder den Mitarbeitern zu helfen, starke Persönlichkeiten zu werden. Dabei ist das Mentaltraining ein äußerst wichtiger Faktor. Deshalb ist es meiner Auffassung nach eine absolute Notwendigkeit, bereits im Jugendbereich gezielt damit zu beginnen. Gezielte Selbstbeeinflussung, die Macht der Gedanken, die Gesetze des Unterbewusstseins, vollkommene Regeneration und vieles mehr sind wichtige Elemente der Persönlichkeitsschulung. Allerdings bedeutet dies für den Trainer und für den Athleten: gezielte, harte, langfristige Arbeit an sich selbst, d. h. nichts dem Zufall überlassen.«

Doch das hat seine Vorteile. Sie können so im Sport wie in allen anderen Lebensbereichen schwierige Situationen vorhersehen und mental meistern. So haben Sie die Situation in der Hand bzw. immer unter Kontrolle.

Siegen beginnt im Kopf!
Die Zukunft vorwegnehmen!
Erst mental – dann real!

Ich möchte Ihnen auch nicht die Ansicht von Raik Dittrich, Biathlon-Weltcupsieger, vorenthalten, der von der immensen Wichtigkeit des Mentaltrainings im Sport überzeugt ist:

Fester Glaube an eigene Leistung

»Mentales Training im Sport ist so wichtig, um erstens den langfristigen, festen Glauben in die eigene Leistungsfähigkeit sowie an das Erreichen eines Zieles aufzubauen. Sport ist keine gerade Autobahn auf dem Weg zum Ziel. Jeder Sportler kennt genügend Situationen, die Selbstvertrauen zerstören und geeignet sind, vom eingeschlagenen Weg abzukommen. Verankert ein Sportler fest sein Ziel als Wunsch im Herzen, dann bringt ihn so schnell nichts vom Weg zum Erfolg ab.

Mit Mentaltraining zur Meisterschaft

Zweitens ist Mentaltraining wichtig, um technische Meisterschaft in einer Sportart zu erlangen. Die Perfektionierung sportlicher Bewegungsabläufe kann nicht dadurch erreicht werden, dass ein Sportler jede Bewegung bewusst ausführt. Es ist zwar richtig, dass ein Bewegungsablauf erst durchdacht werden muss, doch letztendlich führt nur wiederholtes Vorstellen desselben und körperliches Training zu solch einer Verinnerlichung, dass jede Bewegung automatisch abläuft.

Den Wettkampf geistig vorwegnehmen

Ein dritter Grund für die Wichtigkeit des Mentaltraining ist, dass Sport und besonders Hochleistungssport an die Grenzen der körperlichen Leistungsfähigkeit geht. Extreme Störfaktoren wie der Einfluss der Konkurrenz, Nachteile beim Sportgerät, der Erwartungs- und Zeitdruck oder die Reizüberflutung einer Zuschauerkulisse, ja selbst eigene konditionelle oder körperliche Nachteile machen eine bewusste Konzentration auf die sportliche Aufgabe äußerst schwierig. Mentaltraining bedeutet hier, ein grundlegendes Handlungskonzept zu haben, mit dem man sich immer und immer wieder in Gedanken in eine Wettkampfsituation versetzen kann, bevor sie real wird. Das führt dazu, dass ein Wettkampf wie ein Film abläuft, der ja auch nicht erst gedreht wird, wenn man ihn das erste Mal anschaut.«

**»Lieber an einen 80 %igen Plan zu 100 % glauben als an einen 100 %igen Plan nur zu 80 %.«
(Raik Dittrich)**

Raik Dittrich erzählt ein paar Erfolgsbeispiele, die ich Ihnen ausdrücklich zur Nachahmung empfehle:

Beispiel: Uschi Disl

»Uschi Disl hat das Training im Vorfeld der Weltcup-Wettkämpfe dominiert – im Laufen wie im Schießen. Der erste Weltcupstart kam. Gut gelaufen, aber nichts getroffen. Abgehakt, beim nächsten Wettkampf wird's schon werden. Wieder daneben! Jetzt wird es aber endlich Zeit. So ging das über drei Wochen. Das Schießen wurde immer schlechter. Uschis Erkenntnis: ›Ich treffe ja sowie so nichts. Diese Saison ist gelaufen.‹

Dann doch der erste Weltcupsieg: überragende Laufzeit, mittelprächtig geschossen. Uschi, die Siegerin dieses Rennens, war die Verfolgte beim Jagdstart am darauf folgenden Tag. Vollkommene Auflösung: 4 x Schießen auf nur 10 km und alle Favoriten im Nacken! ›Da brauche ich ja gar nicht an den Start zu gehen!‹ Eine fatale Einstellung für eine Spitzensportlerin!

Uschi und ich haben am Abend vor dem Rennen von 22 bis 0:15 Uhr in einem Osloer Hotel am Kaminfeuer eine Taktik für den folgenden Tag ausgearbeitet. Zuerst eine Bestandsaufnahme über unsere Stärken sowie die der Konkurrenz, über unsere Schwächen sowie die der Konkurrenz. Dann: Wie setzen wir unsere Stärken ein und bringen die Konkurrenz in Zugzwang? Wir haben damals wie Schachspieler Zug um Zug den Wettkampf durchdacht und für jede Situation ein Handlungskonzept erarbeitet. Der Wettkampf am folgenden Tag lief dann so, wie wir es gedanklich vorbereitet hatten. Souverän mit 2:30 min Vorsprung gewann Uschi das Rennen. Der damalige Mannschaftsarzt hatte unser Gespräch vom Vorabend aus einiger Entfernung verfolgt. Er war sichtlich beeindruckt und konnte nicht glauben, wie so etwas geschehen konnte.«

Oder Ricco Groß:

Beispiel: Ricco Groß

»Riccos Ziel ist es, bei jeder Weltmeisterschaft oder bei Olympischen Winterspielen eine Einzelmedaille zu gewinnen. Bei der Weltmeisterschaft in Antholz 1996 war er 2,5 km vor dem Ziel noch Fünftplatzierter hinter Athleten, die rein rechnerisch in diesem wie in anderen Rennen die besseren Läufer waren. Ricco gewann die Bronzemedaille. Der eine oder andre mag vielleicht meinen, was ist daran ungewöhnlich? Nun: Ricco weiß von der letzten Runde nur, dass er am Berg stoppte und sich übergab. Ansonsten Filmriss! Im darauf folgenden Sommer erzählte er mir, dass er immer das Bild vor Augen hatte, er würde bei der Siegerehrung dieser WM auf dem Siegerpodest stehen.

Ricco wurde Biathlonweltmeister 1997. Dabei hatte er eine 100 %ige Trefferquote am Schießstand. Die Biathlonmannschaft der Damen hatte sein Rennen im Fernsehen verfolgt. Sichtlich beeindruckt meinten die Athletinnen übereinstimmend: ›Ricco wäre nach dem letzten Schuss so vom Stand gelaufen, als ob er mitten im Training wäre und noch weitere Schießübungen zu absolvieren hätte.‹ Zur Erklärung: Viele Athleten verspielen ihre Chance auf einen Titel, indem sie gerade beim letzten Schießen nervös werden, weil sie wissen, dass sie in Führung liegen. Die Folge: Schießfehler und ein Ergebnis unter ›ferner liefen‹. Wie mir Ricco später erklärte, habe er diesen Titel seit dem vorangegangenen Sommer anvisiert. Beim Schießen im Training hat er nicht nur die 4 x 5 Schuss in Folge abgegeben, sondern immer 8 x 5 Schuss. Er hat es dabei geschafft, bis zur 7. Schießeinlage fehlerfrei zu bleiben. Und genau dieses Programm, das über Monate eingeübt wurde, lief zur Weltmeisterschaft ab.«

Es muss ja nicht immer gleich die Weltmeisterschaft sein – aber wenn Sie etwas aus Ihrem Leben machen möchten, mit Mentaltraining gelingt es garantiert!

Für Spieler und Trainer: Schritt für Schritt zum Erfolg

1. Schritt

Situationsanalyse

Wie sehe ich mich im Spiel, beim Match, beim Aufschlag, beim Abschlag? Auf einem Blatt Papier machen Sie auf der linken Seite ein Minuszeichen, auf der rechten Seite ein Pluszeichen. In der jeweiligen Spalte notieren Sie die entsprechenden Eigenschaften, wie beispielsweise aggressiv, körperlich fit, mental angeschlagen, zielorientiert, unsicher, teamfähig usw.

Alle negativen Eigenschaften, z. B. Nervosität, überspielen Sie positiv

- durch Autosuggestion:
  Ich bin ruhig und gelassen, völlig auf den Ball konzentriert.

- durch Imagination:
  Sie sehen sich auf dem Spielfeld, ruhig und konzentriert halten Sie den Schläger in der Hand, werfen den Ball hoch und schlagen zu. Der Ball fliegt optimal auf die andere Seite; Ihr Gegner kann ihn nicht zurückschlagen.

- durch Gefühl:
  Sie spüren die Spannung im ganzen Körper, den Schwung beim Ausholen des Schlägers, …

- durch Akustik:
  Sie spüren die gespannte Stille im Stadion, hören den Aufprall des Balls auf dem Schläger. Es ist genau der Ton, der Ihnen verrät, dass Sie richtig getroffen haben … dann hören Sie den Applaus.

2. Schritt

Negatives wahrnehmen und überspielen

Schärfen Sie Ihre Wahrnehmung für alle negativen Elemente, beispielsweise negative innere Monologe, wie »Heute bin ich nicht gut drauf«. Lassen Sie derartige Gedanken nicht zu; stoppen Sie sie und programmieren Sie sich positiv: »Ich bin fit und reaktionsschnell.«

3. Schritt:

Nörgler meiden

Vermeiden Sie unnötigen Kontakt mit Menschen, die eine negative Ausstrahlung haben. Sicher kennen Sie die ständigen Nörgler, Dauerkritiker, Besserwisser. Ob im Team, in der Mannschaft – Sie brauchen aufbauende Menschen in Ihrer Umgebung, keine, die Sie niedermachen.

4. Schritt:

Stress meiden

Vermeiden Sie Stresssituationen, setzen Sie sich nicht selbst z. B. unter Termindruck. Halten Sie sich körperlich fit, stärken Sie Ihr Immunsystem rechtzeitig, nicht erst, wenn alle um Sie herum schon husten und schnupfen. Also lieber vor-sorgen, sonst haben Sie das Nach-sehen.

5. Schritt:

Konzentration aufs Ziel

Kurz vor dem Spiel: Konzentrieren Sie sich auf das Spiel, lassen Sie Ihren inneren Film ablaufen, spüren Sie Ihre Kraft und Ihre Ruhe. Lassen Sie sich nicht ablenken durch Gespräche, Fotografen, Handys etc.

6. Schritt:

Atemtraining

Atmen Sie tief und ruhig. Vielleicht machen Sie auch meine Anti-Angst-Atmung. Tanken Sie Kraft, und gehen Sie ruhig auf das Spielfeld. Ihr Blick ist konzentriert, nach innen gerichtet. »I am the winner« ist Ihr Motto.

Für Golfspieler: Das Handicap im Kopf auflösen

Vorausplanen

Planen Sie Ihre Strategie für die einzelnen Löcher im Voraus, und verankern Sie diese mit Autosuggestion und Imagination in sich. Bei der Wahl der Schläger können Sie sich dann auf Ihre innere Stimme verlassen, denn Sie sind innerlich »richtig« eingestellt. Ihr Unterbewusstsein weiß, was Sie brauchen.

Stimmen Sie sich mental ein

Ihre Gedanken entscheiden über Ihre Schläge. Besonders die Zeit zwischen den einzelnen Schlägen sollten Sie bewusst nutzen, sich innerlich entsprechend einzustimmen. Ob Sie in den Teich schlagen oder der Ball in der Hecke hängen bleibt – bleiben Sie gelassen und optimistisch, lassen Sie sich durch einen Fehlschlag nicht verunsichern. Konzentration, Mut, Entschlossenheit und der Blick nach vorn – und Sie sind auf Erfolgskurs. Lassen Sie sich von der Begeisterung tragen, die Sie für diesen Sport haben. Achten Sie während des Spiels darauf, dass

- Sie sich vor jedem Schlag konzentrieren.
- Sie sich nach jedem Schlag entspannen.
- Sie zu innerer Ruhe finden.
- Sie Fehler nicht als Desaster betrachten, sondern daraus lernen. Beim nächsten Mal gelingt der Schlag besser.
  Und nicht vergessen:

Freuen Sie sich über gute Schläge!

Atemtraining

Und so können Sie Ihre Angst vor dem nächsten Schlag oder Stress auflösen: Tief einatmen, ausatmen, wieder einatmen. Halten Sie den Atem einige Sekunden an.

»Um Vollkommenheit zu erreichen, muss der Körper dem Geist gehorchen.«

Sport im Team

Antizipieren

Kennen Sie die Stärken und Schwächen der anderen? Auch hier hilft Ihnen das Aufschreiben weiter. Verinnerlichen Sie, wer gut in der Abwehr, wer super im Angriff ist. Stellen Sie sich die entsprechenden Situationen geistig vor. Dann schießen Sie den Ball dem richtigen Mann zu. Antizipieren heißt das Zauberwort. Sehen Sie Spielsituationen vorher.

Mentale Übung: Im Team Erfolg haben

Entspannen Sie sich, und erinnern Sie sich an das beste Spiel, das Sie jemals gespielt haben. Sehen Sie dieses Spiel in allen Einzelheiten vor sich: die optimale Zusammenarbeit der Spieler, spüren Sie die Kraft und die Freude, die Sie beim Spiel empfunden haben, den Kampfgeist, der Sie zur Höchstleistung angetrieben hat. Erinnern Sie sich an das Wetter, die Temperatur, hören Sie das Publikum vor Begeisterung schreien. Spüren Sie Ihre eigene Begeisterung. Sie sind jetzt mental in Hochform. Übertragen Sie dieses Gefühl nun auf das bevorstehende Spiel.

Schauen Sie jetzt nach vorn, lassen Sie sich tragen vom Siegesgefühl, sehen Sie neue Spielsituationen, spüren Sie, wie Sie den Ball ins Tor kicken. Genießen Sie dieses unbeschreibliche Gefühl, verstärken Sie es mit Ihrer individuellen Autosuggestion, die Sie laut und deutlich sprechen.

Wintersport

Beispiel: Ursula Fingerlos

Auf die Frage nach der Wichtigkeit des Mentaltrainings im Sport, antwortet Ursula Fingerlos, die bekannte Snowboarderin: »Ich hatte noch nie mit einem Trainer gearbeitet, bevor ich meine Karriere im Österreichischen National-Team vor einigen Jahren begann. Folglich war meine Technik auch nicht besonders gut. Dennoch lobte mich mein Trainer sehr und gab mir das Gefühl, unschlagbar zu sein. Ich gewann dann das 3. Weltcup-Rennen. Im Jahr darauf bekamen wir einen anderen Trainer, der, als er mich das erste Mal fahren sah, leicht entsetzt war. Er konnte gar nicht fassen, dass ich mit einer solchen Technik überhaupt Rennen gefahren hatte. Seine Meinung sagte er mir während des Herbsttrainings mehrfach. Die nächste Saison war für mich eine einzige Katastrophe; ich fiel in der Platzierung immer weiter zurück. Durch diesen neuen Trainer hatte ich jeglichen Glauben an mich und meine Fähigkeiten verloren.

Im folgenden Sommer war ich dann das erste Mal bei Herrn Enkelmann in Königstein. Das war die Wende. Seitdem habe ich sechs Weltcup-Rennen gewonnen und wurde fünfte bei der Olympiade. In Königstein habe ich gelernt, dass Siege im Kopf stattfinden.«

Mentale Übung: Den Sieg im Kopf vorwegnehmen

Ob Sie Ski fahren, snowboarden oder Bob fahren, drehen Sie bereits vor einem Wettkampf den Film über Ihren Sieg. Versetzen Sie sich in die Situation, als wären Sie ein Kameramann, der den besten Film des Rennens abliefern soll. Schwenken Sie die Kamera vom Publikum zur Piste. Machen Sie auch einmal eine Panoramaaufnahme: über die Berggipfel hinweg hinunter zum malerischen Dorf. Sie sehen den blauen Himmel, die strahlende Sonne; der Schnee glitzert und knirscht unter den Füßen. Jetzt schwenken Sie wieder auf die Piste, sehen sich dort stehen. Voll konzentriert stehen Sie an der Abfahrt, Sie sehen das Zeichen und los geht's. Sekunde um Sekunde leben Sie mit, spüren die Bodenwellen in Ihren Knien, spüren das Nachfedern im Kniegelenk, Sie sind locker und kraftvoll, im richtigen Winkel nehmen Sie die Kurven, die Kälte des Fahrtwindes macht Ihnen nichts aus. Alle Fasern Ihres Körpers sind auf das Ziel fixiert. Sie werden siegen, Sie hören schon den Applaus, wenn Sie über die Ziellinie schießen …

Lassen Sie sich von diesem überwältigenden Gefühl tragen. Sie atmen tief durch und sehen in die strahlenden Gesichter der Zuschauer, die Ihnen zujubeln.

Auf Erfolg programmiert

Mit solchen Imaginationen schaffen Sie in sich alle Voraussetzungen für eine Topleistung. Alles in Ihnen ist auf Erfolg programmiert. Ihr Unterbewusstsein weiß ganz genau, was Sie wollen, und wird alles tun, damit Ihre Vorstellungen realisiert werden.

Egal, um welche Sportart es sich handelt, ob Sie boxen, Radrennen fahren oder Fitnesstraining betreiben: Konditionieren Sie sich auf Sieg! Malen Sie sich die Situation so genau wie möglich aus, erarbeiten Sie sich entsprechende Autosuggestionen, verbinden Sie Bild und Wort mit Ihren Gefühlen, mit dem Glauben an die Realisierung. Alles müssen Sie als bereits geschehen empfinden. Projizieren Sie also nicht Erfolge in die Zukunft, sondern nehmen Sie Ihre siegreiche Zukunft vorweg. Spüren Sie die Freude, die Dynamik, die Ausdauer. Spüren Sie Ihren Atem.

Mentaltraining in Partnerschaft und Familie

Seien Sie konkret!

Ein Leben in ewiger Liebe – das wünschen wir uns alle. Im Himmel werden Ehen geschlossen und am Boden zerbrechen sie. Um das zu verhindern, können Sie viel tun. Spielen Sie sich geistig ein auf Ihre Wünsche und Ziele. Haben Sie eine konkrete Vorstellung, wie Sie sich eine Partnerschaft vorstellen. Je genauer, desto besser. Dazu sollten Sie Ihren Partner gut kennen, denn dann können Sie ihm helfen, seine Stärken zu verstärken. Was wir brauchen, sind Menschen, die uns aufbauen. Gehören auch Sie dazu, unterstützen Sie Ihren Partner! Oder machen Sie ihn klein, glauben Sie nicht an ihn? Wenn Sie etwas ändern wollen in Ihrer Beziehung, dann müssen Sie bei sich anfangen, denn:

Nichts ändert sich, außer wir ändern uns.

Situationsanalyse Finden Sie heraus, woran Ihre Beziehung krankt. Es kann nicht immer nur am Stress liegen, sondern ist eher in den Ursachen für den Stress zu suchen. Ständige Müdigkeit ist nicht allein ein Zeichen von Erschöpfung und Überlastung, sondern kann auch Flucht sein, vor Gesprächen, vor unterschiedlichen Meinungen, vor Nähe. Wenn Ihr Partner ständig etwas an Ihnen auszusetzen findet, dann fragen Sie sich, was hat sich in Ihrem Leben verändert? Suchen Sie mit der Warum-Methode (s. Seite 89) die Ursachen.

Eifersucht

Eifersucht ist immer ein Zeichen von Unsicherheit, von mangelndem Selbstwertgefühl. Leidet Ihr Partner darunter? Zeigen Sie ihm/ihr Ihre Gefühle? Sind Sie liebevoll, aufmerksam? Geben Sie vielleicht sogar unbewusst Grund zur Eifersucht (Blicke, Bemerkungen etc.)? Oder sind Sie gar selbst eifersüchtig? Eines ist sicher:

Ein gesundes Selbstbewusstsein kennt keine Eifersucht.

Mentale Übung: Sie sind begehrenswert!

Entspannen Sie sich, atmen Sie aus und wieder ein. Sehen Sie sich – gut aussehend, leicht gebräunt, bestens gekleidet – wie Sie die teure Flaniermeile in Ihrer Stadt entlangbummeln. Sie spüren die bewundernden Blick der Passanten. Sie spiegeln sich im Schaufenster wider und sind von Ihrem guten Aussehen selbst beeindruckt. Sie sehen einfach überwältigend aus! Sie spüren richtig, wie Sie stolz auf sich selbst sind. Und dieses Gefühl bewirkt, dass sich Ihr Körper strafft, Ihre Schritte noch zielstrebiger werden. Sie haben eine fabelhafte Ausstrahlung! Während Sie sich so in den Schaufenstern betrachten, die Beachtung genießen, spüren Sie in sich eine große Ruhe und Kraft. Sie sind liebenswert, Sie haben eine umwerfende Ausstrahlung, Sie sind begehrenswert. Sie sind einfach toll. Setzen Sie sich in das beste Straßencafé, genießen Sie die Blicke und freuen Sie sich darüber. Sie merken, dass viele Menschen gerne mit Ihnen sprechen würden, Sie lächeln und Ihr Lächeln wird erwidert. Spüren Sie das Gefühl der Sicherheit, das in Ihnen wirkt. Sie sind beliebt und begehrt, Sie sind super.

Dieses Bild verankern Sie in sich mit der entsprechenden Autosuggestion. Hier einige Beispiele für Kurzformeln:

Ich bin eine begehrenswerte, attraktive Frau/ein toller Mann mit Gefühl und Verstand.
Ich ziehe die Blicke meiner Mitmenschen auf mich, weil ich eine strahlende Persönlichkeit bin.
Ich fühle mich sicher und wohl in meiner Haut.
Ich ziehe meinen Partner magisch an.

Unehrlichkeit

Kommunikationsfähigkeit trainieren

Damit haben wir es nicht nur im Privatleben, sondern auch im Job zu tun. Tendieren wir selbst dazu, häufig Notlügen zu verwenden, sollten wir uns fragen, warum wir das tun. Natürlich werden wir nicht zu unserer Erbtante sagen: »Mein Gott, wie bist du dick geworden!« Zwischen unnötiger Ehrlichkeit, Notlüge und Lüge gibt es Unterschiede. Zudem kommt es immer auch darauf an, wie etwas gesagt wird. Selbst unangenehme Wahrheiten können feinfühlig vermittelt werden, ohne dass sie verletzend wirken. Trainieren Sie Ihre rhetorischen Fähigkeiten, achten Sie auf Ihre Wortwahl, suchen Sie den richtigen Zeitpunkt. Können Sie gut kommunizieren, dann brauchen Sie kritische Situationen, unangenehme Wahrheiten, Probleme nicht zu fürchten. Sie können richtig sprechen und argumentieren, und sind Sie von einer Sache überzeugt, dann können Sie auch andere Menschen überzeugen.

Farbe bekennen

Bleiben Sie sich selbst treu. Dazu gehört allerdings Selbstbewusstsein und, dass Sie sich über Ihre Ziele im Klaren sind – und das kann nur ein Mensch haben, der in sich ruht, der sich und seine Stärken kennt. Ein Lügner hingegen ist nicht in sich gefestigt, er ist unsicher. Aus Angst vor Auseinandersetzung sagt er lieber das, was der andere hören will, anstatt seine eigene Meinung zu vertreten, sonst müsste er ja Farbe bekennen, müsste vielleicht sogar kämpfen. Lieber ist er ein Feigling, als JA zu sich zu sagen und seine Ansicht zu vertreten, notfalls sogar zu verteidigen. Doch Ärger ist beim Lügen vorprogrammiert, denn: Lügen haben kurze Beine. Entscheiden Sie sich, ob Sie weiterhin mit kurzen Beinen durchs Leben gehen wollen oder ob Sie lieber innerlich wachsen möchten. Wer frei ist, kann frei seine Meinung äußern. Freiheit und Lüge lässt sich kaum vereinbaren. Entscheiden Sie sich deshalb gegen die Unehrlichkeit, damit gewinnen Sie automatisch die Freiheit.

Mentale Übung: Seien Sie ehrlich!

Stärken Sie Ihr Selbstbewusstsein. Stellen Sie sich typische Situationen vor, in denen Sie normalerweise zu Ausflüchten oder gar Lügen greifen. Lösen Sie diese mental auf. Beispielsweise sollen Sie bei einer Besprechung als Erster Ihre Meinung zu einer Studie über neue Absatzwege äußern. Sie kennen die Meinung Ihres Vorgesetzen genau, wissen, dass er gegen das Projekt ist, Sie hingegen sehen viele Vorzüge. Sie möchten seine Sympathie gewinnen, weil er Sie protegieren kann.

Sehen Sie sich ganz genau, hören Sie Ihre Worte – allerdings sagen Sie diesmal wirklich Ihre Meinung, ohne Ausflüchte. Sie sprechen klar, argumentieren logisch und überzeugend. Sie sehen Ihren Chef, erkennen an seinem Blick, dass er verärgert ist. Doch das tangiert Sie nicht. Sie sprechen unbeirrt weiter. Ihre Stimme ist ruhig. Während Sie sprechen, schauen Sie die Kollegen an. Dann sehen Sie wieder Ihren Chef an. Sie erkennen, dass er ganz Ihren Argumenten folgt, sehen in seinem Gesicht, wie der Ärger Zweifeln Platz macht. Sie sprechen weiter, lassen Sich nicht beirren. Dann sehen Sie wieder sein Gesicht. Er lässt sich überzeugen. Als Sie mit Ihren Ausführungen zu Ende sind, ist er der Erste, der Ihnen zustimmt und der Ihre überzeugende Argumentation lobt. Sie haben es gewagt, sich die Freiheit zu nehmen und Ihre Meinung zu sagen. Sie haben damit gewonnen. Sie sind stolz auf sich selbst. Sie sehen auch an den Gesichtern der Kollegen, dass sie Sie bewundern. Nur wenige haben den Mut, dem Big Boss zu widersprechen. Sie haben es geschafft. Sie werden zum Vorbild für andere. Genießen Sie diesen Augenblick!

Kurzsuggestion:

Ich habe meine eigene Meinung, die ich überzeugend vermitteln kann.
Ich bin sicher und ausdrucksstark.
Ich stehe zu mir und zu meiner Ansicht.
Ich bin ein wertvoller Mensch, der wertvolle Ansichten hat.
Ich habe ein Recht darauf, meine Meinung zu vertreten.

Vertrauen Sie sich!

Stellen Sie sich für Sie persönlich typische Situationen vor, lösen Sie mental das Problem, indem Sie Ihre innere Unsicherheit in Sicherheit und Überzeugungskraft umwandeln. Sie brauchen nicht zu lügen; Sie können sich jeder Situation stellen. Auch unangenehme und peinliche Situationen können Sie ohne Lüge meistern. Vertrauen Sie auf sich und die Kraft Ihres Unterbewusstseins. Alles ist in Ihnen!

Hier eine Suggestion, die Ihre Kraft stärkt:

Das tägliche Leben verlangt von mir ein großes Maß an Mut und Tatkraft.
Ich bin mir darüber im Klaren, dass durch diese Erfolgseigenschaften Erfolge im Leben möglich werden.
Nur dadurch kann ich Chancen des Lebens ausnutzen und große Ziele erreichen.
Wer große Ziele erreichen will, muss felsenfest an sich glauben und sich höchste Leistungen zutrauen.
Alles ist möglich, wenn ich nur will, denn Gedanken sind Kräfte.
Mut, Willenskraft, Tatkraft, Konzentration, Ausdauer sind Früchte des Vertrauens zur eigenen Kraft.
Ich weiß, dass ich mich auf mich verlassen kann.
Ich erreiche, was ich will, denn mein Vertrauen ist felsenfest, felsenfest!

Kinder

Unterstützen Sie Ihre Kinder

Sicherheit, Selbstsicherheit und Selbstvertrauen gehören zu den wichtigsten Elementen der Kindererziehung. Gerade heute, wo Kinder und Jugendliche so vielen Gefahren und »Verführern« ausgesetzt sind, sollten sie von klein auf lernen, auf ihre inneren Kräfte zu vertrauen, ihre Ressourcen zu entdecken und vor allem viel Freude am Leben zu haben. Helfen Sie Ihren Kindern, indem Sie ihnen gesunde geistige Nahrung geben. Achten Sie auf das, was Ihre Kleinen schon unbewusst aufnehmen via TV, Magazine, Zeitschriften und Bücher. Wählen Sie das Richtige, wählen Sie Lesestoff, der positiv anregt, der aufbaut und Ihren Kindern zeigt, wie sie sich entfalten können, setzen Sie ihnen keine Grenzen.

Wenn Ihr Kind beispielsweise Konzentrationsprobleme, Anpassungsschwierigkeiten etc. hat, dann können Sie diese auch mit Mentaltraining angehen. Bei kleinen Kindern können Sie entsprechende Geschichten oder Märchen entwickeln, um das geistige Bild zu schaffen. Sie können, wenn Ihr Kind eingeschlafen ist, leise Autosuggestionen sprechen. Das Unterbewusstsein nimmt Ihre Worte auf. Lenken Sie die Gedanken Ihres Kindes in die richtige Richtung. Wenn es Angst hat, dann lösen Sie diese Ängste auf durch »helle Geschichten«, lassen Sie die Sonnenstrahlen die Angst wegbeamen.

Bei Problemen in der Schule und fehlender Lernmotivation hilft diese Suggestion:

Ich freue mich, dass ich lebe.
Ich freue mich, dass ich in einer interessanten und bunten Welt lebe,
in einer Welt, die umso interessanter wird,
je klüger ich bin und je mehr ich weiß.
Lernen macht klug, das weiß ich und vergesse es nie.
Ich bin klug, und Lernen fällt mir leicht,
darum wird mein Leben immer schöner und bunter,
und darum freue ich mich.

Loben Sie Ihr Kind!

Anstatt Ihr Kind, das Probleme in der Schule hat, zu tadeln und ihm seine »Unzulänglichkeit« immer wieder vorzuhalten, sollten Sie es aufbauen. Mit Kritik halten Sie Ihr Kind klein, unterminieren sein Selbstvertrauen. Kurz gesagt: Sie installieren negative Programme! Loben Sie Ihr Kind. Der Mensch ist am lernfähigsten in den ersten sechs Lebensjahren. Hier haben Sie die Möglichkeit, die Weichen richtig zu stellen. Konditionieren Sie Ihr Kind auf Positives, geben Sie ihm die richtige geistige Nahrung. Das schützt für die Zukunft vor negativen Umwelteinflüssen.

Angst vor der Dunkelheit

Hat Ihr Kind Angst vor der Dunkelheit, dann geben Sie ihm ein helles Leitbild, das die Angst wegnimmt. Das sollte auf spielerische Art und Weise geschehen. Sie können beispielsweise einen hellen Stern, eine leuchtende Sonne als Symbol für Freude, Leben, Wärme, Licht wählen. Vermitteln Sie Ihrem Kind, dass es jederzeit dieses Symbol in sich aktivieren kann, wenn es Angst bekommt. Machen Sie gemeinsame Übungen.

Mentale Übung: Angst vor der Dunkelheit nehmen

Zünden Sie, wenn es dämmrig wird, eine Kerze an, oder gehen Sie mit einer Laterne in der Dunkelheit spazieren. Setzen Sie Licht in das Herz Ihrer Kinder.

Angst vor dem Zahnarzt

Viele Kinder haben Angst vor dem Zahnarzt. Diese Angst ist nichts anderes als eine Projektion der mütterlichen Ängste. Sehen Sie einmal, wie gut der posthypnotische Befehl des Arztes wirkt, wenn er sagt: »Du brauchst keine Angst zu haben; es tut nicht weh.« So leicht können Sie Ängste nehmen und Zuversicht aufbauen.

Mentaltraining in Job und Karriere

Ängstliche Manager

Eine Umfrage des Manager Magazins ergab, dass Spitzenmanager nicht kommunizieren und nicht motivieren können. Ein trauriges Ergebnis. Die Fachhochschule Köln hat in einer Langzeitstudie herausgefunden, dass 90 % aller Manager sich vor eigenen Fehlentscheidungen, vor Innovationen, vor Jobverlust, Krankheit, vor Mobbing, ja sogar vor den eigenen Untergebenen fürchten. Viele greifen aus Verzweiflung zu Beruhigungsmitteln oder fliehen in Alkohol, was ihre Arbeitsleistung reduziert. Von einem volkswirtschaftlichen Schaden von mehr als 100 Milliarden Mark im Jahr wird gesprochen.

Schlechtes Management im Betrieb ist nichts anderes als der sichtbare Ausdruck schlechten persönlichen Managements. Eine Führungspersönlichkeit, die diese Bezeichnung wirklich verdient, hat keine Angst – weder vor Umstrukturierungsmaßnahmen noch vor Chefs oder Mitarbeitern. Wer in sich ruht, um seine Stärken weiß, der wirkt allein schon durch seine Ausstrahlung. Er vermittelt Optimismus, Sicherheit und Kompetenz. Er kann kommunizieren, kann andere motivieren und für große Ziele begeistern. In einem solchen Umfeld haben Angst, Missgunst und Mobbing wenig Entwicklungsmöglichkeiten.

Ob Sie nun in einer Führungsposition sind, als Assistent erst am Anfang der Karriereleiter stehen, ob Sie Kassiererin im Supermarkt oder Geschäftsführerin einer Edelboutique sind – die Grundregeln sind für alle gleich.

Alpha

- Sorgen Sie für Alpha – so oft wie möglich, dann werden Meetings zu wahren kreativen »Werkstätten«, optimale Lösungen und Superstrategien »fallen ein«. Bringen Sie Ihre Mitmenschen in Alpha, sagen Sie etwas Angenehmes, loben Sie sie – und die Herzen öffnen sich.

Vorbild

- Werden Sie zum Vorbild:
  Wenn Sie aufbauende Gedankeninhalte haben, wenn Sie gute Gewohnheiten haben und Ihre Mitarbeiter Sie mögen, bringen Sie Ihre Firma, Ihre Abteilung und Ihre Kollegen auf Erfolgskurs. Das meiste lernen wir durch »Nachahmen«.

Motivation

- Sprechen Sie Ihre Mitarbeiter richtig an:
  Das Gefühl dominiert den Verstand! Die rechte Gehirnhälfte, die Emotionen entscheiden über Erfolg oder Misserfolg

Wünsche

- Lieben Sie Ihre Wünsche, und seien Sie dankbar für Ihre Erfolge.

Gespräche richtig führen

- Verwenden Sie bei Ihren Gesprächen die Elemente des Mentaltrainings. Sprechen Sie das Unterbewusstsein an, lassen Sie ein Bild vor den Augen Ihrer Mitarbeiter entstehen. Gehen Sie Schritt für Schritt vor, und nehmen Sie dabei Ihre Mitarbeiter mit. Lassen Sie sie teilhaben an den Erfolgserlebnissen, lassen Sie den Kunden das neue Produkt fühlen, schmecken, spüren. Erwecken Sie Emotionen in Ihren Gesprächspartnern. Erkennen Sie die Macht des gesprochenen Wortes und die Kraft der Wiederholung.

Mit diesen Suggestionen schaffen Sie die Grundlagen für Erfolg:

Ich bin fest entschlossen, eine einflussreiche Persönlichkeit zu werden.
Meine Stimme klingt ruhig und tief und bewirkt eine harmonische Atmosphäre.
Ich lerne meine Kraft immer intensiver zu nutzen.
Ich weiß, wie man einen guten Kontakt herstellt, und spüre meinen Einfluss.
Es ist ein gutes Gefühl, das Bewusstsein einer einflussreichen Persönlichkeit zu besitzen.
Ich beobachte, wie sich mein Gesprächspartner wohl fühlt und entspannt.
Meine Gesprächspartner sind von meiner fachlichen

Qualifikation überzeugt, und ich kenne ihre Wünsche und Ziele.
Ich bin eine einflussreiche Persönlichkeit, und mein Einfluss wird immer größer und positiver.

Entzünden Sie das Feuer der Begeisterung in sich, dann können Sie alle anderen Menschen mitreißen!

Da ich meine Ziele sehr liebe, entzünde ich in mir das Feuer der Begeisterung.
Dieses Feuer der Begeisterung erweckt in mir die körperlichen und seelischen Voraussetzungen für meinen persönlichen Erfolg.
Immer konzentrierter wird mein Verhalten.
Meine Begeisterung drängt mich zum Handeln.
Ich habe ein Recht auf Erfolg, weil ich ihn nutze zum Vorteil der Menschen.
Das Feuer meiner Begeisterung ist ein Beweis, das ich kein Schattendasein führe.
Meine Begeisterung hilft mir, größte Ziele zu erreichen!

CHECKLISTE

1. Zu welchen neuen Erkenntnissen hat mich das Studium dieses Teils gebracht?

2. Welche dieser Erkenntnisse möchte ich auch praktisch anwenden?

3. Wie führe ich das durch?

4. Wer kann mir dabei helfen?

5. Welchen Zeitrahmen setze ich mir dafür?

Nachwort: Training, Training, Training

Üben, üben, üben

Wenn Sie mir bis hierher gefolgt sind, dann haben Sie das Basisprogramm Mentaltraining absolviert. Nun liegt es an Ihnen, was Sie daraus machen. Ein Skifahrer, der einige Skikurse absolviert hat, kann die Hänge hinabfahren. Mehr auch nicht. Will er weiterkommen, vielleicht sich mit anderen beim Abfahrtsrennen messen, muss er trainieren. Sie wissen, wie das Mentaltraining funktioniert. Wenn Sie damit Ihr Leben verändern wollen, müssen Sie trainieren, trainieren und nochmals trainieren.

Schritt für Schritt zum Erfolg

Wie Sie sicher bemerkt haben, sind viele Gewohnheiten abzubauen und negative Muster in Form von Gefühlen und Gedanken abzulegen bzw. durch konsequente Arbeit an sich selbst zu überspielen. Denken Sie einmal daran, wie viele Jahre Sie gebraucht haben, um sich Ihre derzeitigen Verhaltensweisen anzugewöhnen. Wenn Sie ein Anhänger der Homöopathie sind, dann wissen Sie, dass der Heilungsprozess in zeitlichem Zusammenhang mit der Dauer der Erkrankung steht. Wer also chronisch erkrankt ist, muss mit einem längeren Heilungsprozess rechnen als jemand, der eine akute Erkältung behandelt. Je stärker Ihre Hemmungen ausgeprägt sind, je länger sie wirken konnten, desto länger dauert es, bis Ihre Neuprogrammierungen greifen. Das sollte Sie jedoch nicht abschrecken. Sie werden auf jeden Fall positive Veränderungen bemerken, werden sehen, dass Sie in kleinen Schritten vorankommen.

Ich habe Ihnen viele Ratschläge gegeben, habe Ihnen viele Möglichkeiten aufgezeigt, aber die Arbeit kann ich Ihnen nicht abnehmen – die müssen Sie selbst machen, liebe Leserin, lieber Leser. Wiederholen Sie Ihre magischen Sätze, Ihre Suggestionen so oft, bis Sie merken, dass sie greifen, dass sich etwas ändert in Ihnen und damit in Ihrem Leben.

Etappenziele setzen

Sie sollten auch noch einmal Ihre Ziele ansehen und sich für jedes Ziel einen Etappenplan erarbeiten. Wer untrainiert den Kilimandscharo besteigen möchte, ist von vornherein zum Scheitern verurteilt. Die Muskulatur macht nicht mit, Herz und Lunge streiken, ja auch die Psyche ist nicht darauf vorbereitet. Glauben Sie nicht, dass Sie mit Mentaltraining Ihr Leben innerhalb von einigen Wochen von Grund auf verändern können. Alles braucht seine Zeit. Haben Sie Geduld mit sich selbst. Nichts bringt Sie besser voran als das konsequente, ständige Training, ständige Wiederholung. Sie werden bemerken, wie Sie sich im Allgemeinen besser fühlen, wie Sie Ihre Persönlichkeit entfalten und zum Strahlen bringen, wie Ängste, Zweifel und Hemmungen immer unscheinbarer werden. Sie werden großes Vertrauen zu sich selbst gewinnen und Ihre inneren Kräfte spüren. Dabei werden Sie bemerken, dass Sie immer freier werden. Immer tiefer verwurzeln sich Ihre inneren Bilder, sie werden immer klarer, und mit der Zeit verändert sich Ihr ganzes Leben: Sie werden erfolgreich, glücklich und bleiben gesund.

Nichts ändert sich – außer wir ändern uns.

Erfolge wahrnehmen

Erfolge bewusst wahrnehmen

Wir alle tendieren gerne dazu, Gutes als normal zu betrachten und nicht sonderlich zu beachten. Das ist oft der Grund dafür, dass wir unzufrieden und frustriert sind. Unser Blick ist für Misserfolge geschärft. Da registrieren wir die kleinsten Fehler. Da sehen wir jede Kleinigkeit, die uns nicht ganz gelungen ist. Ändern Sie Ihre Blickrichtung: Schärfen Sie Ihre Wahrnehmung für Ihre Erfolgserlebnisse, auch für die ganz kleinen. Sie wissen doch: Beachtung bringt Verstärkung. Legen Sie sich nach dem Vorbild Ihres Glückstagebuchs einen Erfolgskalender an, in den Sie jeden Tag eintragen, was Sie gut gemacht haben, was sich durch das Mentaltraining in Ihrem Leben verändert hat. Scheuen Sie sich dabei nicht, auch die kleinsten Kleinigkeiten aufzuschreiben. Was glauben Sie, wie es Sie beflügelt, wenn Sie jeden Tag ein paar Eintragungen machen können. Auch wenn Sie damit noch nicht die Welt verändert haben: Ein Anfang ist gemacht!

»Der Mann, der den Berg abtrug, war derselbe, der anfing, kleine Steine wegzutragen«, heißt es in China.

Doch was verstehen wir eigentlich unter Erfolg? Er-folg ist die Folge Ihres Handelns, ist die Wirkung, die aufgrund der von Ihnen gesetzten Ursache er-folgt. Erstaunlicherweise möchte kaum jemand überhaupt erfolgreich sein, als wäre das etwas Unanständiges. Doch ohne Erfolg gibt es keinen Fortschritt. Erfolg hat viele Gesichter. Erfolg ist nicht nur die steile Karriere (vielleicht sogar um jeden Preis), Erfolg ist auch, seine Kinder zu selbstständigen, glücklichen Menschen zu erziehen. Erfolg ist, einen mürrischen Menschen zum Lächeln zu bringen. Erfolg ist, seine Hemmungen nach und nach abzulegen. Erfolg ist, sich von den eigenen Fesseln zu befreien, sich eine positive Denkstruktur zu erarbeiten. Erfolg ist, wenn Sie das erste Mal eine Angst überwunden haben. Erfolg ist, Erfolge wahrzunehmen. Welche Erfolge haben Sie heute erzielt? Notieren Sie jeden Tag in einem Erfolgstagebuch Ihre Erfolge, und seien sie auch noch so unscheinbar. Feiern Sie diese.

Wir sind heute am Ziel, liebe Leserin, lieber Leser. Wir sind ein Stück des Weges gemeinsam gegangen. Ich habe Ihnen das Werkzeug gegeben. Nun ist es an Ihnen, es zu nutzen. Trainieren Sie Ihre Fähigkeiten – alles ist in Ihnen. Werden Sie zu dem Menschen, der Sie in Wirklichkeit sind.

Ich würde mich freuen, von Ihren Erfolgen zu hören, und wünsche Ihnen viel Freude am Mentaltraining, viel Glück und die Erfüllung Ihrer Wünsche.

Ihr
Nikolaus B. Enkelmann

Literatur

Aeschbacher, Felix: *Die Kraft der Intuition*, München: Universitas 2000

Araoz, Daniel: *Selbsthypnose*, München: Econ 1992

Enkelmann, Claudia: *Mit Liebe, Lust und Leidenschaft zum Erfolg*, München: Metropolitan Verlag 2001

Enkelmann, Nikolaus B.: *Charisma*, Landsberg: mvg-Verlag 1999

ders.: *Die Macht der Motivation*, Landsberg: mvg-Verlag 2001

ders.: *Erfolgsprinzipien der Optimisten*, Offenbach: Gabal 1997

ders.: *Mit Freude erfolgreich sein*, Landsberg: mvg-Verlag 2001

ders.: *Mit Freude leben*, München: mvg-Verlag 1995

ders.: *Rhetorik Klassik*, Offenbach: Gabal 1999

ders.: *Power der Verkaufsrhetorik*, Wiesbaden: Gabler 1996

Frank, Roland: *Winning!*, Landsberg: mi-Verlag 1997

Frankl, Victor E.: *Der Mensch vor der Frage nach dem Sinn*, München: Piper 1996

ders.: *... trotzdem Ja zum Leben sagen*, München: Deutscher Taschenbuch Verlag 1977

Hauser, Eduard: *Selbstentwicklung*, Zürich: mi-Verlag 1982

Herrmann, Paul: *Bleiben Sie cool!*, Kreuzlingen: Hugendubel 2000

Höhler, Gertrud: *Wölfin unter Wölfen*, München: Econ 2000

Litti, Bernd H.: *Dein Handicap ist nur im Kopf*, München: Mosaik 2000

Lukas, Elisabeth: *Psychotherapie in Würde*, Berlin: Quintessenz-Verlag 1994

Rauch, Erich: *Autosuggestion und Heilung*, Mannheim: PAL 1995

Rückle, Horst: *Körpersprache für Manager*, Landsberg: mi-Verlag 1998

Ruhleder, Rolf H.: *Rhetorik, Kinesik, Dialektik*, Bonn: Normann Rentrop Verlag 1997

Rupprecht-Stroell, Birgit: *Jetzt denke ich auch mal an mich*, Stuttgart: Trias 1999

dies., *Mobbing – nicht mit mir!* München: Langen Müller 2000
Schuller, Robert H.: *Der Weg zur inneren Ruhe,* München: mvg-Verlag 1992
Seiwert, Lothar L.: *Selbstmanagement,* Offenbach: Gabal 1997
Seligmann, Martin: *Pessimisten küsst man nicht,* München: Droemer Knaur 1995
Sheehan, Elaine: *Selbsthypnose – wie geht das?,* Paderborn: Junfermann 1996
Silva, José: *Die Silva-mind-Methode,* München: Heyne 1995
Tracy, Brian: *Luckfactor,* Offenbach: Gabal 2000
ders.: *Personal leadership,* Landsberg: mvg-Verlag 1999

Register